Hengstebeck

Rechnungswesen für Steuerfachangestellte (Rechtslage 2026)

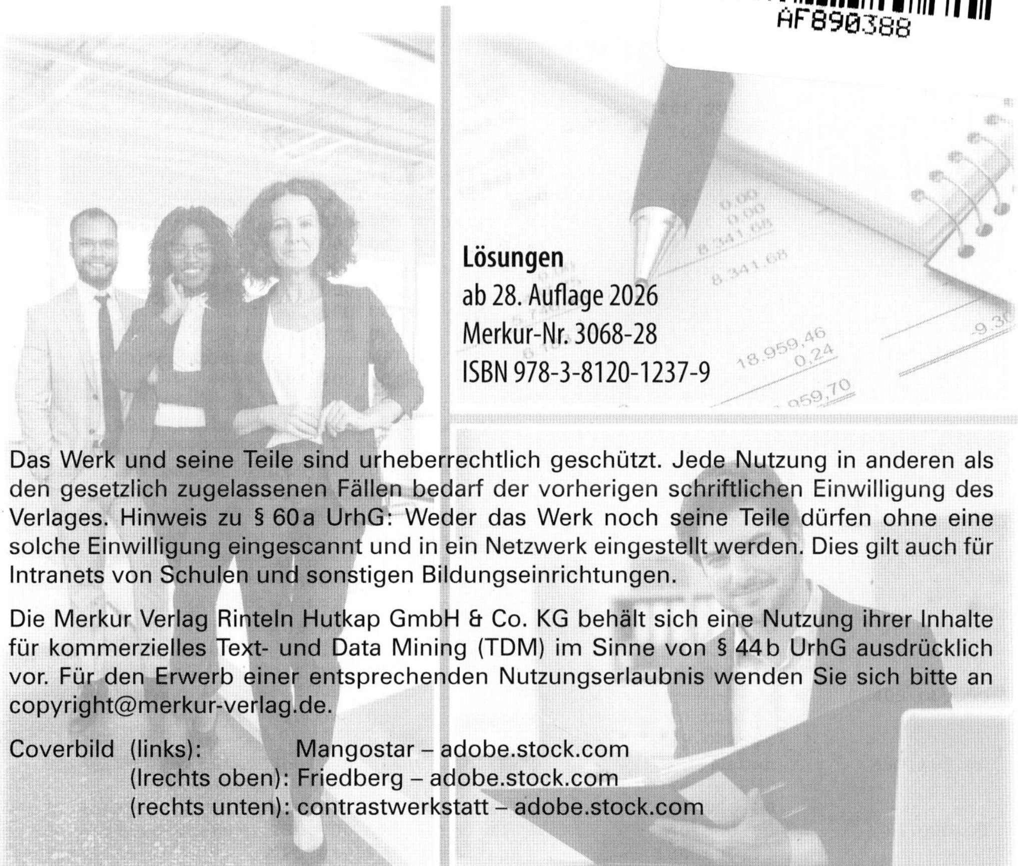

Lösungen

ab 28. Auflage 2026
Merkur-Nr. 3068-28
ISBN 978-3-8120-1237-9

Coverbild (links): Mangostar – adobe.stock.com
(lrechts oben): Friedberg – adobe.stock.com
(rechts unten): contrastwerkstatt – adobe.stock.com

Merkur
Verlag Rinteln

* * * * *

Seiten 20 - 22

1. Im Jahr 01 besteht gem. § 238 HGB Buchführungspflicht. Weil der Umsatz/ Gesamtumsatz des Jahres 01 höher als 800.000,00 € ist, ist der Einzelunternehmer nach § 238 HGB und auch gem. § 140 AO ab dem Jahr 02 buchführungspflichtig.

2. Für Freiberufler besteht gem. § 141 AO keine Buchführungspflicht.

3. Für Formkaufleute besteht gem. § 238 HGB und gem. § 140 AO Buchführungspflicht.

4. Im Jahr 01 besteht nach § 238 HGB Buchführungspflicht. Sie liegt auch in den Jahren 02 bis 06 sowohl nach § 238 HGB als auch nach § 140 AO vor.

5. Es besteht Buchführungspflicht, weil mindestens eine der Grenzen nach § 141 AO überschritten ist.

6.

	01	02	03	04	05	Vorschriften
a)	ja	nein	ja	ja	ja	§ 238 HGB, § 140 AO
b)	ja	ja	ja	ja	ja	§ 238 HGB, § 140 AO
c)	nein	nein	ja	ja	ja	§ 141 AO
d)	nein	nein	nein	nein	nein	§ 141 AO
e)	ja	ja	ja	ja	ja	§ 238 HGB, § 140 AO

7.

	02	03	04	Vorschriften
a)	ja	ja	ja	§ 238 HGB, § 140 AO
b)	ja	ja	ja	§ 238 HGB, § 140 AO
c)	nein	nein	nein	§ 141 AO
d)	nein	nein	nein	§ 141 AO
e)	nein	ja	ja	§ 238 HGB, § 140 AO

8. a) Die Aufforderung ist berechtigt, weil der Gewinn mehr als 80.000,00 € betragen hat.
   b) Er muss der Aufforderung frühestens ab dem Jahr 04 nachkommen.

9. Die steuerrechtliche Buchführungspflicht endet ein Jahr nach Ablauf des Wirtschaftsjahres, in dem das Finanzamt feststellt, dass keine der Grenzen des § 141 AO mehr überschritten wurde, also frühestens mit Ablauf des Jahres 08. Die handelsrechtliche Buchführungspflicht endet nach § 241 a HGB mit Ablauf des Jahres 08.

Seiten 32/33

1.

Warenbestand 15.02.04	440.000,00 €
- Wareneinkäufe bis 15.02.	180.000,00 €
+ Warenverkäufe bis 15.02.	210.000,00 €
Warenbestand 31.12.03	470.000,00 €

2.

Warenbestand 15.10.02	480.000,00 €
+ Wareneinkäufe bis 31.12.	55.000,00 €
- Warenverkäufe bis 31.12.	63.000,00 €
Warenbestand 31.12.02	472.000,00 €

3. Warenbestand 31.05.03 — 180.000,00 €
   - Wareneinkäufe bis 31.05. — 28.000,00 €
   + Warenverkäufe bis 31.05. — 20.000,00 €
   Warenbestand 31.03.03 — 172.000,00 €

4. Warenbestand 10.10.02 — 630.000,00 €
   + Wareneinkäufe bis 31.12. — 220.000,00 €
   - Warenverkäufe bis 31.12. — 200.000,00 €
   Warenbestand 31.12.02 — 650.000,00 €

5. Warenbestand 31.03.03 — 322.000,00 €
   - Wareneinkäufe bis 31.03. — 82.000,00 €
   + Warenverkäufe bis 31.03. — 149.600,00 €
   Warenbestand 31.12.02 — 389.600,00 €

   nicht zulässig, da die Inventur erst 3 Monate nach Ende des Geschäftsjahres erfolgt

Seiten 35/36

1. Inventar der Firma Thomas Weber e. K. zum 31.12.01

A. Vermögenswerte	
I. Anlagevermögen	
1. Grundstückswerte eig. beb. Grundstücke	150.000,00
2. Gebäude	450.000,00
3. Fuhrpark	25.000,00
4. Betriebs- und Geschäftsausstattung	72.000,00
II. Umlaufvermögen	
1. Warenbestand	380.000,00
2. Forderungen LuL	112.000,00
3. Bankguthaben	31.500,00
4. Kassenbestand	8.500,00
Summe der Vermögenswerte	1.229.000,00
B. Schuldwerte	
I. Verbindlichkeiten KI	260.000,00
II. Verbindlichkeiten LuL	163.000,00
Summe der Schuldwerte	423.000,00
C. Reinvermögen	
Summe der Vermögenswerte	1.229.000,00
- Summe der Schuldwerte	423.000,00
Reinvermögen	806.000,00

2. Inventar der Firma Holger Fischer e. K. zum 31.12.01

A. Vermögenswerte		
I. Anlagevermögen		
1. Grundstückswerte eig. beb. Grundstücke		80.000,00
2. Gebäude		360.000,00
3. Fuhrpark		
Ford Focus	20.000,00	
Opel Vectra	15.000,00	35.000,00
4. Betriebs- und Geschäftsausstattung		75.000,00

II. Umlaufvermögen

1. Warenbestand		250.000,00
2. Forderungen LuL		93.000,00
3. Bankguthaben		
Deutsche Bank Essen	80.000,00	
Sparkasse Dortmund	12.000,00	
Postbank	8.500,00	100.500,00
4. Kassenbestand		5.200,00
Summe der Vermögenswerte		998.700,00

B. Schuldwerte

I. Verbindlichkeiten KI	180.000,00
II. Verbindlichkeiten LuL	102.000,00
Summe der Schuldwerte	282.000,00

C. Reinvermögen

Summe der Vermögenswerte	998.700,00
- Summe der Schuldwerte	282.000,00
Reinvermögen	716.700,00

3. a) Umlaufvermögen
   b) Schulden
   c) Umlaufvermögen
   d) Anlagevermögen
   e) Schulden
   f) Umlaufvermögen
   g) Anlagevermögen
   h) Anlagevermögen
   i) Anlagevermögen
   j) Schulden
   k) Umlaufvermögen
   l) Umlaufvermögen

Seite 39

1. Bilanz der Firma Thomas Weber e. K., Kassel, zum 31.12.01

Aktiva		Passiva	
I. Anlagevermögen		I. Eigenkapital	806.000,00
Grundstücksw.	150.000,00	II. Fremdkapital	
Gebäude	450.000,00	Verbindl. KI	260.000,00
Fuhrpark	25.000,00	Verbindl. LuL	163.000,00
BGA	72.000,00		
II. Umlaufvermögen			
Warenbestand	380.000,00		
Ford. LuL	112.000,00		
Bankguthaben	31.500,00		
Kassenbestand	8.500,00		
	1.229.000,00		1.229.000,00

21. Juni 01 *Thomas Weber*

2. Bilanz der Firma Holger Fischer e. K., Essen, zum 31.12.01

Aktiva		Passiva	
I. Anlagevermögen		I. Eigenkapital	716.700,00
Grundstücksw.	80.000,00	II. Fremdkapital	
Gebäude	360.000,00	Verbindl. KI	180.000,00
Fuhrpark	35.000,00	Verbindl. LuL	102.000,00
BGA	75.000,00		
II. Umlaufvermögen			
Warenbestand	250.000,00		
Forderungen LuL	93.000,00		
Bankguthaben	100.500,00		
Kassenbestand	5.200,00		
	998.700,00		998.700,00

27. November 01

Holger Fischer

Seiten 42/43

1.

Aktiva		Passiva	
I. Anlagevermögen		I. Eigenkapital	141.100,00
BGA	85.900,00	II. Fremdkapital	
Fuhrpark	36.500,00	Verbindl. KI	92.500,00
II. Umlaufvermögen		Verbindl. LuL	98.500,00
Warenbestand	188.500,00		
Ford. LuL	17.500,00		
Bankguthaben	2.200,00		
Kassenbestand	1.500,00		
	332.100,00		332.100,00

Aktiva		Passiva	
I. Anlagevermögen		I. Eigenkapital	141.100,00
BGA	85.900,00	II. Fremdkapital	
Fuhrpark	36.500,00	Verbindl. KI	92.500,00
II. Umlaufvermögen		Verbindl. LuL	97.500,00
Warenbestand	188.500,00		
Ford. LuL	17.500,00		
Bankguthaben	2.200,00		
Kassenbestand	500,00		
	331.100,00		331.100,00

Aktiva		Passiva	
I. Anlagevermögen		I. Eigenkapital	141.100,00
BGA	85.900,00	II. Fremdkapital	
Fuhrpark	36.500,00	Verbindl. KI	122.500,00

II. Umlaufvermögen			Verbindl. LuL	67.500,00
	Warenbestand	188.500,00		
	Ford. LuL	17.500,00		
	Bankguthaben	2.200,00		
	Kassenbestand	500,00		
		331.100,00		331.100,00

Aktiva				Passiva
I. Anlagevermögen			I. Eigenkapital	141.100,00
	BGA	85.900,00	II. Fremdkapital	
	Fuhrpark	61.500,00	Verbindl. KI	122.500,00
II. Umlaufvermögen			Verbindl. LuL	92.500,00
	Warenbestand	188.500,00		
	Ford. LuL	17.500,00		
	Bankguthaben	2.200,00		
	Kassenbestand	500,00		
		356.100,00		356.100,00

2.

1.	2.	3.
a) Aktivtausch	keine	Waren +, Kasse -
b) Aktiv-Passiv-Mehrung	Mehrung	Bank und Verb. KI +
c) Aktivtausch	keine	Bank +, Ford. LuL -
d) Aktiv-Passiv-Minderung	Minderung	Verb. LuL -, Bank -
e) Aktivtausch	keine	Grundstw. +, Kasse -
f) Aktivtausch	keine	Bank +, Ford. LuL -
g) Aktiv-Passiv-Minderung	Minderung	Verb. KI -, Bank -
h) Aktiv-Passiv-Minderung	Minderung	Verb. KI -, Kasse -
i) Aktivtausch	keine	Kasse +, Fuhrpark -
j) Aktivtausch	keine	Bank +, Ford. LuL -
k) Aktivtausch	keine	Fuhrp. +, BGA -
l) Aktivtausch	keine	Bank +, Fuhrpark -

Seiten 48 - 50

1. 1. a) Waren und Kasse
   b) Waren/Aktivkonto, Kasse/Aktivkonto
   c) Waren +, Kasse -
   d) Waren Soll, Kasse Haben

2. a) Bankguthaben und Verbindlichkeiten KI
   b) Bankguthaben/Aktivkonto, Verb. KI/Passivkonto
   c) Bankguthaben +, Verb. KI +
   d) Bankguthaben Soll, Verb. KI Haben

3. a) Bankguthaben und Forderungen LuL
   b) Aktivkonten
   c) Bankguthaben +, Forderungen LuL -
   d) Bankguthaben Soll, Forderungen LuL Haben

4. a) Verbindlichkeiten LuL und Bank
   b) Verb. LuL/Passivkonto, Bank/Aktivkonto

c) Verb. LuL -, Bank -
d) Verb. LuL Soll, Bank Haben

5. a) Grundstücksw. e. b. G. und Kasse
   b) Aktivkonten
   c) Grundstücksw. e. b. G. +, Kasse -
   d) Grundstücksw. e. b. G. Soll, Kasse Haben

6. a) Forderungen LuL und Bankguthaben (oder Verb. KI)
   b) Aktivkonten
   c) Ford. LuL -, Bankguthaben +
   d) Bankguthaben Soll, Ford. LuL Haben

7. a) Verbindlichkeiten KI und Bankguthaben
   b) Verb. KI/Passivkonto, Bankguthaben/Aktivkonto
   c) Verb. KI -, Bankguthaben -
   d) Verb. KI Soll, Bankguthaben Haben

8. a) Verbindlichkeiten KI und Kasse
   b) Verb. KI/Passivkonto, Kasse/Aktivkonto
   c) Verb. KI -, Kasse -
   d) Verb. KI Soll, Kasse Haben

9. a) Fuhrpark und Kasse
   b) Aktivkonten
   c) Kasse +, Fuhrpark -
   d) Kasse Soll, Fuhrpark Haben

10. a) Bankguthaben (Verb. KI) und Ford. LuL
    b) Aktivkonten
    c) Bankguthaben +, Ford. LuL -
    d) Bankguthaben Soll, Ford. LuL Haben

11. a) BGA und Fuhrpark
    b) Aktivkonten
    c) Fuhrpark +, BGA -
    d) Fuhrpark Soll, BGA Haben

12. a) Fuhrpark und Bankguthaben
    b) Aktivkonten
    c) Bankguthaben +, Fuhrpark -
    d) Bankguthaben Soll, Fuhrpark Haben

2. Aktiva — Eröffnungsbilanz — Passiva

Aktiva		Passiva	
BGA	120.000,00	Eigenkapital	98.000,00
Warenbestand	210.000,00	Verb. KI	80.000,00
Ford. LuL	32.000,00	Verb. LuL	240.000,00
Kassenbestand	5.000,00		
Bankguthaben	51.000,00		

	418.000,00		418.000,00

```
S            BGA            H S          Eigenkapital         H
----------------------------- -----------------------------
EB       120.000|2.      1.500 SB          98.000|EB       98.000
                |SB    118.500
---      -------+-     -------
         120.000|      120.000

S        Warenbestand       H S           Verb. KI            H
----------------------------- -----------------------------
EB       210.000|SB    240.000 3.          25.000|EB       80.000
1.        30.000|              SB          55.000|
---      -------+-     ------- ---         ------+-        ------
         240.000|      240.000             80.000|         80.000

S          Ford. LuL        H S           Verb. LuL           H
----------------------------- -----------------------------
EB        32.000|5.     16.000 4.           4.500|EB      240.000
                |SB     16.000 SB         265.500|1.       30.000
---       ------+-      ------ ---        -------+-       -------
          32.000|       32.000            270.000|        270.000

S            Kasse          H
-----------------------------
EB         5.000|4.      4.500
2.         1.500|SB      2.000
---        -----+-       -----
           6.500|        6.500

S            Bank           H
-----------------------------
EB        51.000|3.     25.000
5.        16.000|SB     42.000
---       ------+-      ------
          67.000|       67.000

Aktiva                     Schlussbilanz                     Passiva
-------------------------------------------------------------
BGA                  118.500,00| Eigenkapital           98.000,00
Warenbestand         240.000,00| Verb. KI               55.000,00
Ford. LuL             16.000,00| Verb. LuL             265.500,00
Kassenbestand          2.000,00|
Bankguthaben          42.000,00|
---                  ----------+--                     ----------
                     418.500,00|                       418.500,00

3. Aktiva                  Eröffnungsbilanz                  Passiva
-------------------------------------------------------------
BGA                  180.000,00| Eigenkapital          180.500,00
Fuhrpark              38.000,00| Verb. KI              130.000,00
Warenbestand         165.000,00| Verb. LuL             140.000,00
Ford. LuL             18.000,00|
Kassenbestand          7.000,00|
Bankguthaben          42.500,00|
---                  ----------+--                     ----------
                     450.500,00|                       450.500,00
```

```
S            BGA             H S        Eigenkapital         H
----------------------------- -----------------------------
EB      180.000¦SB    188.000 SB       180.500¦EB     180.500
4.        8.000¦                              ¦
---     -------+--    -------                 ¦
        188.000¦      188.000                 ¦

S         Fuhrpark           H S          Verb. KI           H
----------------------------- -----------------------------
EB       38.000¦4.      8.000 3.        10.000¦EB     130.000
               ¦SB     30.000 SB       120.000¦
---      ------+-      ------ ---      -------+-      -------
         38.000¦       38.000          130.000¦       130.000

S        Warenbestand        H S          Verb. LuL          H
----------------------------- -----------------------------
EB      165.000¦SB    165.000 1.         5.200¦EB     140.000
               ¦              SB       134.800¦
               ¦              ---      -------+-      -------
                                       140.000¦       140.000
S         Ford. LuL          H
-----------------------------
EB       18.000¦5.      4.500
               ¦SB     13.500
---      ------+--     ------
         18.000¦       18.000

S           Kasse            H
-----------------------------
EB        7.000¦2.      3.200
               ¦SB      3.800
---       -----+-       -----
          7.000¦        7.000

S            Bank            H
-----------------------------
EB       42.500¦1.      5.200
2.        3.200¦3.     10.000
5.        4.500¦SB     35.000
---      ------+-      ------
         50.200¦       50.200

Aktiva                 Schlussbilanz                  Passiva
-----------------------------------------------------------
BGA                  188.000,00¦ Eigenkapital      180.500,00
Fuhrpark              30.000,00¦ Verb. KI          120.000,00
Warenbestand         165.000,00¦ Verb. LuL         134.800,00
Ford. LuL             13.500,00¦
Kassenbestand          3.800,00¦
Bankguthaben          35.000,00¦
---                  ----------+-                  ----------
                     435.300,00¦                   435.300,00
```

4.

Aktiva	Eröffnungsbilanz		Passiva
BGA	125.000,00	Eigenkapital	199.500,00
Fuhrpark	32.000,00	Verb. KI	120.000,00
Warenbestand	180.000,00	Verb. LuL	115.000,00
Ford. LuL	21.000,00		
Kassenbestand	38.000,00		
Bankguthaben	38.500,00		
---	----------		----------
	434.500,00		434.500,00

S	BGA		H
EB	125.000	SB	125.000

S	Eigenkapital		H
SB	199.500	EB	199.500

S	Fuhrpark		H
EB	32.000	SB	64.000
5.	32.000		
---	------		------
	64.000		64.000

S	Verb. KI		H
SB	120.000	EB	120.000

S	Warenbestand		H
EB	180.000	SB	205.000
1.	25.000		
---	-------		-------
	205.000		205.000

S	Verb. LuL		H
6.	5.000	EB	115.000
SB	142.000	5.	32.000
---	-------		-------
	147.000		147.000

S	Ford. LuL		H
EB	21.000	2.	4.800
		4.	6.500
		SB	9.700
---	------		------
	21.000		21.000

S	Kasse		H
EB	38.000	6.	5.000
		1.	25.000
		SB	8.000
---	------		-----
	38.000		38.000

S	Bank (neu)		H
3.	10.000	SB	16.500
4.	6.500		
---	------		------
	16.500		16.500

S	Bank (alt)		H
EB	38.500	3.	10.000
2.	4.800	SB	33.300
---	------		------
	43.300		43.300

Aktiva	Schlussbilanz		Passiva
BGA	125.000,00	Eigenkapital	199.500,00
Fuhrpark	64.000,00	Verb. KI	120.000,00
Warenbestand	205.000,00	Verb. LuL	142.000,00
Ford. LuL	9.700,00		
Kassenbestand	8.000,00		
Bankbestand (neu)	16.500,00		
Bankbestand (alt)	33.300,00		
---	----------		----------
	461.500,00		461.500,00

Seiten 53/54

1.

Soll	Eröffnungsbilanzkonto		Haben
Eigenkapital	150.000,00	BGA	100.000,00
Verb. KI	120.000,00	Warenbestand	240.000,00
Verb. LuL	150.000,00	Ford. LuL	30.000,00
		Kasse	20.000,00
		Bank	30.000,00
---	----------		----------
	420.000,00		420.000,00

S	BGA		H
EBK	100.000	SBK	115.000
5.	15.000		
---	-------		-------
	115.000		115.000

S	Eigenkapital		H
SBK	150.000	EBK	150.000

S	Waren		H
EBK	240.000	SBK	248.000
2.	8.000		
---	-------		-------
	248.000		248.000

S	Verb. KI		H
3.	12.000	EBK	120.000
SBK	108.000		
---	-------		-------
	120.000		120.000

S	Ford. LuL		H
EBK	30.000	1.	4.000
		SBK	26.000
---	------		------
	30.000		30.000

S	Verb. LuL		H
SBK	165.000	EBK	150.000
		5.	15.000
---	-------		-------
	165.000		165.000

```
S             Kasse              H
------------------------------
EBK       20.000¦2.          8.000
                ¦SBK        12.000
---       ------+-         ------
          20.000¦           20.000

S             Bank 2             H
------------------------------
4.         2.000¦SBK         2.000

S             Bank 1             H
------------------------------
EBK       30.000¦3.         12.000
1.         4.000¦4.          2.000
                ¦SBK        20.000
---       ------+-         ------
          34.000¦           34.000
```

```
Soll                  Schlussbilanzkonto                  Haben
-------------------------------------------------------------
BGA                   115.000,00¦ Eigenkapital       150.000,00
Waren                 248.000,00¦ Verb. KI           108.000,00
Ford. LuL              26.000,00¦ Verb. LuL          165.000,00
Kasse                  12.000,00¦
Bank 2                  2.000,00¦
Bank 1                 20.000,00¦
---                   ----------+-                   ----------
                      423.000,00¦                    423.000,00
```

```
2. Soll              Eröffnungsbilanzkonto                Haben
-------------------------------------------------------------
Eigenkapital          190.000,00¦ BGA                 80.000,00
Verb. LuL             150.000,00¦ Warenbestand       190.000,00
                                ¦ Ford. LuL           30.000,00
                                ¦ Kasse               20.000,00
                                ¦ Bank                20.000,00
---                   ----------+-                   ----------
                      340.000,00¦                    340.000,00
```

```
S              BGA               H S         Eigenkapital          H
------------------------------ ------------------------------
EBK       80.000¦3.          8.000 SBK       190.000¦EBK      190.000
                ¦SBK        72.000                  ¦
---       ------+-         ------                   ¦
          80.000¦           80.000                  ¦

S          Warenbestand          H S            Verb. KI           H
------------------------------ ------------------------------
EBK      190.000¦SBK       193.000 SBK        50.000¦5.        50.000
4.         3.000¦                                   ¦
---      -------+-        -------                   ¦
         193.000¦          193.000
```

S	Ford. LuL		H
EBK	30.000	SBK	30.000

S	Verb. LuL		H
2.	7.500	EBK	150.000
SBK	142.500		
---	150.000		150.000

S	Kasse		H
EBK	20.000	1.	6.000
3.	8.000	4.	3.000
		SBK	19.000
---	28.000		28.000

S	Bank 1		H
EBK	20.000	2.	7.500
		SBK	12.500
---	20.000		20.000

S	Bank 2		H
1.	6.000	SBK	56.000
5.	50.000		
---	56.000		56.000

Soll	Schlussbilanzkonto		Haben
BGA	72.000,00	Eigenkapital	190.000,00
Warenbestand	193.000,00	Verb. KI	50.000,00
Ford. LuL	30.000,00	Verb. LuL	142.500,00
Kasse	19.000,00		
Bank 1	12.500,00		
Bank 2	56.000,00		
---	382.500,00		382.500,00

Seiten 57 - 61

1. a)	Bank	3.000,00	
	an Ford. LuL		3.000,00
b)	Kasse	2.500,00	
	an Bank		2.500,00
c)	Warenbestand	5.000,00	
	an Verb. LuL		5.000,00
d)	Verb. LuL	4.800,00	
	an Bank		4.800,00
e)	Bank	2.100,00	
	an Ford. LuL		2.100,00

f) Kasse	7.200,00	
an Fuhrpark		7.200,00
g) Verb. KI	30.000,00	
an Bank		30.000,00
h) Verb. LuL	2.500,00	
an Kasse		2.500,00

2. a) Wareneinkauf auf Ziel
   b) Kauf eines unbebauten Grundstücks gegen Banküberweisung
   c) Ausgleich von Bankschulden durch Überweisung vom Bankkonto
   d) Bareinzahlung aus der Kasse auf das Konto Bank
   e) Kunde überweist zum Rechnungsausgleich auf das Bankkonto
   f) Ausgleich einer Eingangsrechnung durch Überweisung vom Bankgutkonto

3. a) Verb. LuL	9.800,00	
an Bank		9.800,00
b) Warenbestand	9.000,00	
an Fuhrpark		9.000,00
c) Bank	80.000,00	
an Verb. KI		80.000,00
d) Bank	6.100,00	
an Ford. LuL		6.100,00
e) Unbeb. Grundstücke	70.000,00	
an Kasse		70.000,00
f) Bank	8.700,00	
an Kasse		8.700,00
g) Fuhrpark	7.000,00	
an BGA		7.000,00
h) Bank	1.000,00	
an Kasse		1.000,00

4. a) Kreditaufnahme mit Gutschrift auf dem Bankkonto
   b) Barabhebung vom Bankkonto
   c) Einkauf von Waren gegen Barzahlung
   d) Kunden überweisen zum Rechnungsausgleich auf das Bankkonto
   e) Kauf eines PKW gegen Banküberweisung
   f) Kauf von Waren gegen Inzahlunggabe eines Teils der Ladeneinrichtung
   g) Verrechnung von Ford. LuL und Verb. LuL gegenüber derselben Person

5. a) Kasse 1.000,00
Bank 3.000,00
an BGA 4.000,00

b) Kasse 2.000,00
Ford. LuL 6.000,00
an Fuhrpark 8.000,00

c) Fuhrpark 30.000,00
an Kasse 10.000,00
an Fuhrpark 20.000,00

d) Warenbestand 15.000,00
an Bank 10.000,00
an Verb. LuL 5.000,00

6. a) Wareneinkauf gegen Banküberweisung und auf Rechnung
b) Ausgleich von Bankschulden durch Überweisung vom Bankkonto
c) Ausgangsrechnungen werden durch Überweisungen auf das Bankkonto und durch Barzahlung beglichen.
d) Ein PKW wird gegen Inzahlunggabe eines gebrauchten PKW und Barzahlung des Restbetrages erworben.
e) Ladeneinrichtung wird gegen Barzahlung und Bankscheck verkauft.
f) Eingangsrechnungen werden durch Überweisung auf das Bankkonto sowie durch Barzahlung beglichen.

7. Soll — Eröffnungsbilanzkonto — Haben

Soll		Haben	
Eigenkapital	231.000,00	Fuhrpark	50.000,00
Verb. KI	100.000,00	Warenbestand	200.000,00
Verb. LuL	80.000,00	Ford. LuL	70.000,00
		Kasse	65.000,00
		Bank 1	6.000,00
		Bank 2	20.000,00
	411.000,00		411.000,00

a) Aktivkonten 411.000,00
an EBK 411.000,00

b) EBK 411.000,00
an Passivkonten 411.000,00

1.	Warenbestand	20.000,00	
	an Kasse		20.000,00
2.	Bank 1	10.000,00	
	Bank 2	15.000,00	
	an Ford. LuL		25.000,00
3.	Bank 1	40.000,00	
	an Verb. KI		40.000,00
4.	Fuhrpark	35.000,00	
	an Fuhrpark		8.000,00
	an Kasse		27.000,00
5.	Verb. LuL	4.800,00	
	an Bank 2		4.800,00
a)	SBK	446.200,00	
	an Aktivkonten		446.200,00
b)	Passivkonten	446.200,00	
	an SBK		446.200,00

Soll		Schlussbilanzkonto	Haben
Fuhrpark	77.000,00	Eigenkapital	231.000,00
Warenbestand	220.000,00	Verb. KI	140.000,00
Ford. LuL	45.000,00	Verb. LuL	75.200,00
Kasse	18.000,00		
Bank 1	56.000,00		
Bank 2	30.200,00		
---	446.200,00		446.200,00

8.

Soll		Eröffnungsbilanzkonto	Haben
Eigenkapital	169.000,00	BGA	40.000,00
Verb. KI	80.000,00	Warenbestand	220.000,00
Verb. LuL	160.000,00	Ford. LuL	45.000,00
		Kasse	40.000,00
		Bank 1	30.000,00
		Bank 2	34.000,00
---	409.000,00		409.000,00

a)	Aktivkonten	409.000,00	
	an EBK		409.000,00
b)	EBK	409.000,00	
	an Passivkonten		409.000,00
1.	Bank 1	6.000,00	
	an Ford. LuL		6.000,00
2.	Verb. KI	40.000,00	
	an Bank 1		20.000,00
	an Bank 2		20.000,00

2 Merkur-Nr. 3068

3. Verb. LuL	8.000,00	
an Bank 1		8.000,00
4. Warenbestand	12.000,00	
an Bank 2		6.000,00
an Verb. LuL		6.000,00
5. BGA	30.000,00	
an Kasse		30.000,00
a) SBK	367.000,00	
an Aktivkonten		367.000,00
b) Passivkonten	367.000,00	
an SBK		367.000,00

Soll — Schlussbilanzkonto — Haben

Soll		Haben	
BGA	70.000,00	Eigenkapital	169.000,00
Warenbestand	232.000,00	Verb. KI	40.000,00
Ford. LuL	39.000,00	Verb. LuL	158.000,00
Kasse	10.000,00		
Bank 1	8.000,00		
Bank 2	8.000,00		

	367.000,00		367.000,00

9. Soll — Eröffnungsbilanzkonto — Haben

Soll		Haben	
Eigenkapital	185.000,00	BGA	90.000,00
Verb. KI	100.000,00	Warenbestand	210.000,00
Verb. LuL	180.000,00	Ford. LuL	75.000,00
		Kasse	10.000,00
		Bank 1	30.000,00
		Bank 2	50.000,00

	465.000,00		465.000,00

a) Aktivkonten	465.000,00	
an EBK		465.000,00
b) EBK	465.000,00	
an Passivkonten		465.000,00
1. Kasse	10.000,00	
an BGA		10.000,00
2. Verb. LuL	8.000,00	
an Bank 2		6.000,00
an Bank 1		2.000,00
3. Bank 2	5.000,00	
an Kasse		5.000,00
4. Verb. KI	60.000,00	
an Bank 2		40.000,00
an Bank 1		20.000,00

5. Bank 1 — Soll 400,00
an Forderungen LuL — Haben 400,00

a) SBK — Soll 397.000,00
an Aktivkonten — Haben 397.000,00

b) Passivkonten — Soll 397.000,00
an SBK — Haben 397.000,00

Soll	Schlussbilanzkonto		Haben
BGA	80.000,00	Eigenkapital	185.000,00
Warenbestand	210.000,00	Verb. KI	40.000,00
Ford. LuL	74.600,00	Verb. LuL	172.000,00
Kasse	15.000,00		
Bank 1	9.000,00		
Bank 2	8.400,00		
---	397.000,00		397.000,00

<u>Seiten 67 - 69</u>

1. a)	Kfz-Versicherungen	600,00	
	an Bank		600,00
b)	Telefon	150,00	
	an Bank		150,00
c)	Fahrzeugkosten	750,00	
	an Bank		750,00
d)	Kasse	80,00	
	an Grundstückserträge		80,00
e)	Bürobedarf	95,00	
	an Verb. LuL		95,00
f)	Bank	350,00	
	an Zinsen u. ä. Erträge		350,00
g)	Löhne und Gehälter	2.800,00	
	an Bank		2.800,00
h)	Bank	1.200,00	
	an Provisionserlöse		1.200,00
i)	Sonstige betriebliche Aufwendungen	90,00	
	an Kasse		90,00
j)	Sonstige betriebliche Aufwendungen	120,00	
	an Bank		120,00
k)	Zinsen u. ä. Aufwendungen	200,00	
	an Verb. LuL		200,00

2.	a) Löhne und Gehälter	3.000,00	
	an Bank		3.000,00
	Bilanzsumme: mindernd Erfolg: mindernd		
	b) Verb. KI	50.000,00	
	an Kasse		50.000,00
	Bilanzsumme: mindernd Erfolg: -		
	c) Zinsen u. ä. Aufwendungen	180,00	
	an Bank		180,00
	Bilanzsumme: mindernd Erfolg: mindernd		
	d) Bank	4.800,00	
	an Ford. LuL		4.800,00
	Bilanzsumme: - Erfolg: -		
	e) BGA	900,00	
	an Kasse		900,00
	Bilanzsumme: - Erfolg: -		
	f) Bank	350,00	
	an Provisionserlöse		350,00
	Bilanzsumme: erhöhend Erfolg: erhöhend		
	g) Kasse	1.500,00	
	an Grundstückserträge		1.500,00
	Bilanzsumme: erhöhend Erfolg: erhöhend		
	h) Werbekosten	450,00	
	an Bank		450,00
	Bilanzsumme: mindernd Erfolg: mindernd		
	i) Ford. LuL	150,00	
	an Zinsen u. ä. Erträge		150,00
	Bilanzsumme: erhöhend Erfolg: erhöhend		

j)	Fahrzeugkosten	920,00	
	an Verb. LuL		920,00
	Bilanzsumme: -		
	Erfolg: mindernd		
k)	Verb. LuL	6.000,00	
	an Bank		6.000,00
	Bilanzsumme: mindernd		
	Erfolg: -		
l)	Gebühren, Beiträge	240,00	
	an Bank		240,00
	Bilanzsumme: mindernd		
	Erfolg: mindernd		
m)	Bank	4.100,00	
	an Kasse		4.100,00
	Bilanzsumme: -		
	Erfolg: -		
n)	Kfz-Steuer	580,00	
	an Bank		580,00
	Bilanzsumme: mindernd		
	Erfolg: mindernd		
3. a)	Bank	3.000,00	
	Kasse	1.800,00	
	an Ford. LuL		4.800,00
b)	Bank	700,00	
	an Provisionserlöse		700,00
c)	Miete	2.200,00	
	Gewerbesteuer	1.050,00	
	an Bank		3.250,00
d)	Fuhrpark	130.000,00	
	an Kasse		60.000,00
	an Verb. LuL		70.000,00
e)	Kfz-Steuer	600,00	
	Verb. KI	12.000,00	
	an Bank		12.600,00
f)	Bank	1.600,00	
	an Grundstückserträge		1.600,00
g)	Verb. LuL	7.200,00	
	Zinsen u. ä. Aufwendungen	500,00	
	an Bank		7.700,00

h) Bürobedarf 150,00
an Kasse 150,00

Auswirkungen	Erfolg	Bilanzsumme
a)	-	-
b)	+ 700,00	+ 700,00
c)	- 3.250,00	- 3.250,00
d)	-	+ 70.000,00
e)	- 600,00	- 12.600,00
f)	+ 1.600,00	+ 1.600,00
g)	- 500,00	- 7.700,00
h)	- 150,00	- 150,00

4. a) Zahlung von Löhnen und Gehältern durch Banküberweisung
b) Bankgutschrift für ein aufgenommenes Darlehen
c) Kauf von Briefmarken gegen Barzahlung
d) Vertreterprovision wird durch Banküberweisung gezahlt
e) Bankgutschrift für Zinsen
f) Barzahlung für Kraftstoff
g) Kunden überweisen zum Rechnungsausgleich auf das Bankkonto
h) Abbuchung für Telefonkosten vom Bankkonto
i) Mieter zahlt Miete bar
j) Banküberweisung für Gewerbesteuer
k) Provision geht auf dem Bankkonto ein
l) Umwandlung einer Verbindlichkeit LuL in ein Liefererdarlehen
m) Einzahlung von Bargeld aus der Kasse auf das Bankkonto

5. Eröffnungsbilanzkonto

Soll			Haben
Eigenkapital	180.000,00	BGA	60.000,00
Verb. KI	60.000,00	Warenbestand	220.000,00
Verb. LuL	180.000,00	Ford. LuL	25.000,00
		Kasse	15.000,00
		Bank	100.000,00

	420.000,00		420.000,00

a) Aktivkonten 420.000,00
an EBK 420.000,00

b) EBK 420.000,00
an Passivkonten 420.000,00

1. BGA 6.000,00
an Verb. LuL 6.000,00

2. Miete 2.400,00
an Bank 2.400,00

3. Löhne und Gehälter 3.500,00
an Kasse 3.500,00

4. Verb. KI 50.000,00
Zinsen u. ä. Aufwendungen 4.000,00
an Bank 54.000,00

5.	Zinsen u. ä. Aufwendungen an Verb. LuL	50,00	 50,00
6.	Kasse an Ford. LuL	3.000,00	 3.000,00
7.	Kfz-Steuer an Bank	400,00	 400,00
8.	Sonst. betr. Aufwendungen an Verb. LuL	240,00	 240,00
9.	G+V an Aufwandskonten	10.590,00	 10.590,00
10.	Eigenkapital an G+V	10.590,00	 10.590,00
11.	SBK an Aktivkonten	365.700,00	 365.700,00
12.	Passivkonten an SBK	365.700,00	 365.700,00

Soll		G + V	Haben
L. u. Gehälter	3.500,00	Eigenkapital	10.590,00
Miete	2.400,00		
s. betr. Aufw.	240,00		
Zinsen u. ä. Aufw.	4.050,00		
Kfz-Steuer	400,00		

	10.590,00		10.590,00

Soll		Schlussbilanzkonto	Haben
BGA	66.000,00	Eigenkapital	169.410,00
Warenbestand	220.000,00	Verb. KI	10.000,00
Ford. LuL	22.000,00	Verb. LuL	186.290,00
Kasse	14.500,00		
Bank	43.200,00		

	365.700,00		365.700,00

<u>Seiten 76 - 78</u>

1.	1. Verb. LuL an Bank	3310/1610 1800/1200	9.200,00	 9.200,00
	2. S. Reparaturen an Verb. LuL	6490/4809 3300/1600	200,00	 200,00
	3. Verb. KI an Bank	3150/0650 1800/1200	10.000,00	 10.000,00

4.	Fuhrpark	0520/0320	27.000,00	
	an Verb. LuL	3310/1610		27.000,00
5.	Bank	1800/1200	4.600,00	
	an Ford. LuL	1210/1410		4.600,00
6.	Ford. LuL	1210/1410	400,00	
	an Provisionserlöse	4560/8510		400,00
7.	BGA	0650/0410	15.000,00	
	an Verb. LuL	3310/1610		15.000,00
8.	Bürobedarf	6815/4930	184,00	
	an Kasse	1600/1000		184,00
9.	Löhne/Gehälter	6000/4100	4.500,00	
	an Kasse	1600/1000		4.500,00
10.	Fahrzeugkosten	6500/4500	700,00	
	an Verb. LuL	3310/1610		700,00
11.	Miete	6310/4210	1.200,00	
	an Bank	1800/1200		1.200,00

2. Soll Eröffnungsbilanzkonto Haben

Soll		Haben	
Eigenkapital	244.000,00	BGA	45.000,00
Verb. LuL	90.000,00	Bestand an Waren	200.000,00
		Kasse	45.000,00
		Bank	44.000,00

	334.000,00		334.000,00

a)	Aktivkonten	334.000,00	
	an EBK		334.000,00
b)	EBK	334.000,00	
	an Passivkonten		334.000,00
1.	6300/4900 Porto	50,00	
	an 1600/1000 Kasse		50,00
2.	6805/4920 Telefon	180,00	
	an 1800/1200 Bank		180,00
3.	6335/4260 Instandhaltung	200,00	
	an 1600/1000 Kasse		200,00
4.	6490/4809 S. Reparaturen	300,00	
	an 1800/1200 Bank		300,00
5.	6000/4100 Löhne/Gehälter	3.200,00	
	an 1600/1000 Kasse		3.200,00
6.	6310/4210 Miete	1.100,00	
	an 1800/1200 Bank		1.100,00

7.	1800/1200 Bank	180,00	
	an 7100/2650 Zinsen u. ä. Erträge		180,00
8.	1800/1200 Bank	1.500,00	
	an 4560/8510 Provisionserlöse		1.500,00
a)	G+V	5.030,00	
	an Aufwandskonten		5.030,00
b)	Ertragskonten	1.680,00	
	an G+V		1.680,00
c)	Eigenkapital	3.350,00	
	an G+V		3.350,00
d)	SBK	330.650,00	
	an Aktivkonten		330.650,00
e)	Passivkonten	330.650,00	
	an SBK		330.650,00

G + V

Soll		Haben	
Löhne/Gehälter	3.200,00	Provisionserlöse	1.500,00
Telefon	180,00	Zinserträge	180,00
Instandhaltung	200,00	Eigenkapital	3.350,00
Reparaturen	300,00		
s. b. Aufwendungen	50,00		
Miete	1.100,00		
---	5.030,00		5.030,00

Schlussbilanzkonto

Soll		Haben	
BGA	45.000,00	Eigenkapital	240.650,00
Bestand an Waren	200.000,00	Verb. LuL	90.000,00
Kasse	41.550,00		
Bank	44.100,00		
---	330.650,00		330.650,00

3. **Eröffnungsbilanzkonto**

Soll		Haben	
Eigenkapital	253.000,00	BGA	40.000,00
Verb. LuL	180.000,00	Bestand an Waren	280.000,00
		Ford. LuL	55.000,00
		Kasse	4.000,00
		Bank	54.000,00
---	433.000,00		433.000,00

a)	Aktivkonten	433.000,00	
	an EBK		433.000,00
b)	EBK	433.000,00	
	an Passivkonten		433.000,00

1.	1800/1200 Bank an 1210/1410 Ford. LuL	6.000,00	6.000,00
2.	6815/4930 Bürobedarf an 1600/1000 Kasse	200,00	200,00
3.	6825/4950 Rechts- und Beratungskosten an 3310/1610 Verb. LuL	1.000,00	1.000,00
4.	6805/4920 Telefon an 1800/1200 Bank	250,00	250,00
5.	3310/1610 Verb. LuL an 1800/1200 Bank	5.000,00	5.000,00
6.	1800/1200 Bank an 4560/8510 Provisionserlöse	6.000,00	6.000,00
7.	6400/4360 Versicherungen an 1800/1200 Bank	600,00	600,00
8.	1210/1410 Ford. LuL an 7100/2650 Zinsen u. ä. Erträge	300,00	300,00
a)	G+V an Aufwandskonten	2.050,00	2.050,00
b)	Ertragskonten an G+V	6.300,00	6.300,00
c)	G+V an Eigenkapital	4.250,00	4.250,00
d)	SBK an Aktivkonten	433.250,00	433.250,00
e)	Passivkonten an SBK	433.250,00	433.250,00

Soll		G + V	Haben
Bürobedarf	200,00	Provisionserlöse	6.000,00
Rechts- u. Ber.K.	1.000,00	Zinsen u. ä. Ertr.	300,00
Telefon	250,00		
Versicherungen	600,00		
Eigenkapital	4.250,00		
---	--------		--------
	6.300,00		6.300,00

Soll		Schlussbilanzkonto	Haben
BGA	40.000,00	Eigenkapital	257.250,00
Bestand an Waren	280.000,00	Verb. LuL	176.000,00
Ford. LuL	49.300,00		
Kasse	3.800,00		
Bank	60.150,00		
---	----------		----------
	433.250,00		433.250,00

Seiten 83 - 88

1.

S	Bestand an Waren		H
EBK	20.000	SBK	28.000
W-Eing.	8.000		
	28.000		28.000

S	Umsatzerlöse		H
G+V	120.000	Kasse	50.000
		Ford.	70.000
	120.000		120.000

S	Wareneingang		H
Verb.	30.000	G+V	62.000
Kasse	40.000	WB	8.000
	70.000		70.000

S	G + V		H
W-Eing.	62.000	UE	120.000

Warenbestand 01.01.	20.000,00 €
- Warenbestand 31.12.	28.000,00 €
Bestandsveränderung (Erhöhung)	8.000,00 €
+ Wareneingang	70.000,00 €
Wareneinsatz:	62.000,00 €
+ Wareneingang	70.000,00 €
Umsatzerlöse	120.000,00 €
- Wareneinsatz	62.000,00 €
Rohgewinn	58.000,00 €

1. 5200/3200 Wareneingang	30.000,00	
an 3310/1610 Verb. LuL		30.000,00
2. 1600/1000 Kasse	50.000,00	
an 4000/8000 Umsatzerlöse		50.000,00
3. 5200/3200 Wareneingang	40.000,00	
an 1600/1000 Kasse		40.000,00
4. 1210/1410 Ford. LuL	70.000,00	
an 4000/8000 Umsatzerlöse		70.000,00
5. SBK	28.000,00	
an 1140/3980 Bestand an Waren		28.000,00
6. 1140/3980 Bestand an Waren	8.000,00	
an 5200/3200 Wareneingang		8.000,00
7. G+V	62.000,00	
an 5200/3200 Wareneingang		62.000,00
8. 4400/8800 Umsatzerlöse	120.000,00	
an G+V		120.000,00

```
2. S      Bestand an Waren        H S           Umsatzerlöse          H
   ------------------------------ ------------------------------
   EBK       40.000¦SBK      25.000 G+V        220.000¦Ford.   220.000
                   ¦W-Eing. 15.000
   ---       ------+-       ------
             40.000¦        40.000

   S           Wareneingang    H    S              G + V             H
   ------------------------------ ------------------------------
   Verb.    130.000¦G+V     145.000 W-Eing. 145.000¦VE         220.000
   WB        15.000¦
   ---      -------+-       -------
            145.000¦        145.000
```

Warenbestand 01.01.	40.000,00 €
- Warenbestand 31.12.	25.000,00 €
Bestandsveränderung (Minderung)	15.000,00 €
+ Wareneingang	130.000,00 €
Wareneinsatz:	145.000,00 €
Umsatzerlöse	220.000,00 €
Wareneinsatz	145.000,00 €
Rohgewinn	75.000,00 €

1. 1210/1410 Ford. LuL	220.000,00	
an 4000/8000 Umsatzerlöse		220.000,00
2. 5200/3200 Wareneingang	130.000,00	
an 3310/1610 Verb. LuL		130.000,00
3. SBK	25.000,00	
an 1140/3980 Bestand an Waren		25.000,00
4. 5200/3200 Wareneingang	15.000,00	
an 1140/3980 Bestand an Waren		15.000,00
5. G+V	145.000,00	
an 5200/3200 Wareneingang		145.000,00
6. 4000/8000 Umsatzerlöse	220.000,00	
an G+V		220.000,00

```
3. Soll                 Eröffnungsbilanzkonto                  Haben
   ------------------------------------------------------------
   Eigenkapital        190.000,00¦ BGA                    80.000,00
   Verb. LuL           260.000,00¦ Bestand an Waren      220.000,00
                                 ¦ Ford. LuL              55.000,00
                                 ¦ Kasse                  25.000,00
                                 ¦ Bank                   70.000,00
   ---                 ----------+-                      ----------
                       450.000,00¦                       450.000,00
```

a) Aktivkonten	450.000,00	
an EBK		450.000,00
b) EBK	450.000,00	
an Passivkonten		450.000,00

1.	5200/3200 Wareneingang	5.000,00	
	an 1600/1000 Kasse		5.000,00
2.	1800/1200 Bank	30.000,00	
	an 1210/1410 Ford. LuL		30.000,00
3.	1210/1410 Ford. LuL	25.000,00	
	an 4000/8000 Umsatzerlöse		25.000,00
4.	6805/4920 Telefon	180,00	
	an 1800/1200 Bank		180,00
5.	1600/1000 Kasse	10.000,00	
	an 4000/8000 Umsatzerlöse		10.000,00
6.	0650/0410 BGA	12.000,00	
	an 3310/1610 Verb. LuL		12.000,00
a)	5200/3200 Wareneingang	5.000,00	
	an 1140/3980 Bestand an Waren		5.000,00
b)	G+V	10.180,00	
	an Aufwandskonten		10.180,00
c)	Ertragskonten	35.000,00	
	an G+V		35.000,00
d)	G+V	24.820,00	
	an Eigenkapital		24.820,00
e)	Passivkonten	486.820,00	
	an SBK		486.820,00
f)	SBK	486.820,00	
	an Aktivkonten		486.820,00

Soll	G + V		Haben
Wareneingang	10.000,00	Umsatzerlöse	35.000,00
Telefon	180,00		
Eigenkapital	24.820,00		
---	---------		---------
	35.000,00		35.000,00

Soll	Schlussbilanzkonto		Haben
BGA	92.000,00	Eigenkapital	214.820,00
Bestand an Waren	215.000,00	Verb. LuL	272.000,00
Ford. LuL	50.000,00		
Kasse	30.000,00		
Bank	99.820,00		
---	----------		----------
	486.820,00		486.820,00

Warenbestand 01.01.	220.000,00 €
- Warenbestand 31.12.	215.000,00 €
Bestandsveränderung (Minderung)	5.000,00 €
+ Wareneingang	5.000,00 €
Wareneinsatz:	10.000,00 €
Umsatzerlöse	35.000,00 €
- Wareneinsatz	10.000,00 €
Rohgewinn	25.000,00 €
- übrige Aufwendungen	180,00 €
Reingewinn	24.820,00 €

Auswirkung auf	Erfolg	Bilanzsumme
1.	- 5.000,00[1]	- 5.000,00
2.	-	-
3.	+ 25.000,00	+ 25.000,00
4.	- 180,00	- 180,00
5.	+ 10.000,00	+ 10.000,00
6.	-	+ 12.000,00

[1] als Aufwandskonto definiert

4\. Soll Eröffnungsbilanzkonto Haben

Soll		Haben	
Eigenkapital	212.000,00	BGA	40.000,00
Verb. LuL	140.000,00	Bestand an Waren	180.000,00
		Ford. LuL	25.000,00
		Kasse	7.000,00
		Bank	100.000,00
---	352.000,00		352.000,00

a) Aktivkonten	352.000,00	
an EBK		352.000,00
b) EBK	352.000,00	
an Passivkonten		352.000,00
1. 1210/1410 Ford. LuL	17.500,00	
an 4000/8000 Umsatzerlöse		17.500,00
2. 3310/1610 Verb. LuL	24.800,00	
an 1800/1200 Bank		24.800,00
3. 1800/1200 Bank	250,00	
an 7100/2650 Zinsen u. ä. Erträge		250,00
4. 1600/1000 Kasse	8.100,00	
an 1210/1410 Ford. LuL		8.100,00
5. 5200/3200 Wareneingang	7.000,00	
an 3310/1610 Verb. LuL		7.000,00
6. 1600/1000 Kasse	11.200,00	
an 4000/8000 Umsatzerlöse		11.200,00

7.	1800/1200 Bank	3.000,00	
	an 4560/8510 Provisionserlöse		3.000,00
8.	6815/4930 Bürobedarf	180,00	
	an 1600/1000 Kasse		180,00
9.	0650/0410 BGA	1.200,00	
	an 4000/8000 Umsatzerlöse		1.200,00
10.	6000/4100 Löhne/Gehälter	3.000,00	
	an 1800/1200 Bank		3.000,00
a)	5200/3200 Wareneingang	5.000,00	
	an 1140/3980 Warenbestand		5.000,00
b)	G+V	15.180,00	
	an Aufwandskonten		15.180,00
c)	Ertragskonten	33.150,00	
	an G+V		33.150,00
d)	G+V	17.970,00	
	an Eigenkapital		17.970,00
e)	SBK	352.170,00	
	an Aktivkonten		352.170,00
f)	Passivkonten	352.170,00	
	an SBK		352.170,00

Soll		G + V	Haben
Wareneingang	12.000,00	Umsatzerlöse	29.900,00
L./Gehälter	3.000,00	Provisionserlöse	3.000,00
Bürobedarf	180,00	Zinsen u. ä. Erträge	250,00
Eigenkapital	17.970,00		

	33.150,00		33.150,00

Soll		Schlussbilanzkonto	Haben
BGA	41.200,00	Eigenkapital	229.970,00
Bestand an Waren	175.000,00	Verb. LuL	122.200,00
Ford. LuL	34.400,00		
Kasse	26.120,00		
Bank	75.450,00		

	352.170,00		352.170,00

	Warenbestand 01. Januar 02	180.000,00 €
	- Warenbestand 31. Dezember 02	175.000,00 €
	Bestandsveränderung (Minderung)	5.000,00 €
	+ Wareneingang	7.000,00 €
1.	Wareneinsatz	12.000,00 €

Umsatzerlöse	29.900,00 €
- Wareneinsatz	12.000,00 €
2. Rohgewinn	17.900,00 €
+ übrige Erträge	3.250,00 €
- übrige Aufwendungen	3.180,00 €
3. Reingewinn	17.970,00 €

4. Rohgewinnaufschlagssatz: $\frac{17.900,00 \cdot 100}{12.000,00} = 149,17\ \%$

5. Rohgewinnsatz: $\frac{17.900,00 \cdot 100}{29.900,00} = 59,87\ \%$

6. Reingewinnsatz: $\frac{17.970,00 \cdot 100}{29.900,00} = 60,10\ \%$

Auswirkung auf	Erfolg	Bilanzsumme
1.	+ 17.500,00	+ 17.500,00
2.	-	- 24.800,00
3.	+ 250,00	+ 250,00
4.	-	-
5.	- 7.000,00	-
6.	+ 11.200,00	+ 11.200,00
7.	+ 3.000,00	+ 3.000,00
8.	- 180,00	- 180,00
9.	+ 1.200,00	+ 1.200,00
10.	- 3.000,00	- 3.000,00

5. Soll — Eröffnungsbilanzkonto — Haben

Soll		Haben	
Eigenkapital	170.000,00	BGA	70.000,00
Verb. KI	90.000,00	Bestand an Waren	220.000,00
Verb. LuL	120.000,00	Ford. LuL	25.000,00
		Kasse	15.000,00
		Bank	50.000,00
---	380.000,00		380.000,00

a) Aktivkonten	380.000,00	
an EBK		380.000,00
b) EBK	380.000,00	
an Passivkonten		380.000,00
1. 6490/4809 Reparaturen/Instandhaltung	820,00	
an 1800/1200 Bank		820,00
2. 7300/2100 Zinsen u. ä. Erträge	300,00	
an 1800/1200 Bank		300,00
3. 1600/1000 Kasse	12.000,00	
an 4000/8000 Umsatzerlöse		12.000,00

4.	6310/4210 Miete an 1800/1200 Bank	1.800,00	1.800,00
5.	3150/0650 Verb. KI an 1800/1200 Bank	30.000,00	30.000,00
6.	1210/1410 Ford. LuL an 7100/2650 Zinsen u. ä. Erträge	40,00	40,00
7.	5200/3200 Wareneingang an 3310/1610 Verb. LuL	15.000,00	15.000,00
8.	3310/1610 Verb. LuL an 1600/1000 Kasse	500,00	500,00
9.	1600/1000 Kasse an 4000/8000 Umsatzerlöse	8.000,00	8.000,00
10.	3150/0650 Verb. KI an 1600/1000 Kasse	19.500,00	19.500,00
a)	1140/3980 Bestand an Waren an 5200/3200 Wareneingang	10.000,00	10.000,00
b)	G+V an Aufwandskonten	17.920,00	17.920,00
c)	Ertragskonten an G+V	30.040,00	30.040,00
d)	G+V an Eigenkapital	12.120,00	12.120,00
e)	SBK an Aktivkonten	357.120,00	357.120,00
f)	Passivkonten an SBK	357.120,00	357.120,00

Soll	G + V		Haben
Wareneingang	5.000,00	Umsatzerlöse	20.000,00
Reparaturen	820,00	Zinsen u. a. Erträge	40,00
Miete	1.800,00		
Zinsaufwendungen	300,00		
Eigenkapital	12.120,00		
---	20.040,00		20.040,00

Soll	Schlussbilanzkonto		Haben
BGA	70.000,00	Eigenkapital	182.120,00
Bestand an Waren	230.000,00	Verb. KI	40.500,00
Ford. LuL	25.040,00	Verb. LuL	134.500,00
Kasse	15.000,00		
Bankguthaben	17.080,00		
---	357.120,00		357.120,00

3 Merkur-Nr. 3068

	Warenbestand 01. Januar 02	220.000,00 €
	- Warenbestand 31. Dezember 02	230.000,00 €
	Bestandsveränderung (Mehrung)	10.000,00 €
	+ Wareneingang	15.000,00 €
1.	Wareneinsatz	5.000,00 €
	Umsatzerlöse	20.000,00 €
	- Wareneinsatz	5.000,00 €
2.	Rohgewinn	15.000,00 €
	+ übrige Erträge	40,00 €
	- übrige Aufwendungen	2.920,00 €
3.	Reingewinn	12.120,00 €

4. Rohgewinnaufschlagssatz: $\frac{15.000,00 \cdot 100}{5.000,00} = 300,00\ \%$

5. Rohgewinnsatz: $\frac{15.000,00 \cdot 100}{20.000,00} = 75,00\ \%$

6. Reingewinnsatz: $\frac{12.120,00 \cdot 100}{20.000,00} = 60,60\ \%$

Auswirkung auf	Erfolg	Bilanzsumme
1.	- 820,00	- 820,00
2.	- 300,00	- 300,00
3.	+ 12.000,00	+ 12.000,00
4.	- 1.800,00	- 1.800,00
5.	-	- 30.000,00
6.	+ 40,00	+ 40,00
7.	- 15.000,00	-
8.	-	- 500,00
9.	+ 8.000,00	+ 8.000,00
10.	-	- 19.500,00

6. Soll — Eröffnungsbilanzkonto — Haben

Soll		Haben	
Eigenkapital	440.000,00	BGA	60.000,00
Verb. LuL	60.000,00	Bestand an Waren	290.000,00
		Ford. LuL	30.000,00
		Kasse	20.000,00
		Bank	100.000,00
---	500.000,00		500.000,00

a) Aktivkonten	500.000,00	
an EBK		500.000,00
b) EBK	500.000,00	
an Passivkonten		500.000,00
1. 6805/4920 Telefon	200,00	
an 1800/1200 Bank		200,00

2.	5200/3200 Wareneingang	15.000,00	
	an 3310/1610 Verb. LuL		15.000,00
3.	7300/2100 Zinsen u. ä. Aufwendungen	100,00	
	an 3310/1610 Verb. LuL		100,00
4.	1210/1410 Ford. LuL	20.000,00	
	an 4000/8000 Umsatzerlöse		20.000,00
5.	1800/1200 Bank	18.000,00	
	an 1210/1410 Ford. LuL		18.000,00
6.	6490/4809 Reparaturen/Instandhaltung	1.500,00	
	an 3310/1610 Verb. LuL		1.500,00
7.	6000/4100 L./Gehälter	3.500,00	
	an 1600/1000 Kasse		3.500,00
8.	6815/4930 Bürobedarf	180,00	
	an 3310/1610 Verb. LuL		180,00
9.	1800/1200 Bank	1.000,00	
	an 1600/1000 Kasse		1.000,00
10.	1600/1000 Kasse	14.000,00	
	an 4000/8000 Umsatzerlöse		14.000,00
a)	5200/3200 Wareneingang	6.000,00	
	an 1140/3980 Bestand an Waren		6.000,00
b)	G+V	26.480,00	
	an Aufwandskonten		26.480,00
c)	Umsatzerlöse	34.000,00	
	an G+V		34.000,00
d)	G+V	7.520,00	
	an Eigenkapital		7.520,00
e)	SBK	524.300,00	
	an Aktivkonten		524.300,00
f)	Passivkonten	524.300,00	
	an SBK		524.300,00

Soll		G + V	Haben
Wareneingang	21.000,00	Umsatzerlöse	34.000,00
Telefon	200,00		
Bürobedarf	180,00		
L./Gehälter	3.500,00		
Reparaturen	1.500,00		
Zinsen u. ä. Aufw.	100,00		
Eigenkapital	7.520,00		
---	---------		---------
	34.000,00		34.000,00

Soll		Schlussbilanzkonto	Haben
BGA	60.000,00	Eigenkapital	447.520,00
Bestand an Waren	284.000,00	Verb. LuL	76.780,00
Ford. LuL	32.000,00		
Kasse	29.500,00		
Bankguthaben	118.800,00		

	524.300,00		524.300,00

	Warenbestand 01. Januar 02	290.000,00 €
	- Warenbestand 31. Dezember 02	284.000,00 €
	Bestandsveränderung (Minderung)	6.000,00 €
	+ Wareneingang	15.000,00 €
1.	Wareneinsatz	21.000,00 €
	Umsatzerlöse	34.000,00 €
	- Wareneinsatz	21.000,00 €
2.	Rohgewinn	13.000,00 €
	- übrige Aufwendungen	5.480,00 €
3.	Reingewinn	7.520,00 €

4. Rohgewinnaufschlagssatz: $\frac{13.000,00 \cdot 100}{21.000,00} = 61,90\ \%$

5. Rohgewinnsatz: $\frac{13.000,00 \cdot 100}{34.000,00} = 38,24\ \%$

6. Reingewinnsatz: $\frac{7.520,00 \cdot 100}{34.000,00} = 22,12\ \%$

Auswirkung auf	Erfolg	Bilanzsumme
1.	- 200,00	- 200,00
2.	- 15.000,00	-
3.	- 100,00	-
4.	+ 20.000,00	+ 20.000,00
5.	-	-
6.	- 1.500,00	-
7.	- 3.500,00	- 3.500,00
8.	- 180,00	-
9.	-	-
10.	+ 14.000,00	+ 14.000,00

<u>Seiten 91 - 93</u>

1. a) 2100/1800 Privatentnahmen	1.000,00	
an 1800/1200 Bank		1.000,00
b) 1800/1200 Bank	800,00	
an 2180/1890 Privateinlagen		800,00

c)	2100/1800 Privatentnahmen		40.000,00	
	an 1800/1200 Bank			40.000,00
d)	1600/1000 Kasse		6.000,00	
	an 2180/1890 Privateinlagen			6.000,00
e)	1800/1200 Bank		2.500,00	
	an 2180/1890 Privateinlagen			2.500,00
f)	2100/1800 Privatentnahmen		300,00	
	an 1600/1000 Kasse			300,00
g)	1800/1200 Bank		5.000,00	
	an 2180/1890 Privateinlagen			5.000,00
h)	2100/1800 Privatentnahmen		4.500,00	
	an 1800/1200 Bank			4.500,00
i)	3310/1610 Verb. LuL		12.000,00	
	an 2180/1890 Privateinlagen			12.000,00
j)	6805/4920 Telefon		190,40	
	2100/1800 Privatentnahmen		47,60	
	an 1800/1200 Bank			238,00
k)	2100/1800 Privatentnahmen		50,00	
	an 1800/1200 Bank			50,00
2. a)	1. 6345/4280 S. Raumkosten		870,00	
	2100/1800 Privatentnahmen		330,00	
	an 1800/1200 Bank			1.200,00
b)	1. mindernd	870,00 €		
	2. mindernd	1.200,00 €		
a)	2. 6400/4360 Versicherungen		450,00	
	2100/1800 Privatentnahmen		1.500,00	
	an 1800/1200 Bank			1.950,00
b)	1. mindernd	450,00 €		
	2. mindernd	1.950,00 €		
a)	3. 6805/4929 Telefon		400,00	
	2100/1800 Privatentnahmen		90,00	
	an 1800/1200 Bank			490,00
b)	1. mindernd	400,00 €		
	2. mindernd	490,00 €		
a)	4. 1800/1200 Bank		4.000,00	
	an 2180/1890 Privateinlagen			4.000,00
b)	1. keine Auswirkung			
	2. erhöhend	4.000,00 €		
a)	5. 7680/2375 Grundsteuer		680,00	
	an 1800/1200 Bank			680,00

```
    1800/1200 Bank                                3.200,00
    an 2180/1890 Privateinlagen                                3.200,00
```

b) 1. mindernd 680,00 €
   2. erhöhend 2.520,00 €

3.

Eigenkapital 31. Dez. 02	305.400,00 €
- Eigenkapital 31. Dez. 01	266.900,00 €
	38.500,00 €
+ Entnahmen	38.500,00 €
- Einlagen	31.200,00 €
Gewinn 02	45.800,00 €

4.

Anlagevermögen	345.600,00 €
+ Umlaufvermögen	953.800,00 €
Vermögen	1.299.400,00 €
- Fremdkapital	486.700,00 €
Eigenkapital 31. Dez. 02	812.700,00 €
- Eigenkapital 31. Dez. 01	677.300,00 €
	135.400,00 €
+ Entnahmen	120.000,00 €
- Einlagen	15.800,00 €
Gewinn 02	239.600,00 €

```
5. S          Privat          H S        Eigenkapital         H
   ----------------------------- ----------------------------
   ...     132.000¦...    22.800 Priv.   109.200¦EBK    642.100
                  ¦EK    109.200 SBK     736.000¦G+V    203.100
   ---     -------+-     ------- ---     -------+-      -------
           132.000¦      132.000         845.200¦       845.200

   S            G + V         H
   -----------------------------
   Aufw. 1.795.300¦Ertr.1.998.400
   EK      203.100¦
   ---   ---------+-   ---------
         1.998.400¦    1.998.400
```

```
   G+V                                          203.100,00
   an Eigenkapital                                           203.100,00

   Eigenkapital                                 109.200,00
   an Privat                                                 109.200,00

   Eigenkapital                                 736.000,00
   an SBK                                                    736.000,00
```

```
6. Soll               Eröffnungsbilanzkonto                 Haben
   --------------------------------------------------------------
   Eigenkapital      200.000,00¦ BGA                   105.000,00
   Verb. LuL         420.000,00¦ Bestand an Waren      320.000,00
                               ¦ Ford. LuL             110.000,00
                               ¦ Kasse                  25.000,00
                               ¦ Bank                   60.000,00
   ---               ----------+-                      ----------
                     620.000,00¦                       620.000,00
```

a)	Aktivkonten an EBK	620.000,00	620.000,00
b)	EBK an Passivkonten	620.000,00	620.000,00
1.	6310/4210 Miete an 1800/1200 Bank	1.800,00	1.800,00
2.	1600/1000 Kasse an 1210/1410 Ford. LuL	4.800,00	4.800,00
3.	6805/4920 Telefon 2100/1800 Privatentnahmen an 1800/1200 Bank	250,00 80,00	330,00
4.	1210/1410 Ford. LuL an 4000/8000 Umsatzerlöse	12.000,00	12.000,00
5.	1800/1200 Bank an 7100/2650 Zinsen u. ä. Erträge	400,00	400,00
6.	2100/1800 Privatentnahmen an 1600/1000 Kasse	5.000,00	5.000,00
7.	3310/1610 Verb. LuL an 2180/1890 Privateinlagen	3.000,00	3.000,00
8.	5200/3200 Wareneingang an 3310/1610 Verb. LuL	4.000,00	4.000,00
9.	2180/1800 Privatentnahmen an 1800/1200 Bank	580,00	580,00
10.	6000/4100 L./Gehälter an 1600/1000 Kasse	3.400,00	3.400,00
11.	1800/1200 Bank an 1600/1000 Kasse	5.000,00	5.000,00
a)	5200/3200 Wareneingang an 1140/3980 Bestand an Waren	5.000,00	5.000,00
b)	G+V an Aufwandskonten	14.450,00	14.450,00
c)	Ertragskonten an G+V	12.400,00	12.400,00
e)	Eigenkapital an G+V	2.050,00	2.050,00
f)	Eigenkapital an Privat	2.660,00	2.660,00
g)	SBK an Aktivkonten	616.290,00	616.290,00

h) Passivkonten	616.290,00	
an SBK		616.290,00

G + V

Soll		Haben	
Wareneingang	9.000,00	Umsatzerlöse	12.000,00
Gehälter	3.400,00	Zinsen u. ä. Erträge	400,00
Miete	1.800,00	Eigenkapital	2.050,00
Telefon	250,00		

	14.450,00		14.450,00

Schlussbilanzkonto

Soll		Haben	
BGA	105.000,00	Eigenkapital	195.290,00
Bestand an Waren	315.000,00	Verb. LuL	421.000,00
Ford. LuL	117.200,00		
Kasse	16.400,00		
Bank	62.690,00		

	616.290,00		616.290,00

Auswirkung auf	Erfolg	Eigenkapital	Bilanzsumme
1.	- 1.800,00	- 1.800,00	- 1.800,00
2.	-	-	-
3.	- 250,00	- 330,00	- 330,00
4.	+ 12.000,00	+ 12.000,00	+ 12.000,00
5.	+ 400,00	+ 400,00	+ 400,00
6.	-	- 5.000,00	- 5.000,00
7.	-	+ 3.000,00	-
8.	- 4.000,00	- 4.000,00	+ 760,00
9.	-	- 580,00	- 580,00
10.	- 3.400,00	- 3.400,00	- 3.400,00
11.	-	-	-

Seiten 101 - 105

1. a) 5200/3200 Wareneingang	4.000,00	
1400/1570 Abziehbare Vorsteuer	760,00	
an 3310/1610 Verb. LuL		4.760,00
b) 0440/0240 Maschinen	30.000,00	
1400/1570 Abziehbare Vorsteuer	5.700,00	
an 3310/1610 Verb. LuL		35.700,00
c) 1600/1000 Kasse	5.950,00	
an 4000/8000 Umsatzerlöse		5.000,00
an 3800/1770 USt		950,00
d) 6815/4930 Bürobedarf	250,00	
1400/1570 Abziehbare Vorsteuer	47,50	
an 1600/1000 Kasse		297,50
e) 3310/1610 Verb. LuL	11.500,00	
an 1800/1200 Bank		11.500,00

f)	3800/1770 USt	2.000,00	
	an 1800/1200 Bank		2.000,00
g)	5200/3200 Wareneingang	8.000,00	
	1400/1570 Abziehbare Vorsteuer	1.520,00	
	an 1800/1200 Bank		9.520,00
h)	1600/1000 Kasse	2.380,00	
	an 4000/8000 Umsatzerlöse		2.000,00
	an 3800/1770 USt		380,00
i)	6805/4920 Telefon	684,00	
	1400/1570 Abziehbare Vorsteuer	129,96	
	2100/1800 Privatentnahmen	90,44	
	an 1800/1200 Bank		904,40
2. a)	6490/4809 Reparaturen/Instandhaltung	300,00	
	1400/1570 Abziehbare Vorsteuer	57,00	
	an 3310/1610 Verb. LuL		357,00
b)	3310/1610 Verb. LuL	4.760,00	
	an 1800/1200 Bank		4.760,00
c)	1800/1200 Bank	600,00	
	an 3820/1780 USt-Vorauszahlungen		600,00
d)	1210/1410 Ford. LuL	10.710,00	
	an 4000/8000 Umsatzerlöse		9.000,00
	an 3800/1770 USt		1.710,00
e)	6650/4660 Reisekosten Arbeitnehmer	60,00	
	1400/1570 Abziehbare Vorsteuer 7 %	0,70	
	1400/1570 Abziehbare Vorsteuer 19 %	9,50	
	an 3500/1700 Sonst. Verb.		70,20
f)	5200/3200 Wareneingang	7.000,00	
	1400/1570 Abziehbare Vorsteuer 7 %	490,00	
	an 3310/1610 Verb. LuL		7.490,00
g)	1800/1200 Bank	2.380,00	
	an 1210/1410 Ford. LuL		2.380,00
h)	1210/1410 Ford. LuL	595,00	
	an 4560/9510 Provisionserlöse		500,00
	an 3800/1770 USt		95,00
i)	1600/1000 Kasse	3.570,00	
	an 4000/8000 Umsatzerlöse		3.000,00
	an 3800/1770 USt		570,00

Auswirkungen auf	Erfolg	Bilanzsumme
a)	- 300,00	+ 57,00
b)	-	- 4.760,00
c)	-	-
d)	+ 9.000,00	+ 10.710,00
e)	- 60,00	+ 10,20
f)	- 7.000,00	+ 490,00

```
       g)        ¦      -     ¦      -
       h)        ¦ +   500,00 ¦ +    595,00
       i)        ¦ + 3.000,00 ¦ + 3.570,00

3. S            USt            H S   abziehbare Vorsteuer   H
   ----------------------------- -----------------------------
   Vorst.   20.170¦...    36.450 ...      20.170¦USt     20.170
   UStVZ    12.360¦                             ¦
   SBK       3.920¦
   ---      ------+--     ------
            36.450¦       36.450

   S             SBK           H S    USt-Vorauszahlungen   H
   ----------------------------- -----------------------------
   ...            ¦USt     3.920 ...      12.360¦USt     12.360

   3800/1770 USt                                 20.170,00
   an 1400/1570 Abziehbare Vorsteuer                              20.170,00

   3800/1770 USt                                 12.360,00
   an 3820/1780 USt-Vorauszahlungen                               12.360,00

   3800/1770 USt                                  3.920,00
   an SBK                                                          3.920,00

4. S            USt            H S   abziehbare Vorsteuer   H
   ----------------------------- -----------------------------
   Vorst.   22.480¦...    39.200 ...      22.480¦USt     22.480
   SBK      16.720¦            .                ¦
            39.200¦       39.200                ¦

   S             SBK           H
   -----------------------------
                  ¦USt   16.720

   a) USt                 39.200,00 €
      - Vorsteuer         22.480,00 €
      USt-Zahllast        16.720,00 €

   b) 3800/1770 USt                              22.480,00
      an 1400/1570 Abziehbare Vorsteuer                           22.480,00

      3800/1770 USt                              16.720,00
      an SBK                                                      16.720,00

5. S        Wareneingang       H S       Umsatzerlöse       H
   ----------------------------- -----------------------------
   ...      74.375¦Vorst. 11.875 USt      17.442¦       109.242
                  ¦                             ¦

   S          Vorsteuer        H S           USt            H
   ----------------------------- -----------------------------
   WEing.   11.875¦USt    11.875 Vorst.   11.875¦VE      17.442

   1400/1570 Abziehbare Vorsteuer                11.875,00
   an 5200/3200 Wareneingang                                      11.875,00

   4000/8000 Umsatzerlöse                        17.442,00
```

an 3800/1770 USt		17.442,00
3800/1770 USt	11.875,00	
an 1400/1570 Abziehbare Vorsteuer		11.875,00

USt-Zahllast: 5.567,00 €

6.

Soll	Eröffnungsbilanzkonto		Haben
Eigenkapital	95.700,00	Fuhrpark	7.500,00
Verb. LuL	80.000,00	Bean Warenstand	70.000,00
Umsatzsteuer	1.800,00	Ford. LuL	30.000,00
		Kasse	15.000,00
		Bank	55.000,00
---	----------		----------
	177.500,00		177.500,00

a) Aktivkonten	177.500,00	
an EBK		177.500,00
b) EBK	177.500,00	
an Passivkonten		177.500,00
1. 3820/1780 UStVZ	1.800,00	
an 1800/1200 Bank		1.800,00
2. 1600/1000 Kasse	8.330,00	
an 4000/8000 Umsatzerlöse		7.000,00
an 3800/1770 USt		1.330,00
3. 6500/4500 Fahrzeugkosten	800,00	
1400/1570 Abziehbare Vorsteuer	152,00	
an 3310/1610 Verb. LuL		952,00
4. 3820/1780 UStVZ	1.178,00	
an 1800/1200 Bank		1.178,00
5. 3310/1610 Verb. LuL	11.500,00	
an 1800/1200 Bank		11.500,00
6. 1600/1000 Kasse	7.140,00	
an 4000/8000 Umsatzerlöse		6.000,00
an 3800/1770 USt		1.140,00
7. 3820/1780 UStVZ	1.140,00	
an 1800/1200 Bank		1.140,00
8. 6000/4100 Löhne und Gehälter	3.600,00	
an 1800/1200 Bank		3.600,00
9. 5200/3200 Wareneingang	5.000,00	
1400/1570 Abziehbare Vorsteuer	950,00	
an 3310/1610 Verb. LuL		5.950,00
10. 6310/4210 Miete	1.200,00	
an 1800/1200 Bank		1.200,00

11.	1800/1200 Bank	950,00	
	an 3820/1780 UStVZ		950,00
12.	1800/1200 Bank	2.875,00	
	an 1210/1410 Ford. LuL		2.875,00
13.	1210/1410 Ford. LuL	5.355,00	
	an 4000/8000 Umsatzerlöse		4.500,00
	an 3800/1770 USt		855,00
a)	5200/3200 Wareneingang	2.000,00	
	an 1140/3980 Bestand an Waren		2.000,00
c)	G+V	12.600,00	
	an Aufwandskonten		12.600,00
d)	Ertragskonten	17.500,00	
	an G+V		17.500,00
e)	G+V	4.900,00	
	an Eigenkapital		4.900,00
f)	3800/1770 USt	4.270,00	
	an 1400/1570 abziehbare Vorsteuer		1.102,00
	an 3820/1780 UStVZ		3.168,00
g)	SBK	176.857,00	
	an Aktivkonten		176.857,00
h)	Passivkonten	176.857,00	
	an SBK		176.857,00

Soll		G + V	Haben
Wareneingang	7.000,00	Umsatzerlöse	17.500,00
Löhne/Gehälter	3.600,00		
Fahrzeugk.	800,00		
Miete	1.200,00		
Eigenkapital	4.900,00		

	17.500,00		17.500,00

Soll		Schlussbilanzkonto	Haben
Fuhrpark	7.500,00	Eigenkapital	100.600,00
Bestand an Waren	68.000,00	Verb. LuL	75.402,00
Ford. LuL	32.480,00	Umsatzsteuer	855,00
Kasse	30.470,00		
Bank	38.407,00		

	176.857,00		176.857,00

Auswirkung auf	Erfolg	Bilanzsumme
2.	+ 7.000,00	+ 8.330,00
3.	- 800,00	+ 152,00
5.	-	- 11.500,00
6.	+ 6.000,00	+ 7.140,00

8.	- 3.600,00	- 3.600,00
9.	- 5.000,00	+ 950,00
10.	- 1.200,00	- 1.200,00
12.	-	-
13.	+ 4.500,00	+ 5.355,00

7. Soll Eröffnungsbilanzkonto Haben

Soll		Haben	
Eigenkapital	59.420,00	BGA	15.000,00
Verb. LuL	150.000,00	Bestand an Waren	90.000,00
Umsatzsteuer	580,00	Ford. LuL	30.000,00
		Kasse	15.000,00
		Bank	60.000,00
---	----------		----------
	210.000,00		210.000,00

a) Aktivkonten	210.000,00	
an EBK		210.000,00
b) EBK	210.000,00	
an Passivkonten		210.000,00
1. 0650/0410 BGA	10.000,00	
1400/1570 Abziehbare Vorsteuer	1.900,00	
an 3310/1610 Verb. LuL		11.900,00
2. 3800/1770 USt	580,00	
an 1800/1200 Bank		580,00
3. 1210/1410 Ford. LuL	4.165,00	
an 4000/8000 Umsatzerlöse		3.500,00
an 3800/1770 USt		665,00
4. 6815/4930 Bürobedarf	60,00	
1400/1570 Abziehbare Vorsteuer	11,40	
an 1600/1000 Kasse		71,40
5. 5200/3200 Wareneingang	6.500,00	
1400/1570 Abziehbare Vorsteuer	1.235,00	
an 1800/1200 Bank		7.735,00
6. 1210/1410 Ford. LuL	3.570,00	
an 4000/8000 Umsatzerlöse		3.000,00
an 3800/1770 USt		570,00
7. 3310/1610 Verb. LuL	11.900,00	
an 1800/1200 Bank		11.900,00
8. 6000/4100 Löhne und Gehälter	3.500,00	
an 1600/1000 Kasse		3.500,00
9. 1800/1200 Bank	3.480,00	
an 1210/1410 Ford. LuL		3.480,00
10. 1600/1000 Kasse	5.950,00	
an 4000/8000 Umsatzerlöse		5.000,00
an 3800/1770 USt		950,00

a) 1140/3980 Bestand an Waren an 5200/3200 Wareneingang — 2.000,00 / 2.000,00

a) 1140/3980 Bestand an Waren	2.000,00	
an 5200/3200 Wareneingang		2.000,00
c) G+V	10.060,00	
an Aufwandskonten		10.060,00
d) Ertragskonten	13.500,00	
an G+V		13.500,00
e) G+V	3.440,00	
an Eigenkapital		3.440,00
f) 3800/1770 USt	2.185,00	
an 1400/1570 Abziehbare Vorsteuer		2.185,00
g) SBK	212.860,00	
an Aktivkonten		212.860,00
h) Passivkonten	212.860,00	
an SBK		212.860,00

Soll — G + V — Haben

Soll		Haben	
Wareneingang	4.500,00	Umsatzerlöse	11.500,00
Löhne/Gehälter	3.500,00		
Bürobedarf	60,00		
Eigenkapital	3.440,00		

	11.500,00		11.500,00

Soll — Schlussbilanzkonto — Haben

Soll		Haben	
BGA	25.000,00	Eigenkapital	62.860,00
Bestand an Waren	92.000,00	Verb. LuL	150.000,00
Ford. LuL	34.255,00		
Vorsteuer	961,40		
Kasse	17.378,60		
Bank	43.265,00		

	212.860,00		212.860,00

Auswirkung auf	Erfolg	Bilanzsumme
1.	-	+ 11.900,00
2.	-	- 580,00
3.	+ 3.500,00	+ 4.165,00
4.	- 60,00	- 60,00
5.	- 6.500,00	- 6.500,00
6.	+ 3.000,00	+ 3.570,00
7.	-	- 11.900,00
8.	- 3.500,00	- 3.500,00
9.	-	-
10.	+ 5.000,00	+ 5.950,00

8. Kassenbestand 30. Sept. 01 — 443,70 €
Kassenbestand 29. Sept. 01 — 289,80 €

Kassenbestand 30. Sept. 01		443,70 €
Kassenbestand 29. Sept. 01		289,80 €
		153,90 €
+ bezahlte Eingangsrechnung	714,00 €	
+ Einzahlung auf Bankkonto	1.850,00 €	
+ Barkauf von Büromaterial	23,80 €	
+ Barkauf von Kraftstoff	95,20 €	2.683,00 €
- Barzahlung zum Rechnungsausgleich		892,50 €
Tageseinnahme brutto		1.944,40 €
Tageseinnahme netto		1.633,95 €

1600/1000 Kasse	1.944,40	
an 4000/8000 Umsatzerlöse		1.633,95
an 3800/1770 USt		310,45
3800/1770 Verb. LuL	714,00	
an 1600/1000 Kasse		714,00
1800/1200 Bank	1.850,00	
an 1600/1000 Kasse		1.850,00
6815/4930 Bürobedarf	20,00	
1400/1570 Abziehbare Vorsteuer	3,80	
an 1600/1000 Kasse		23,80
6500/4500 Fahrzeugkosten	80,00	
1400/1570 Abziehbare Vorsteuer	15,20	
an 1600/1000 Kasse		95,20
1600/1000 Kasse	892,50	
an 1210/1410 Forderungen LuL		892,50

Seite 107

1. 3310/1610 Verbindlichkeiten LuL	654,50	
an 5200/3200 Wareneingang		550,00
an 1400/1570 Abziehbare Vorsteuer		104,50
2. 3310/1610 Verbindlichkeiten LuL	9.520,00	
an 5200/3200 Wareneingang		8.000,00
an 1400/1570 Abziehbare Vorsteuer		1.520,00
3. 3310/1610 Verbindlichkeiten LuL	773,50	
an 5200/3200 Wareneingang		650,00
an 1400/1570 Abziehbare Vorsteuer		123,50
4. 3310/1610 Verbindlichkeiten LuL	1.071,00	
an 5200/3200 Wareneingang		900,00
an 1400/1570 Abziehbare Vorsteuer		171,00

Seiten 110 - 112

1. 5200/3200 Wareneingang	5.600,00	
1400/1570 Abziehbare Vorsteuer	1.064,00	
an 3310/1610 Verb. LuL		6.664,00

	5800/3800 Bezugskosten	80,00	
	1400/1570 Abziehbare Vorsteuer	15,20	
	an 1600/1000 Kasse		95,20
2.	5200/3200 Wareneingang	4.500,00	
	5800/3800 Bezugskosten	660,00	
	5800/3800 Leergut	200,00	
	1400/1570 Abziehbare Vorsteuer	1.018,40	
	an 3310/1610 Verb. LuL		6.378,40
3.	5800/3800 Bezugskosten	2.500,00	
	1400/1570 Abziehbare Vorsteuer	475,00	
	an 3310/1610 Verbindlichkeiten LuL		2.975,00
4.	5800/3800 Bezugskosten (Leergut)	200,00	
	1400/1570 Abziehbare Vorsteuer	38,00	
	an 3310/1610 Verbindlichkeiten LuL		238,00
5.	5800/3800 Bezugskosten	3.100,00	
	1400/1570 Abziehbare Vorsteuer	589,00	
	an 1800/1200 Bank		3.689,00
6.	5200/3200 Wareneingang	315,00	
	5800/3800 Leergut	650,00	
	5800/3800 Bezugskosten	120,00	
	1400/1570 Abziehbare Vorsteuer	206,15	
	an 3310/1610 Verbindlichkeiten LuL		1.291,15
	3310/1610 Verbindlichkeiten LuL	923,44	
	an 5800/3800 Leergut		776,00
	an 1400/1570 Abziehbare Vorsteuer		147,44
7.	5200/3200 Wareneingang	18.000,00	
	5800/3800 Bezugskosten	160,00	
	5800/3800 Leergut	7.600,00	
	1400/1570 Abziehbare Vorsteuer	4.894,40	
	an 3310/1610 Verbindlichkeiten LuL		30.654,40
	3310/1610 Verbindlichkeiten LuL	9.044,00	
	an 5800/3800 Leergut		7.600,00
	an 1400/1570 Abziehbare Vorsteuer		1.444,00

8\. Eröffnungsbilanzkonto

Soll		Haben	
Eigenkapital	62.500,00	BGA	60.000,00
Verb. KI	150.000,00	Bestand an Waren	140.000,00
Verb. LuL	70.000,00	Ford. LuL	53.000,00
Umsatzsteuer	3.500,00	Kasse	8.000,00
		Bank	25.000,00
---	286.000,00		286.000,00

a)	Aktivkonten	286.000,00	
	an EBK		286.000,00
b)	EBK	286.000,00	
	an Passivkonten		286.000,00

1.	5200/3200 Wareneingang	6.000,00	
	1400/1570 Abziehbare Vorsteuer	1.140,00	
	an 3310/1610 Verb. LuL		7.140,00
2.	5800/3800 Bezugskosten	200,00	
	1400/1570 Abziehbare Vorsteuer	38,00	
	an 1600/1000 Kasse		238,00
3.	3800/1770 USt	3.500,00	
	an 1800/1200 Bank		3.500,00
4.	5200/3200 Wareneingang	6.000,00	
	5800/3800 Bezugskosten	300,00	
	5800/3800 Leergut	500,00	
	1400/1570 Abziehbare Vorsteuer	1.292,00	
	an 3310/1610 Verb. LuL		8.092,00
5.	3310/1610 Verb. LuL	7.820,00	
	an 1800/1200 Bank		7.820,00
6.	1210/1410 Ford. LuL	17.255,00	
	an 4000/8000 Umsatzerlöse		14.500,00
	an 3800/1770 USt		2.755,00
7.	6310/4210 Miete	2.500,00	
	an 1800/1200 Bank		2.500,00
8.	7100/2650 Zinsen u. ä. Aufwendungen	7.500,00	
	an 1800/1200 Bank		7.500,00
a)	1140/3980 Bestand an Waren	9.000,00	
	an 5200/3200 Wareneingang		9.000,00
b)	3800/1770 USt	2.470,00	
	an 1400/1570 Abziehbare Vorsteuer		2.470,00
c)	5200/3200 Wareneingang	1.000,00	
	an 5800/3800 Bezugskosten		1.000,00
d)	G+V	23.000,00	
	an Aufwandskonten		23.000,00
e)	Ertragskonten	23.500,00	
	an G+V		23.500,00
f)	G+V	500,00	
	an Eigenkapital		500,00
g)	SBK	290.697,00	
	an Aktivkonten		290.697,00
h)	Passivkonten	290.697,00	
	an SBK		290.697,00

Soll	G + V		Haben
Wareneingang	4.000,00	Umsatzerlöse	14.500,00
Miete	2.500,00		
Zinsen u. ä. Aufw.	7.500,00		
Eigenkapital	500,00		
---	---------		---------
	14.500,00		14.500,00

Soll	Schlussbilanzkonto		Haben
BGA	60.000,00	Eigenkapital	213.000,00
Bestand an Waren	149.000,00	Verb. KI	150.000,00
Ford. LuL	70.255,00	Verb. LuL	77.412,00
Kasse	7.762,00	Umsatzsteuer	285,00
Bank	3.680,00		
---	----------		----------
	290.697,00		290.697,00

Warenbestand 01.01.	140.000,00 €
+ Wareneingang	13.000,00 €
- Warenbestand 31.12.	149.000,00 €
Wareneinsatz:	4.000,00 €

Umsatzerlöse	14.500,00 €
- Wareneinsatz	4.000,00 €
Rohgewinn	10.500,00 €
- übrige Aufwendungen	10.000,00 €
Reingewinn	500,00 €

Auswirkungen auf	Erfolg	Eigenkapital	Bilanzsumme
1.	- 6.000,00	- 6.000,00	+ 1.140,00
2.	- 200,00	- 200,00	- 200,00
3.	-	-	- 3.500,00
4.	- 6.800,00	- 6.800,00	+ 1.292,00
5.	-	-	- 7.820,00
6.	+ 14.500,00	+ 14.500,00	+ 17.255,00
7.	- 2.500,00	- 2.500,00	- 2.500,00
8.	- 7.500,00	- 7.500,00	- 7.500,00

Seiten 114/115

1.	3310/1610 Verbindlichkeiten LuL	737,80	
	an 5700/3700 Nachlässe/Sk./B.		620,00
	an 1400/1570 Abziehbare Vorsteuer		117,80
2.	3310/1610 Verbindlichkeiten LuL	2.618,00	
	an 5700/3700 Nachlässe/Sk./B.		2.200,00
	an 1400/1570 Abziehbare Vorsteuer		418,00
3.	3310/1610 Verbindlichkeiten LuL	535,50	
	an 5700/3700 Nachlässe/Sk./B.		450,00
	an 1400/1570 Abziehbare Vorsteuer		85,50

4.	5200/3200 Wareneingang	3.500,00	
	1400/1570 Abziehbare Vorsteuer	665,00	
	an 3310/1610 Verb. LuL		4.165,00
	3310/1610 Verb. LuL	833,00	
	an 5700/3700 Nachlässe/Sk./B.		700,00
	an 1400/1570 Abziehbare Vorsteuer		133,00
5.	3310/1610 Verb. LuL	9.520,00	
	an 5700/3700 Nachlässe/Sk./B.		8.000,00
	an 1400/1570 Abziehbare Vorsteuer		1.520,00

6.

Soll		Eröffnungsbilanzkonto	Haben
Eigenkapital	181.500,00	BGA	40.000,00
Verb. LuL	50.000,00	Bestand an Waren	120.000,00
Umsatzsteuer	3.500,00	Ford. LuL	33.000,00
		Kasse	12.000,00
		Bank	30.000,00
---	----------		----------
	235.000,00		235.000,00

a)	Aktivkonten	235.000,00	
	an EBK		235.000,00
b)	EBK	235.000,00	
	an Passivkonten		235.000,00
1.	5200/3200 Wareneingang	3.200,00	
	5800/3800 Leergut	800,00	
	5800/3800 Bezugskosten	80,00	
	1400/1570 Abziehbare Vorsteuer	775,20	
	an 3310/1610 Verb. LuL		4.855,20
2.	3310/1610 Verb. LuL	595,00	
	an 5800/3800 Leergut		500,00
	an 1400/1570 Abziehbare Vorsteuer		95,00
3.	3310/1610 Verb. LuL	1.190,00	
	an 5200/3200 Wareneingang		1.000,00
	an 1400/1570 Abziehbare Vorsteuer		190,00
4.	1210/1410 Ford. LuL	7.140,00	
	an 4000/8000 Umsatzerlöse		6.000,00
	an 3800/1770 USt		1.140,00
5.	3800/1770 Verb. LuL	2.300,00	
	an 1800/1200 Bank		2.300,00
6.	1800/1200 Bank	7.072,50	
	an 1210/1410 Ford. LuL		7.072,50
7.	6310/4210 Miete	5.000,00	
	an 1800/1200 Bank		5.000,00
a)	5200/3200 Wareneingang	1.000,00	
	an 1140/3980 Bestand an Waren		1.000,00

b)	5200/3200 Wareneingang	380,00	
	an 5800/3800 Leergut		300,00
	an 5800/3800 Bezugskosten		80,00
c)	G+V	8.580,00	
	an Aufwandskonten		8.580,00
d)	4000/8000 Umsatzerlöse	6.000,00	
	an G+V		6.000,00
e)	2000/0880 Eigenkapital	2.580,00	
	an G+V		2.580,00
f)	3800/1770 USt	490,20	
	an 1400/1570 Abziehbare Vorsteuer		490,20
g)	SBK	233.840,00	
	an Aktivkonten		233.840,00
	Passivkonten	233.840,00	
	an SBK		233.840,00

Soll	G + V		Haben
Wareneingang	3.580,00	Umsatzerlöse	6.000,00
Miete	5.000,00	Eigenkapital	2.580,00

	8.580,00		8.580,00

Soll	Schlussbilanzkonto		Haben
BGA	40.000,00	Eigenkapital	178.920,00
Bestand an Waren	119.000,00	Verb. LuL	50.770,20
Ford. LuL	33.067,50	Umsatzsteuer	4.149,80
Kasse	12.000,00		
Bank	29.772,50		

	233.840,00		233.840,00

<u>Seiten 119 - 122</u>

1.	3310/1610 Verbindlichkeiten LuL	7.140,00	
	an 5700/3700 Nachlässe/Sk./B.		6.000,00
	an 1400/1570 Abziehbare Vorsteuer		1.140,00
2.	5200/3200 Wareneingang	26.400,00	
	1400/1570 Abziehbare Vorsteuer	5.016,00	
	an 3310/1610 Verbindlichkeiten LuL		31.416,00
	3310/1610 Verbindlichkeiten LuL	31.416,00	
	an 1800/1200 Bank		30.473,52
	an 5700/3700 Nachlässe/Sk./B.		792,00
	an 1400/1570 Abziehbare Vorsteuer		150,48
3.	3310/1610 Verbindlichkeiten LuL	2.856,00	
	an 5700/3700 Nachlässe/Sk./B.		2.400,00
	an 1400/1570 Abziehbare Vorsteuer		456,00

4. 5700/3700 Nachlässe/Sk./B.	3.467,50	
an 1400/1570 Abziehbare Vorsteuer		3.467,50
5700/3700 Nachlässe/Sk./B.	993,70	
an 1400/1570 Abziehbare Vorsteuer		993,70
5. 5200/3200 Wareneingang	1.190,00	
1400/1570 Abziehbare Vorsteuer	226,10	
an 3310/1610 Verbindlichkeiten LuL		1.416,10
3310/1610 Verbindlichkeiten LuL	1.416,10	
an 1800/1200 Bank		1.387,78
an 5700/3700 Nachlässe/Sk./B.		23,80
an 1400/1570 Abziehbare Vorsteuer		4,52
6. 5200/3200 Wareneingang	2.500,00	
1400/1570 Abziehbare Vorsteuer	475,00	
an 3310/1610 Verbindlichkeiten LuL		2.975,00
3310/1610 Verbindlichkeiten LuL	1.190,00	
an 5700/3700 Nachlässe/Sk./B.		1.000,00
an 1400/1570 Abziehbare Vorsteuer		190,00
3310/1610 Verbindlichkeiten LuL	1.785,00	
an 1800/1200 Bank		1.785,00
7. 3310/1610 Verbindlichkeiten LuL	7.735,00	
an 1800/1200 Bank		7.502,95
an 5700/3700 Nachlässe/Sk./B.		195,00
an 1400/1570 Abziehbare Vorsteuer		37,05
8. 3310/1610 Verbindlichkeiten LuL	6.545,00	
an 1800/1200 Bank		6.348,65
an 5700/3700 Nachlässe/Sk./B.		165,00
an 1400/1570 Abziehbare Vorsteuer		31,35
5700/3700 Nachlässe/Sk./B.	165,00	
1400/1570 Abziehbare Vorsteuer	31,35	
an 3310/1610 Verbindlichkeiten LuL		196,35
bzw.		
3310/1610 Verbindlichkeiten LuL	6.348,65	
an 1800/1200 Bank		6.348,65
9. 5200/3200 Wareneingang	12.000,00	
1400/1570 Abziehbare Vorsteuer	2.280,00	
an 3310/1610 Verbindlichkeiten LuL		14.280,00
3310/1610 Verbindlichkeiten LuL	2.856,00	
an 5200/3200 Wareneingang		2.400,00
an 1400/1570 Abziehbare Vorsteuer		456,00
3310/1610 Verbindlichkeiten LuL	11.424,00	
an 1800/1200 Bank		11.081,28
an 5700/3700 Nachlässe/Sk./B.		288,00
an 1400/1570 Abziehbare Vorsteuer		54,72

10. 3310/1610 Verbindlichkeiten LuL	34.510,00	
an 5200/3200 Wareneingang		7.250,00
an 5700/3700 Nachlässe/Sk./B.		435,00
an 1400/1570 Abziehbare Vorsteuer		1.460,15
an 1800/1200 Bank		25.364,85

11.

Soll		Eröffnungsbilanzkonto	Haben
Eigenkapital	217.500,00	BGA	32.000,00
Verb. LuL	45.000,00	Bestand an Waren	140.000,00
Umsatzsteuer	2.500,00	Ford. LuL	28.000,00
		Kasse	15.000,00
		Bank	50.000,00

	265.000,00		265.000,00

a) Aktivkonten	265.000,00	
an EBK		265.000,00
b) EBK	265.000,00	
an Passivkonten		265.000,00
1. 5200/3200 Wareneingang	5.000,00	
1400/1570 Abziehbare Vorsteuer	950,00	
an 3310/1610 Verb. LuL		5.950,00
2. 5800/3800 Bezugskosten	200,00	
1400/1570 Abziehbare Vorsteuer	38,00	
an 1600/1000 Kasse		238,00
3. 3310/1610 Verb. LuL	952,00	
an 5700/3700 Nachlässe/Sk./B.		800,00
an 1400/1570 Abziehbare Vorsteuer		152,00
4. 3310/1610 Verb. LuL	4.998,00	
an 1800/1200 Bank		4.848,06
an 5700/3700 Nachlässe/Sk./B.		126,00
an 1400/1570 Abziehbare Vorsteuer		23,94
5. 1210/1410 Ford. LuL	10.710,00	
an 4000/8000 Umsatzerlöse		9.000,00
an 3800/1770 USt		1.710,00
6. 3310/1610 Verb. LuL	1.190,00	
an 5200/3200 Wareneingang		1.000,00
an 1400/1570 Abziehbare Vorsteuer		190,00
7. 3310/1610 Verb. LuL	714,00	
an 5700/3700 Nachlässe/Sk./B.		600,00
an 1400/1570 Abziehbare Vorsteuer		114,00
8. 6310/4210 Miete	4.000,00	
an 1800/1200 Bank		4.000,00
a) 1140/3980 Bestand an Waren	1.000,00	
an 5200/3200 Wareneingang		1.000,00

b)	5200/3200 Wareneingang	200,00	
	an 5800/3800 Bezugskosten		200,00
c)	5700/3700 Nachlässe/Sk./B.	126,00	
	5700/3700 Nachlässe/Sk./B.	600,00	
	an 5200/3200 Wareneingang		726,00
d)	5700/3700 Nachlässe/Sk./B.	800,00	
	an 5200/3200 Wareneingang		800,00
e)	3800/1770 USt	508,06	
	an 1400/1570 Abziehbare Vorsteuer		508,06
f)	G+V	6.674,00	
	an Aufwandskonten		6.674,00
g)	Ertragskonten	10.000,00	
	an G+V		10.000,00
h)	G+V	3.326,00	
	an Eigenkapital		3.326,00
i)	SBK	267.623,94	
	an Aktivkonten		267.623,94
j)	Passivkonten	267.623,94	
	an SBK		267.623,94

Soll — G + V — Haben

Soll		Haben	
Wareneingang	1.674,00	Umsatzerlöse	9.000,00
Miete	4.000,00		
Eigenkapital	3.326,00		
---	9.000,00		9.000,00

Soll — Schlussbilanzkonto — Haben

Soll		Haben	
BGA	32.000,00	Eigenkapital	220.826,00
Bestand an Waren	141.000,00	Verb. LuL	43.096,00
Ford. LuL	38.710,00	Umsatzsteuer	3.701,94
Kasse	14.762,00		
Bank	41.151,94		
---	267.623,94		267.623,94

Auswirkungen auf	Erfolg	Eigenkapital	Bilanzsumme
1.	- 5.000,00	- 5.000,00	+ 950,00
2.	- 200,00	- 200,00	- 200,00
3.	+ 800,00	+ 800,00	- 152,00
4.	+ 126,00	+ 126,00	- 4.872,00
5.	+ 9.000,00	+ 9.000,00	+ 10.710,00
6.	+ 1.000,00	+ 1.000,00	- 190,00
7.	+ 600,00	+ 600,00	- 114,00
8.	- 4.000,00	- 4.000,00	- 4.000,00

Seite 122

5200/3200 Wareneingang	6.000,00	
1400/1570 Abziehbare Vorsteuer	1.140,00	
an 1800/1200 Bank		6.525,80
an 4830/2700 S. betriebliche Erträge		400,00
an 5700/3700 Nachlässe/Sk./B.		180,00
an 1400/1570 Abziehbare Vorsteuer		34,20

Seite 126

1. 4000/8000 Umsatzerlöse	6.500,00	
3800/1770 USt	1.235,00	
an 1210/1410 Ford. LuL		7.735,00
2. 0650/0410 BGA	2.500,00	
an 5200/3200 Wareneingang		2.500,00
3. 4000/8000 Umsatzerlöse	2.800,00	
3800/1770 USt	532,00	
an 1210/1410 Ford. LuL		3.332,00
4. 4000/8000 Umsatzerlöse	15.000,00	
3800/1770 USt	2.850,00	
an 1210/1410 Ford. LuL		17.850,00
5. 0650/0410 BGA	3.000,00	
an 0520/0320 Wareneingang		3.000,00
6. 6345/4280 Sonstige Raumkosten	120,00	
an 5200/3200 Wareneingang		120,00
7. 4000/8000 Umsatzerlöse	950,00	
3800/1770 USt	180,50	
an 1210/1410 Ford. LuL		1.130,50
8. 1800/1200 Bank	44.030,00	
an 3250/1710 Erhaltene Anzahlungen		37.000,00
an 3800/1770 USt		7.030,00
1210/1410 Forderungen LuL	83.895,00	
an 4000/8000 Umsatzerlöse		70.500,00
an 3800/1770 USt		13.395,00
1800/1200 Bank	39.865,00	
3250/1710 Erhaltene Anzahlungen	37.000,00	
3800/1770 USt	7.030,00	
an 1210/1410 Forderungen LuL		83.895,00

Seiten 129/130

1. 6700/4700 Kosten der Warenabgabe	240,00	
1400/1570 Abziehbare Vorsteuer	45,60	
an 1600/1000 Kasse		285,60

2. 6700/4700 Kosten der Warenabgabe	400,00	
1400/1570 Abziehbare Vorsteuer	76,00	
an 3310/1610 Verb. LuL		476,00
3. 6700/4700 Kosten der Warenabgabe	150,00	
an 1800/1200 Bank		150,00
4. 6700/4700 Kosten der Warenabgabe	400,00	
5800/3800 Bezugskosten	500,00	
1400/1570 Abziehbare Vorsteuer	171,00	
an 3310/1610 Verb. LuL		1.071,00
5. 1210/1410 Ford. LuL	51.134,30	
an 4000/8000 Umsatzerlöse		42.970,00
an 3800/1770 USt		8.164,30
6. 6700/4700 Kosten der Warenabgabe	4.470,00	
1400/1570 Abziehbare Vorsteuer	849,30	
an 1800/1200 Bank		5.319,30
7. a) 1210/1410 Ford. LuL	6.664,00	
an 4000/8000 Umsatzerlöse		5.600,00
an 3800/1770 USt		1.064,00
b) 4000/8000 Umsatzerlöse	500,00	
3800/1770 USt	95,00	
an 1210/1410 Ford. LuL		595,00

8.

Soll		Eröffnungsbilanzkonto	Haben
EK	65.000,00	BGA	190.000,00
Verb. KI	150.000,00	Bestand an Waren	18.000,00
Verb. LuL	52.400,00	Ford. LuL	22.000,00
USt	1.600,00	Kasse	4.000,00
		Bank	35.000,00
---	269.000,00		269.000,00

a) Aktivkonten	269.000,00	
an EBK		269.000,00
b) EBK	269.000,00	
an Passivkonten		269.000,00
1. 1210/1410 Ford. LuL	10.710,00	
an 4000/8000 Umsatzerlöse		9.000,00
an 3800/1770 USt		1.710,00
2. 6700/4700 Kosten der Warenabgabe	120,00	
1400/1570 Abziehbare Vorsteuer	22,80	
an 1600/1000 Kasse		142,80
3. a) 5200/3200 Wareneingang	10.000,00	
1400/1570 Abziehbare Vorsteuer	1.900,00	
an 3310/1610 Verb. LuL		11.900,00
b) 5800/3800 Bezugskosten	200,00	
5800/3800 Leergut	100,00	

	1210/1410 Abziehbare Vorsteuer	57,00	
	an 3310/1610 Verb. LuL		357,00
4.	3310/1610 Verb. LuL	11.900,00	
	an 1800/1200 Bank		11.781,00
	an 5700/3700 Nachlässe/Sk./B.		100,00
	an 1400/1570 Abziehbare Vorsteuer		19,00
5.	2100/1800 Privatentnahmen	700,00	
	an 1800/1200 Bank		700,00
6.	7300/2100 Zinsen u. ä. Aufwendungen	4.000,00	
	an 1800/1200 Bank		4.000,00
7.	1140/3980 Bestand an Waren	7.000,00	
	an 5200/3200 Wareneingang		7.000,00
8.	5200/3200 Wareneingang	100,00	
	an 5800/3800 Bezugskosten		100,00
9.	5200/3200 Wareneingang	200,00	
	an 5800/3800 Bezugskosten		200,00
10.	5700/3700 Nachlässe/Sk./B.	100,00	
	an 5200/3200 Wareneingang		100,00
11.	G+V	14.320,00	
	an Aufwandskonten		14.320,00
12.	Ertragskonten	16.000,00	
	an G+V		16.000,00
13.	G+V	1.680,00	
	an 2000/0880 Eigenkapital		1.680,00
14.	2000/0880 Eigenkapital	700,00	
	an 2100/1800 Privat		700,00
15.	3800/1770 USt	1.960,80	
	an 1400/1570 Abziehbare Vorsteuer		1.960,80
16.	SBK	270.086,20	
	an Aktivkonten		270.086,20
17.	Passivkonten	270.086,20	
	an SBK		270.086,20

Soll	G + V		Haben
Wareneingang	3.200,00	Umsatzerlöse	9.000,00
Zinsen u. ä. Aufw.	4.000,00		
Kosten d. Warenabg.	120,00		
Eigenkapital	1.680,00		
---	---------		---------
	9.000,00		9.000,00

Soll		Schlussbilanzkonto	Haben
BGA	190.000,00	Eigenkapital	65.980,00
Bestand an Waren	25.000,00	Verb. KI	150.000,00
Ford. LuL	32.710,00	Verb. LuL	52.757,00
Kasse	3.857,20	Umsatzsteuer	1.349,20
Bank	18.519,00		

	270.086,20		270.086,20

Seiten 132 - 134

1. 4700/8700 Erlösschm./Sk./B.	850,00	
3800/1770 USt	161,50	
an 1210/1410 Forderungen LuL		1.011,50
2. 4700/8700 Erlösschm./Sk./B.	5.200,00	
3800/1770 USt	988,00	
an 1210/1410 Forderungen LuL		6.188,00
3. 4700/8700 Erlösschm./Sk./B.	2.250,00	
3800/1770 USt	427,50	
an 1210/1410 Forderungen LuL		2.677,50
4. 4700/8700 Erlösschm./Sk./B.	1.600,00	
3800/1770 USt	304,00	
an 1210/1410 Forderungen LuL		1.904,00
(Sonstige Verbindlichkeiten)		
5. 4700/8700 Erlösschm./Sk./B.	4.100,00	
3800/1770 USt	779,00	
an 1210/1410 Forderungen LuL		4.879,00
6. 4000/8000 Umsatzerlöse	3.840,00	
4700/8700 Erlösschm./Sk./B.	2.240,00	
3800/1770 USt	1.155,20	
an 1210/1410 Ford. LuL		7.235,20
7. 4700/8700 Erlösschm./Sk./B.	7.500,00	
3800/1770 USt	1.425,00	
an 1210/1410 Forderungen LuL		8.925,00
(Sonstige Verbindlichkeiten)		

8.

Soll		Eröffnungsbilanzkonto	Haben
EK	78.500,00	BGA	50.000,00
Verb. LuL	75.000,00	Bestand an Waren	18.000,00
USt	1.500,00	Ford. LuL	45.000,00
		Kasse	4.000,00
		Bank	38.000,00

	155.000,00		155.000,00

a) Aktivkonten	155.000,00	
an EBK		155.000,00
b) EBK	155.000,00	
an Passivkonten		155.000,00

1.	5200/3200 Wareneingang	6.000,00	
	1400/1570 Abziehbare Vorsteuer	1.140,00	
	an 3310/1610 Verb. LuL		7.140,00
2.	3310/1610 Verb. LuL	3.570,00	
	an 5200/3200 Wareneingang		3.000,00
	an 1400/1570 Abziehbare Vorsteuer		570,00
3.	1210/1410 Ford. LuL	5.950,00	
	an 4000/8000 Umsatzerlöse		5.000,00
	an 3800/1770 USt		950,00
4.	6700/4700 Kosten der Warenabgabe	120,00	
	1400/1570 Abziehbare Vorsteuer	22,80	
	an 1600/1000 Kasse		142,80
5.	1210/1410 Forderungen LuL	4.165,00	
	an 4000/8000 Umsatzerlöse		3.500,00
	an 3800/1770 USt		665,00
6.	6310/4210 Miete	5.000,00	
	an 1800/1200 Bank		5.000,00
7.	1140/3980 Bestand an Waren	2.000,00	
	an 5200/3200 Wareneingang		2.000,00
8.	G+V	8.120,00	
	an Aufwandskonten		8.120,00
9.	Ertragskonten	11.200,00	
	an G+V		11.200,00
10.	G+V	2.380,00	
	an EK		2.380,00
11.	3800/1770 USt	592,80	
	an 1400/1570 Abziehbare Vorsteuer		592,80
a)	SBK	161.972,20	
	an Aktivkonten		161.972,20
b)	Passivkonten	161.972,20	
	an SBK		161.972,20

Soll	G + V		Haben
Wareneingang	1.000,00	Umsatzerlöse	8.500,00
Miete	5.000,00		
Kosten d. Warenabg.	120,00		
Eigenkapital	2.380,00		
---	8.500,00		8.500,00

Soll	Schlussbilanzkonto		Haben
BGA	50.000,00	Eigenkapital	80.880,00

Bestand an Waren	20.000,00	Verb. LuL	78.570,00
Ford. LuL	55.115,00	Umsatzsteuer	2.522,20
Kasse	3.857,20		
Bank	33.000,00		
---	-----------		----------
	161.972,20		161.972,20

<u>Seiten 137 - 140</u>

1.	1210/1410 Forderungen LuL	12.066,60	
	an 4000/8000 Umsatzerlöse		10.140,00
	an 3800/1770 USt		1.926,60
2.	4700/8700 Erlösschm./Sk./B.	4.750,00	
	3800/1770 USt	902,50	
	an 1210/1410 Forderungen LuL		5.652,50
3.	1800/1200 Bank	18.425,96	
	4700/8700 Erlösschm./Sk./B.	316,00	
	3800/1770 USt	60,04	
	an 1210/1410 Forderungen LuL		18.802,00
4.	4700/8700 Erlösschm./Sk./B. 19 % USt	4.400,00	
	4700/8700 Erlösschm./Sk./B. 7 % USt	3.600,00	
	3800/1770 USt 19 %	836,00	
	3800/1770 USt 7 %	252,00	
	an 3500/1700 Sonstige Verbindlichkeiten (1210/1410 Ford. LuL, Kontokorrentkonto)		9.088,00
5.	1800/1200 Bank	6.925,80	
	4700/8700 Erlösschm./Sk./B.	180,00	
	3800/1770 USt	34,20	
	an 1210/1410 Forderungen LuL		7.140,00
6.	1210/1410 Forderungen LuL	10.115,00	
	an 4000/8000 Umsatzerlöse		8.500,00
	an 3800/1770 USt		1.615,00
	4000/8000 Umsatzerlöse	2.125,00	
	3800/1770 USt	403,75	
	an 1210/1410 Forderungen LuL		2.528,75
	1800/1200 Bank	7.358,66	
	4700/8700 Erlösschm./Sk./B.	191,25	
	3800/1770 USt	36,34	
	an 1210/1410 Forderungen LuL		7.586,25
7.	3250/1710 Erhaltene Anzahlungen	1.710,00	
	an 3800/1770 USt		1.770,00
	1210/1410 Forderungen LuL	41.650,00	
	an 4000/8000 Umsatzerlöse		35.000,00
	an 3800/1770 USt		6.650,00
	3250/1710 Erhaltene Anzahlungen	9.000,00	
	3800/1770 USt	1.710,00	
	an 1210/1410 Forderungen LuL		10.710,00

	1800/1200 Bank	29.690,50	
	4700/8700 Erlösschm./Sk./B.	1.050,00	
	3800/1770 USt	199,50	
	an 1210/1410 Forderungen LuL		30.940,00
8.	1800/1200 Bank	15.871,63	
	4700/8700 Erlösschm./Sk./B.	412,50	
	3800/1770 USt	78,38	
	an 1210/1410 Forderungen LuL		16.362,51
9.	3800/1770 USt 7 %	16,10	
	an 4700/8700 Erlösschm./Sk/B.		16,10
	3800/1770 USt 19 %	23,80	
	an 4700/8700 Erlösschm./Sk./B.		23,80
10.	1800/1200 Bank	1.224,51	
	4700/8700 Erlösschm./Sk./B.	21,00	
	3800/1770 USt	3,99	
	an 1210/1410 Forderungen LuL		1.249,50
11.	1210/1410 Ford. LuL	7.086,45	
	an 4000/8000 Umsatzerlöse		5.955,00
	an 3800/1770 USt		1.131,45
	1800/1200 Bank	6.954,95	
	4700/8700 Erlösschm./Sk./B.	110,50	
	3800/1770 USt	21,00	
	an 1210/1410 Ford. LuL		7.086,45

12.

	Warenanfangsbestand	545.000,00 €
	+ Wareneingang	2.746.000,00 €
	- Nachlässe	84.700,00 €
	- Skonti	54.400,00 €
	- Warenendbestand	496.300,00 €
a)	Wareneinsatz	2.655.600,00 €
	Umsatzerlöse	4.125.900,00 €
	- Erlösschmälerungen	32.600,00 €
	- Skonti	41.300,00 €
	Umsatzerlöse tatsächlich	4.052.000,00 €
	- Wareneinsatz	2.655.600,00 €
b)	Rohgewinn	1.396.400,00 €
	- übrige Aufwendungen	976.900,00 €
c)	Reingewinn	419.500,00 €

d) Rohgewinnaufschlagssatz: $\frac{1.396.400,00 \cdot 100}{2.655.600,00} = 52,58\ \%$

e) Rohgewinnsatz: $\frac{1.396.400,00 \cdot 100}{4.052.000,00} = 34,46\ \%$

f) Reingewinnsatz: $\frac{419.500,00 \cdot 100}{4.052.000,00} = 10,35\ \%$

13.

	Warenbestand 01. Januar 02	236.000,00 €
	+ Wareneingang	1.400.000,00 €
	- Nachlässe	30.000,00 €
	+ Bezugskosten	22.000,00 €
	- Warenbestand 31. Dezember 02	246.000,00 €
a)	Wareneinsatz	1.382.000,00 €
	Umsatzerlöse	2.600.000,00 €
	- Erlösschmälerungen	19.500,00 €
	- Skonti	61.000,00 €
	Umsatzerlöse tatsächlich	2.519.500,00 €
	Umsatzerlöse tatsächlich	2.519.500,00 €
	- Wareneinsatz	1.382.000,00 €
b)	Rohgewinn	1.137.500,00 €
	- übrige Aufwendungen	852.000,00 €
c)	Reingewinn	285.000,00 €

d) Rohgewinnaufschlagssatz: $\frac{1.137.500,00 \cdot 100}{1.382.000,00} = 82,31\ \%$

e) Rohgewinnsatz: $\frac{1.137.500,00 \cdot 100}{2.519.500,00} = 45,15\ \%$

f) Reingewinnsatz: $\frac{285.000,00 \cdot 100}{2.519.500,00} = 11,31\ \%$

14.

	Wareneingang	1.990.000,00 €
	- Skonti	45.260,00 €
	+ Bezugskosten	42.660,00 €
	+ Bestandsveränderungen	27.000,00 €
a)	Wareneinsatz	1.987.400,00 €
	Umsatzerlöse	3.614.500,00 €
	- Skonti	108.435,00 €
	Umsatzerlöse tatsächlich	3.506.065,00 €
	- Wareneinsatz	1.987.400,00 €
b)	Rohgewinn	1.518.665,00 €
	- übrige Aufwendungen	792.200,00 €
c)	Reingewinn	726.465,00 €

d) Rohgewinnaufschlagssatz: $\frac{1.518.665,00 \cdot 100}{1.987.400,00} = 76,41\ \%$

e) Rohgewinnsatz: $\frac{1.518.665,00 \cdot 100}{3.506.065,00} = 43,32\ \%$

f) Reingewinnsatz: $\frac{726.465,00 \cdot 100}{3.506.065,00} = 20,72\ \%$

Seite 141

1. 6300/4900 S. betriebliche Aufwendungen	1.200,00	
an 3500/1700 Sonst. Verb.		1.200,00
(1210/1410 Ford. LuL, Kontokorrentkonto)		
2. 6300/4900 S. betriebliche Aufwendungen	7.296,00	
an 3500/1700 sonst. Verb.		7.296,00
1210/1410 Ford. LuL	28.404,00	
3500/1700 Sonst. Verb.	7.296,00	
an 4000/8000 Umsatzerlöse		30.000,00
an 3800/1770 USt		5.700,00

Seiten 142/143

1. Auto-GmbH

1) a) 1600/1000 Kasse	3.570,00	
an 4000/8000 Umsatzerlöse		3.000,00
an 3800/1770 USt		570,00
b) 1600/1000 Kasse	476,00	
an 4000/8000 Umsatzerlöse		400,00
an 3800/1770 USt		76,00
2) 1600/1000 Kasse	952,00	
an 4000/8000 Umsatzerlöse		800,00
an 3800/1770 USt		152,00
3) 1600/1000 Kasse	2.000,00	
an 4000/8000 Umsatzerlöse		1.260,50
an 3800/1770 USt		239,50
an 4830/2700 S. betriebliche Erträge		500,00

2. Horst Lieser, z. B. bei Barzahlung

1) 1600/1000 Kasse	2.500,00	
an 4000/8000 Umsatzerlöse		2.100,84
an 3800/1770 USt		399,16
2) a) 1600/1000 Kasse	17.850,00	
an 4000/8000 Umsatzerlöse		15.000,00
an 3800/1770 USt		2.850,00
b) 1600/1000 Kasse	4.760,00	
an 4000/8000 Umsatzerlöse		4.000,00
an 3800/1770 USt		760,00
c) 1600/1000 Kasse	2.975,00	
an 4000/8000 Umsatzerlöse		2.500,00
an 3800/1770 USt		475,00
d) 1600/1000 Kasse	9.520,00	
an 4000/8000 Umsatzerlöse		8.000,00
an 3800/1770 USt		1.520,00

3. Olaf Drilling GmbH, z. B. bei Barzahlung

a) 1600/1000 Kasse	476,00	
an 4000/8000 Umsatzerlöse		400,00
an 3800/1770 USt		76,00
b) 1600/1000 Kasse	452,20	
an 4000/8000 Umsatzerlöse		380,00
an 3800/1770 USt		72,20
c) 1600/1000 Kasse	1.071,00	
an 4000/8000 Umsatzerlöse		900,00
an 3800/1770 USt		171,00

4. Eduard Schmied bei Barzahlung

a) 1600/1000 Kasse	3.300,00	
an 4100/8100 Stfr. Umsätze nach § 4 Nr. 8 ff. UStG		3.300,00
b) 1600/1000 Kasse	800,00	
an 4000/8000 Umsatzerlöse		672,27
an 3800/1770 USt		127,73
c) 1600/1000 Kasse	4.400,00	
an 4100/8100 Stfr. Umsätze nach § 4 Nr. 8 ff. UStG		4.400,00
d) 1600/1000 Kasse	13.400,00	
an 4000/8000 Umsatzerlöse		11.260,50
an 3800/1770 USt		2.139,50
e) 1600/1000 Kasse	80.000,00	
an 4100/8100 Stfr. Umsätze nach § 4 Nr. 8 ff. UStG		30.000,00
an 4000/8000 Umsatzerlöse		42.016,81
an 3800/1770 USt		7.983,19

5. Reiner Meister, z. B. bei Barzahlung

a) 1600/1000 Kasse	3.570,00	
an 4000/8000 Umsatzerlöse		3.000,00
an 3800/1770 USt		570,00
b) 1600/1000 Kasse	1.100,00	
an 4100/8100 Stfr. Umsätze nach § 4 Nr. 8 ff. UStG		1.100,00
c) 1600/1000 Kasse	900,00	
an 4000/8000 Umsatzerlöse		756,30
an 3800/1770 USt		143,70
d) 1600/1000 Kasse	1.200,00	
an 4100/8100 Stfr. Umsätze nach § 4 Nr. 8 ff. UStG		1.200,00

e) 1600/1000 Kasse	1.000,00	
an 4100/8100 Stfr. Umsätze nach § 4 Nr. 8 ff. UStG		1.000,00

Seiten 144/145

1) a) 2100/1800 Privatentnahmen	5.890,50	
an 4620/8910 Entnahmen des Unternehmers für Zw. außerhalb des U. (Waren) mit USt		4.950,00
an 3800/1770 USt		940,50
b) 2100/1800 Privatentnahmen	690,20	
an 4620/8910 Entnahmen des Unternehmers für Zw. außerhalb des U. (Waren) mit USt		580,00
an 3800/1770 USt		110,20
c) 6600/4610 Werbekosten	1.428,00	
an 4680/8940 Unentgeltliche Zuwendungen von Waren mit USt		1.200,00
an 3800/1770 USt		228,00
d) 2100/1800 Privatentnahmen	333,20	
an 4620/8910 Entnahmen des Unternehmers für Zw. außerhalb des U. (Waren) mit USt		280,00
an 3800/1770 USt		53,20
e) 6643/4653 Aufmerksamkeiten	59,50	
an 4689/8938 Unentgeltliche Zuwendungen von Gegenständen ohne USt		59,50
f) 2100/1800 Privat (2250/1840 Zuwendungen, Spenden)	952,00	
an 4620/8910 Entnahmen des Unternehmers für Zw. außerhalb des U. (Waren) mit USt		800,00
an 3800/1770 USt		152,00
g) 2100/1800 Privatentnahmen	1.204,28	
an 4620/8910 Entnahmen des Unternehmers für Zw. außerhalb des U. (Waren) mit USt		1.012,00
an 3800/1770 USt		192,28
h) 1) 2100/1800 Privatentnahmen	357,00	
an 4620/8910 Entnahmen des Unternehmers für Zw. außerhalb des U. (Waren) mit USt		300,00
an 3800/1770 USt		57,00
2) 6060/4125 Freiw. soziale Aufwendungen lst-pfl.	357,00	
an 4948/8613 Verrechnete Sachbezüge mit USt		300,00
an 3800/1770 USt		57,00
2) 0650/0410 BGA	3.000,00	
an 5200/3200 Wareneingang		3.000,00
3) a) 2100/1800 Privatentnahmen	595,00	
an 1800/1200 Bank		595,00

b) 6060 Freiw. soziale Aufwendungen lst-pfl.	119,00	
an 1800/1200 Bank		119,00
c) 6600/4610 Werbekosten	800,00	
1400/1570 Abziehbare Vorsteuer	152,00	
an 1800/1200 Bank		952,00

Seite 146

1. 6060/4125 Freiw. soziale Aufwendungen lst-pfl.	476,00	
an 4948/8613 Verrechnete sonstige Sachbezüge mit USt		400,00
an 3800/1770 USt		76,00
2. 6060/4125 Freiw. soziale Aufwendungen lst-pfl.	697,85	
an 4947/8595 Verr. s. Sachbezüge a. Kfz-Gest. mit USt		515,00
an 3800/1770 USt		97,85
an 4949/8614 Verr. s. Sachbezüge a. Kfz-Gest. ohne USt		85,00
3. 2100/1800 Privatentnahmen	178,50	
an 4660/8925 Unentg. Erbr. e. s. L. mit USt		150,00
an 3800/1770 USt		28,50
4. 2100/1800 Privatentnahmen	595,00	
an 4640/8920 Verwendung von Gegenständen für Zwecke außerhalb des Unternehmens mit USt		500,00
an 3800/1770 USt		95,00
5. 2100/1800 Privatentnahmen	380,06	
an 4645/8921 Verwendung von Gegenständen für Zwecke außerhalb des Unternehmens mit USt (Kfz-Nutzung)		264,00
an 3800/1770 USt		50,16
an 4639/8924 Verwendung von Gegenständen für Zwecke außerhalb des Unternehmens ohne USt (Kfz-Nutzung)		66,00
6. 2100/1800 Privatentnahmen	57,00	
an 4660/8925 Unentgeltliche Erbringung einer s. L. mit USt		300,00
an 3800/1770 USt		57,00
7. 2100/1800 Privatentnahmen	101,15	
an 4660/8925 Unentgeltliche Erbringung einer s. L. mit USt		85,00
an 3800/1770 USt		16,15

Seite 150

1. 1. StKl. II, 1,0
   2. StKl. I
   3. StKl. III/V, V/III, IV/IV oder IV-Faktor/IV-Faktor, Anzahl der Kinderfreibeträge bei StKl. III 4,0, bei StKl. IV jeweils 4,0
   4. StKl. I
   5. StKl. I, 0,5 und StKl. VI
   6. StKl. IV oder auf Antrag StKl. III
   7. StKl. VI

Arbeitsmittel, § 9 Abs. 1 Nr. 6 EStG	410,00 €	
	3.922,00 €	
- Arbeitnehmer-PB, § 9 a Nr. 1 a EStG	1.230,00 €	
Werbungskostenrest		2.692,00 €
Sonderausgaben, § 10 Abs. 1 Nr. 4 EStG		390,00 €
a. g. B. § 33 EStG		22.500,00 €
Summe (> 600,00 €)		25.582,00 €

Werbungskostenrest				2.692,00 €
Kirchensteuer, § 10 Abs. 1 Nr. 4 EStG			390,00 €	
- Sonderausgaben-PB, § 10 c EStG			36,00 €	354,00 €
a. g. B., § 33 EStG				
Aufwendungen		22.500,00 €		
zumutb. Belastung				
15.340,00 € · 5 %	767,00 €			
14.660,00 € · 6 %	879,60 €	1.646,60 €		20.854,00 €
LSt-Jahresfreibetrag				23.900,00 €

Seite 157

1. a) StKl. I, laufender Arbeitslohn, LSt 254,50 €, und sonstiger Bezug, LSt 259,00 €,
   b) StKl. IV, laufender Arbeitslohn, LSt jeweils 315,00 €, Simone Reimers sonstiger Bezug, LSt zusätzlich 401,00 €

2. a) 1) 476,41 €
      2) 166,91 €

   b) Oktober 300,16 €
      November 300,16 € + 604,00 €

3. Frau Stricker: 207,66 € + 790,00 € = 997,66 €

   Herr Langer: 66,66 € + 474,00 € = 540,66 €

Seiten 158/159

1.

4.000,00 € · 4 =		16.000,00 €
6.000,00 € · 8 =		48.000,00 €
Jahresarbeitslohn		64.000,00 €
gezahlte LSt	4 · 201,83 € =	807,32 €
	7 · 620,66 € =	4.344,62 €
insgesamt		5.151,94 €

Jahres-LSt	5.658,00 €
gezahlte LSt bis November	5.151,94 €
LSt-Zahlung Dezember	506,06 €

2. Ein LSt-Jahresausgleich durch den Arbeitgeber ist unter diesen Voraussetzungen nicht zulässig.

3. 1.400,00 € · 6 = 8.400,00 €
3.200,00 € · 6 = 19.200,00 €
Jahres-AL 27.600,00 €

gezahlte LSt	6 · 0,00 € =	0,00 €
	5 · 342,58 € =	1.712,90 €
insgesamt		1.712,90 €

Jahreslohnsteuer (StKl. I)	1.804,00 €
gezahlte LSt	1.712,90 €
LSt-Zahlung Dezember	91,10 €

4.

Arbeitslohn bis November		46.200,00 €
Arbeitslohn Dezember + Weihnachtsgeld		7.000,00 €
Jahresarbeitslohn		53.200,00 €
Jahreslohnsteuer (StKl. III/2,0)	3.556,00 €	
gezahlte Lohnsteuer	2.500,00 €	
zu zahlende LSt im Dezember	1.056,00 €	

Seiten 160/161

1. a) LSt-Anmeldungszeitraum ist der Kalendermonat, weil die LSt für das Vorjahr mehr als 5.000,00 € betragen hat, § 41 a Abs. 2 S. 1 EStG.

   b) LSt-Anmeldungszeitraum ist das Kalenderjahr, weil die LSt für das Vorjahr nicht mehr als 1.080,00 € betragen hat, § 41 a Abs. 2 S. 2 EStG.

   c) LSt-Anmeldungszeitraum ist der Kalendermonat, weil der hochgerechnete Betrag mehr als 5.000,00 € beträgt, § 41 a Abs. 2 S. 4 EStG.

   d) LSt-Anmeldungszeitraum ist das Kalendervierteljahr, weil die LSt für das Vorjahr nicht mehr als 5.000,00 € betragen hat, § 41 a Abs. 2 S. 2 EStG.

   e) LSt-Anmeldungszeitraum ist der Kalendermonat, weil der hochgerechnete Betrag mehr als 5.000,00 € beträgt, § 41 a Abs. 2 S. 3 EStG.

2. a) Der Arbeitgeber, weil der Arbeitnehmer die von ihm zu tragende LSt bereits in vollem Umfang gezahlt hat, § 42 d Abs. 1 Nr. 1 EStG.

   b) Weil der Arbeitgeber für die einzubehaltende LSt haftet und der Arbeitnehmer nicht mehr greifbar ist, schuldet der Arbeitgeber die zu wenig abgeführte LSt, § 42 d Abs. 1 Nr. 1 und Abs. 3 EStG.

Seiten 164/165

1. 1) a) 2.800,00 € · 21,15 % = 592,20 €
   b) 2.800,00 € · 21,15 % = 592,20 €

   2) a) 5.800,00 € · 21,75 % = 1.261,50 €
   b) 5.800,00 € · 21,15 % = 1.216,70 €

   3) a) 1.400,00 € · 21,15 % = 296,10 €
   b) 1.400,00 € · 21,15 % = 296,10 €

   4) a) 4.100,00 € · 21,75 % = 891,75 €

b) 4.100,00 € · 21,15 % = 867,15 €

5) a) 3.100,00 € · 20,90 % = 647,90 €
b) 3.100,00 € · 21,15 % = 655,65 €

6) a) 8.450,00 € · 10,60 % = 895,70 €
5.812,50 € · 11,15 % = 648,09 €
1.543,79 €

b) 8.450,00 € · 10,60 % = 895,70 €
5.812,50 € · 10,15 % = 613,22 €
1.508,92 €

Die Höhe der SV-Beiträge ändert sich nicht durch einen als LStAM zu berücksichtigenden LSt-Freibetrag.

2. junge Frau / Rentnerin

SV-Anteile

	junge Frau AN	junge Frau ArbG	Rentnerin AN	Rentnerin ArbG
KV	8,75 %	8,15 %	8,45 %	8,45 %
PV	2,4 %	1,8 %	2,4 %	1,8 %
AV	1,3 %	1,3 %	-	1,3 %
RV	9,3 %	9,3 %	-	9,3 %
	21,75 %	21,15 %	10,85 %	20,85 %

AN-Anteile	der jungen Frau	AN-Anteile	der Rentnerin
2.000,00 €	· 21,75 % = 435,00 €	2.000,00 €	· 10,85 % = 217,00 €
ArbG-Anteile			
2.000,00 €	· 21,15 % = 423,00 €	2.000,00	· 20,85 % = 417,00 €

3. Im Monat Mai werden SV-Beiträge in Höhe von 11.895,00 € an die KV überwiesen.

Im Monat Juni werden die voraussichtlichen SV-Beiträge in Höhe von ebenfalls 11.895,00 € an KV überwiesen.

Im Monat Juli werden die korrekt für Juli ermittelten SV-Beiträge für Juli (14.075,76 €) und die für Juni nachzuzahlenden SV-Beiträge (1.110,20 €), also insgesamt 15.185,90 €, an die KV überwiesen.

Seite 166

1. a)

ant. Beitragsbemessungsgrenze bis November	63.937,50 €
beitragspflichtiges Entgelt bis Oktober	51.000,00 €
Beitragsbemessungsgrenze November höchstens	12.937,50 €

anzusetzen, da tats. AL November höher

b)

ant. Beitragsbemessungsgrenze bis November	92.950,00 €
beitragspflichtiges Entgelt bis Oktober	51.000,00 €
Beitragsbemessungsgrenze November höchstens	41.950,00 €
anzusetzen tats. Arbeitslohn November	17.100,00 €

2. a)

ant. Beitragsbemessungsgrenze bis Oktober	58.125,00 €
beitragspflichtiges Entgelt bis September	54.000,00 €
Beitragsbemessungsgrenze Oktober höchstens	4.125,00 €

anzusetzen 4.125,00 €

b) ant. Beitragsbemessungsgrenze bis Oktober 84.500,00 €
beitragspflichtiges Entgelt bis September 54.000,00 €
Beitragsbemessungsgrenze Oktober höchstens 30.500,00 €

anzusetzen tats. AL Oktober 13.900,00 €

Seite 169

1. Gesamtbetrag 1.800,00 € : 30 = 60,00 € täglich (Lohnfortzahlung)
auf Krankheitszeitrzaum entfallender Betrag (8 Tage) 480,00 €

Erstattungsbetrag 480,00 € · 80 % 384,00 €

2. Gesamtbetrag für 3 Monate 8.722,80,00 €

pro Tag (: 90)	96,92 €
abzüglich Mutterschaftsgeld	13,00 €
Arbeitgeberzuschuss pro Tag	83,92 €

Erstattungsbetrag (100 %) für (6 Wochen, 5 Tage und 8 Wochen) 103 Tage 8.643,76 €

3. a) Die Mutterschutzfrist beginnt 6 Wochen vor dem voraussichtlichen Entbindungstermin, also am 11. Sept. 01.

b)

Bruttogehalt monatlich		3.000,00 €
Lohnsteuer		293,08 €
KV 8,75 %	262,50 €	
PV 2,4 %	72,00 €	
RV 9,3 %	279,00 €	
AV 1,3 %	39,00 €	652,50 €
Nettoarbeitslohn		2.054,42 €

(· 3 Monate = 6.163,26 €
: 90 Tage = 68,48 € pro Tag)

c) Nettoarbeitslohn für 10 Tage 684,80 €

1) Mutterschaftsgeld für 20 Tage · 13,00 €
Überweisung durch die KV 260,00 €

2) Zuschuss des Arbeitgebers zum Mutterschaftsgeld
für 20 Tage · 55,48 € (68,48 € - 13,00 €)
Überweisung durch Ihren Mandanten 1.109,62 €

Überweisung insgesamt (also für 30 Tage) 2.054,42 €

(Der Nettoauszahlungsbetrag für die Lohnfortzahlung September 01 ist für jeweils 10 Tage genauso hoch wie der Nettoarbeitslohn bis zum 10. September 01. - Die Überweisung des Mutterschaftsgelds durch die KV erfolgt grundsätzlich in einer Summe für die Zeit bis zur Entbindung.)

d) Zuschuss zum Mutterschaftsgeld 1.109,62 €
Bruttogehalt 3.000,00 €
KV 8,75 % 262,50 €

PV 1,8 %	54,00 €	
RV 9,3 %	279,00 €	
für 30 Tage	595,50 €	
für 20 Tage		397,00 €
Gesamtbelastung (Erstattung an Arbeitgeber)		1.506,62 €

Seiten 171/172

1.	6000/4100 L. u. Gehälter	8.723,00	
	6110/4130 Ges. soziale Aufwendungen	8.723,00	
	an 1800/1200 Bank		17.446,00
	6000/4100 L. u. Gehälter	35.277,00	
	an 1800/1200 Bank		26.339,00
	an 3730/1741 Verb. LSt/KiSt		8.938,00
	3730/1741 Verb. LSt/KiSt	8.938,00	
	an 1800/1200 Bank		8.938,00
2.	6000/4100 L. u. Gehälter	522,00	
	6110/4100 Ges. soziale Aufwendungen	507,60	
	an 1800/1200 Bank		1.029,60
	6000/4100 L. u. Gehälter	1.878,00	
	an 1800/1200 Bank		1.711,09
	an 3740/1741 Verb. LSt/KiSt		166,91
	3730/1741 Verb. LSt/KiSt	166,91	
	an 1800/1200 Bank		166,91
3.	6000/4100 L. u. Gehälter	870,00	
	6110/4130 Ges. soziale Aufwendungen	846,00	
	an 1800/1200 Bank		1.716,00
	6000/4100 L. u. Gehälter	3.130,00	
	an 1800/1200 Bank		2.605,50
	an 3740/1741 Verb. LSt/KiSt		524,50
	3740/1741 Verb. LSt/KiSt	524,50	
	an 1800/1200 Bank		524,50

Seiten 175/176

1.	6000/4100 L. u. Gehälter	580,73	
	6110/4130 Ges. soz. Aufwendungen	564,71	
	an 1800/1200 Bank		1.145,44
	6000/4100 L. u. Gehälter	2.069,27	
	6080/4170 Vermögenswirksame Leistungen	20,00	
	an 1800/1200 Bank		1.866,77
	an 3730/1741 Verb. LSt/KiSt		222,50
2.	6000/4100 L. u. Gehälter	513,95	
	6110/4130 Ges. soz. Aufwendungen	513,95	
	an 1800/1200 Bank		1.027,90

6000/4100 L. u. Gehälter	1.886,05	
6080/4170 Vermögenswirksame Leistungen	30,00	
an 1800/1200 Bank		1.745,47
an 3730/1741 Verb. LSt/KiSt		170,58
3730/1741 Verb. LSt/KiSt	170,58	
an 1800/1200 Bank		170,58
3. 6000/4100 L. u. Gehälter	5.655,00	
6110/4130 Ges. soz. Aufwendungen	5.499,00	
an 1800/1200 Bank		11.154,00
6000/4100 L. u. Gehälter	19.665,00	
6080/4170 Vermögenswirksame Leistungen	680,00	
an 1800/1200 Bank		16.545,00
an 3730/1741 Verb. LSt/KiSt		3.120,00
3730/1741 Verb. LSt/KiSt	3.120,00	
an 1800/1200 Bank		3.120,00
4. 6000/4100 L. u. Gehälter	6.525,00	
6110/4130 Ges. soz. Aufwendungen	6.345,00	
an 1800/1200 Bank		12.870,00
6000/4100 L. u. Gehälter	23.155,00	
6080/4170 Vermögenswirksame Leistungen	320,00	
an 1800/1200 Bank		20.725,00
an 3730/1741 Verb. LSt/KiSt		2.750,00
3730/1741 Verb. LSt/KiSt	2.750,00	
an 1800/1200 Bank		2.750,00
5. a) 6000/4100 L. u. Gehälter	877,80	
6110/4130 Ges. soz. Aufwendungen	888,30	
an 1800/1200 Bank		1.766,10
6000/4100 L. u. Gehälter	3.322,20	
an 1800/1200 Bank		3.145,70
an 3730/1741 Verb. LSt/KiSt		176,50
3730/1741 Verb. LSt/KiSt	176,50	
an 1800/1200 Bank		176,50
b) 6000/4100 L. u. Gehälter	877,80	
6110/4130 Ges. soz. Aufwendungen	888,30	
an 1800/1200 Bank		1.766,10
6000/4100 L. u. Gehälter	3.282,20	
6080/4170 Vermögenswirksame Leist.	40,00	
an 1800/1200 Bank		3.105,70
an 3730/1741 Verb. LSt/KiSt		176,50
an 3770/1750 Verb. aus Vermögensbildung		40,00
3730/1741 Verb. LSt/KiSt	176,50	
3770/1750 Verb. aus Vermögensbildung	40,00	
an 1800/1200 Bank		216,50

c) 6000/4100 L. u. Gehälter	886,16	
6110/4130 Ges. soz. Aufwendungen	896,76	
an 1800/1200 Bank		1.782,92
6000/4100 L. u. Gehälter	3.313,84	
3770/1750 Vermögenswirksame Leistungen	40,00	
an 1800/1200 Bank		3.129,51
an 3730/1741 Verb. LSt/KiSt		184,33
an 3770/1750 Verb. aus Vermögensbildung		40,00
3730/1741 Verb. LSt/KiSt	184,33	
3770/1750 Verb. aus Vermögensbildung	40,00	
an 1800/1200 Bank		224,33

<u>Seiten 177/178</u>

1. 1340/1530 Ford. gegen Personal	2.500,00	
an 6000/4100 L. u. Gehälter		2.500,00
6000/4100 L. u. Gehälter	752,40	
6110/4130 Ges. soz. Aufwendungen	761,40	
an 1800/1200 Bank		1.513,80
6000/4100 L. u. Gehälter	2.847,60	
an 1800/1200 Bank		2.463,60
an 3730/1741 Verb. LSt/KiSt		134,00
an 1340/1530 Ford. gegen Personal		250,00
2. 6000/4100 L. u. Gehälter	767,78	
6110/4130 Ges. soz. Aufwendungen	746,60	
an 1800/1200 Bank		1.514,38
6000/4100 L. u. Gehälter	2.732,22	
3770/1750 Vermögenswirksame Leistungen	30,00	
an 1800/1200 Bank		2.219,06
an 3730/1741 Verb. LSt/KiSt		115,16
an 3770/1750 Verb. aus Vermögensbildung		40,00
an 1340/1530 Ford. gegen Personal		388,00
3. 6000/4100 L. u. Gehälter	898,28	
6110/4130 Ges. soz. Aufwendungen	873,50	
an 1800/1200 Bank		1.771,78
6000/4100 L. u. Gehälter	3.201,72	
6080/4170 Vermögenswirksame Leistungen	30,00	
an 1800/1200 Bank		2.168,35
an 3730/1741 Verb. LSt/KiSt 480,16 + 43,21		523,37
an 3770/1750 Verb. aus Vermögensbildung		40,00
an 1340/1530 Ford. gegen Personal		500,00

<u>Seite 179</u>

1. 6000/4100 L. u. Gehälter	8.430,00	
6110/4130 Ges. soz. Aufwendungen	8.430,00	
an 1800/1200 Bank		16.860,00

6000/4100 L. u. Gehälter	32.770,00	
6080/4170 Vermögenswirksame Leistungen	480,00	
3740/1742 Verb. i. R. der soz. Sicherheit	104,42	
an 1800/1200 Bank		28.143,92
an 3730/1741 Verb. LSt/KiSt		4.280,50
an 3770/1750 Verb. aus Vermögensbildung		480,00
an 3725/1748 Verb. a. Einbehaltungen von AN		450,00
3740/1742 Verb. i. R. der soz. Sicherheit	104,42	
an 6110/4130 Ges. soz. Aufwendungen		104,42
2. 6000/4100 L. u. Gehälter	652,50	
6110/4130 Ges. soz. Aufwendungen	634,50	
an 1800/1200 Bank		1.287,00
1340/1530 Ford. gegen Personal	300,00	
6000/4100 Gehälter	2.347,50	
an 1800/1200 Bank		1.054,42
an 3730/1741 Verb. LSt/KiSt		293,08
an 3725/1748 Verb. a. Einbehaltungen von AN		1.000,00

Seiten 191 - 194

1. 6650/4660 Reisekosten Arbeitnehmer	285,00	
an 1600/1000 Kasse		285,00
6650/4660 Reisekosten Arbeitnehmer	84,00	
an 1600/1000 Kasse		84,00
6650/4660 Reisekosten Arbeitnehmer	20,00	
an 1600/1000 Kasse		20,00
(keine Reisekosten für Übernachtung im Pkw)		
2. 6670/4670 Reisekosten Unternehmer	700,93	
1400/1570 Abziehbare Vorsteuer	49,07	
an 1600/1000 Kasse		750,00
6670/4670 Reisekosten Unternehmer	168,22	
1400/1570 Abziehbare Vorsteuer	11,78	
an 1600/1000 Kasse		180,00
6670/4670 Reisekosten Unternehmer	140,00	
an 1600/1000 Kasse		140,00
3. 6650/4660 Reisekosten Arbeitnehmer	52,00	
an 3500/1700 Verb. gegen Personal		52,00
4. 6650/4660 Reisekosten Arbeitnehmer	136,00	
an 1600/1000 Kasse		136,00
6650/4660 Reisekosten Arbeitnehmer	45,00	
an 1600/1000 Kasse		45,00
6650/4660 Reisekosten Arbeitnehmer	84,00	
an 1600/1000 Kasse		84,00

5.	6650/4650 Reisekosten Arbeitnehmer	60,00	
	1400/1570 Abziehbare Vorsteuer	4,20	
	an 1600/1000 Kasse		64,20
	6650/4660 Reisekosten Arbeitnehmer	21,00	
	1400/1570 Abziehbare Vorsteuer	3,99	
	an 1600/1000 Kasse		24,99
	6650/4660 Reisekosten AN (Rest-P.)	22,40	
	an 1600/1000 Kasse		22,40

6. a) Fahrtkosten

384 Fahrten · 0,30 € · 39 km	4.492,80 €
Verpflegungsmehraufwendungen 14,00 € · 48 Tage (nur für 3 Monate)	672,00 €
Reisekostenerstattung	5.164,80 €

	b) 6650/4660 Reisekosten Arbeitnehmer	5.164,80	
	an 1600/1000 Kasse		5.164,80
7.	6650/4660 Reisekosten Arbeitnehmer	156,00	
	an 1600/1000 Kasse		156,00
	6650/4660 Reisekosten Arbeitnehmer	100,00	
	1400/1570 Abziehbare Vorsteuer	7,00	
	an 1600/1000 Kasse		107,00
	6650/4660 Reisekosten Arbeitnehmer	25,00	
	1400/1570 Abziehbare Vorsteuer	1,75	
	an 1600/1000 Kasse		26,75
	6650/4660 Reisekosten AN (Rest-P.)	22,40	
	an 1600/1000 Kasse		22,40

8. a) Vorsteuerabzug 18,70 €

	b) 6670/4670 Reisekosten Unternehmer (6500/4500 Fahrzeugkosten)	60,00	
	1400/1570 Abziehbare Vorsteuer	11,40	
	an 1600/1000 Kasse		71,40
	6670/4670 Reisekosten Unternehmer	14,00	
	6672/4672 Reisekosten Unternehmer nicht anziehbarer Anteil	36,00	
	1400/1570 Abziehbare Vorsteuer	3,50	
	an 1600/1000 Kasse		53,50
	6670/4670 Reisekosten Unternehmer	20,00	
	1400/1570 Abziehbare Vorsteuer	3,80	
	an 1600/1000 Kasse		23,80
	6645/4655 Nicht abzugsf. Betriebsausgaben	50,00	
	an 2180/1890 Privateinlagen		50,00

9. a) Vorsteuerabzug 29,75 €

b)

6670/4670 Reisekosten Unternehmer	75,00	
1400/1570 Abziehbare Vorsteuer	5,25	
an 1600/1000 Kasse		80,25
6670/4670 Reisekosten Unternehmer	60,00	
1400/1570 Abziehbare Vorsteuer	4,20	
an 1600/1000 Kasse		64,20
6670/4670 Reisekosten Unternehmer	180,00	
1400/1570 Abziehbare Vorsteuer	12,60	
an 1600/1000 Kasse		192,60
6670/4670 Reisekosten Unternehmer	20,00	
1400/1570 Abziehbare Vorsteuer	1,40	
an 1600/1000 Kasse		21,40
6670/4670 Reisekosten U. (Rest-P.)	22,40	
6672/4672 Reisekosten Unternehmer nicht abziehbarer Anteil	67,60	
1400/1570 Abziehbare Vorsteuer	6,30	
an 1600/1000 Kasse		96,30

10.

6650/4660 Reisekosten Arbeitnehmer	180,00	
1400/1570 Abziehbare Vorsteuer	12,60	
an 3310/1610 Verb. LuL		192,60
6650/4660 Reisekosten Arbeitnehmer	146,00	
1400/1570 Abziehbare Vorsteuer	10,22	
an 3310/1610 Verb. LuL		156,22
6650/4660 Reisekosten Arbeitnehmer	195,00	
an 1600/1000 Kasse		195,00

Dem Arbeitnehmer steht keine weitere Erstattung zu.

11.

6650/4660 Reisekosten Arbeitnehmer	24,30	
1400/1570 Abziehbare Vorsteuer	1,70	
an 1600/1000 Kasse		26,00
6000/4100 L. u. Gehalt	2,37	
an 4948/8613 Verrechnete Sachbezüge mit USt		2,21
an 3800/1770 USt		0,16

12.

6650/4660 Reisekosten AN (Übernachtung)	18,00 ?	27,00	
6650/4660 Reisekosten AN (Verpflegung)		56,00	
an 1600/1000 Kasse			83,00

Seiten 199 - 201

1. a)

Gehalt		3.400,00 €	
Kindergartenzuschuss stfr.			80,00 €
Verpflegungsmehraufwendungen			
18,00 € · 18 Tage = 324,00 €			
davon stfr. 252,00 €			252,00 €
davon pauschalv. 72,00 €	72,00 €	________.	

1) individuell zu verst. Arbeitslohn	3.400,00 €		
2) sozialversicherungspflichtiger AL	3.400,00 €		

3) Gehalt	3.400,00 €
Kindergartenzuschuss	80,00 €
Verpflegungsmehraufwendungen	324,00 €
Pauschalsteuer (25 %), z. B. bei 7 % KiSt und + 5,5 % SolZ)	20,25 €
SV-Anteil Arbeitgeber	719,10 €
Arbeitgeberaufwendungen	4.543,35 €
(+ Zulagen und Unfallversicherung)	

b)	6000/4100 L. u. Gehälter	719,10	
	6110/4130 Ges. soz. Aufwendungen	719,10	
	an 1800/1200 Bank		1.438,20
	6000/4100 L. u. Gehälter	2.680,90	
	6130/4140 Freiw. soz. Aufwendungen, lst-frei	80,00	
	6650/4660 Reisekosten AN	252,00	
	6060/4125 Freiw. Zuwendungen (PV)	72,00	
	6069/4149 Pauschale St. auf sonstige Bezüge z. B.	20,25	
	an 1800/1200 Bank		3.007,32
	an 3730/1741 Verb. LSt/KiSt		97,83

2. a)	Lohn 160 Stunden zu 20,00 €		3.200,00 €	
	Zuschläge 8 Stunden je 5,00 €		40,00 €	
	10 Stunden je 20,00 € =	200,00 €		
	davon stfr.	100,00 €		100,00 €
	davon stpfl.	100,00 €	100,00 €	
	Zuschuss Gesundheitsförderung stfr.			400,00 €
	1) stpfl. Arbeitslohn		3.340,00 €	
	2) sozialversicherungspfl. Arbeitslohn		3.340,00 €	

b)	6000/4100 L. u. Gehälter	726,45	
	6110/4130 Ges. soz. Aufwendungen	706,41	
	an 1800/1200 Bank		1.432,86
	6000/4100 L. u. Gehälter	2.613,55	
	6130/4140 Freiw. soz. Aufwendungen, lst-frei	500,00	
	an 1800/1200 Bank		2.711,62
	an 3730/1741 Verb. LSt/KiSt 368,75 + 33,18		401,93

3. a)	Gehalt			4.438,00 €	
	Verpflegungsmehraufw.	360,00 €			
	davon stfr.	168,00 €			168,00 €
	davon pauschalverst.		168,00 €		
	davon ind. zu verst.	24,00 €		24,00 €	
	Fahrtkostenerstattung	340,00 €			
	davon stfr.	255,00 €			255,00 €
	davon lst-pfl.	85,00 €		85,00 €	
	Kontoführungsgebühren			5,00 €	
	Geldgeschenk			40,00 €	
	2) sozialversicherungspfl. Arbeitslohn			4.592,00 €	
	- LSt-Freibetrag			400,00 €	
	1) indiv. zu versteuernder Arbeitslohn			4.192,00 €	

3) Gehalt	4.438,00 €	
Verpflegungsmehraufw.	360,00 €	
Fahrtkosten	340,00 €	
Pauschalsteuer (25 %), z. B.	47,25 €	
bei 7 % KiSt und + 5,5 % SolZ		
Kontoführung	5,00 €	
Geldgeschenk	40,00 €	
Arbeitgeberanteil SV	971,21 €	
Arbeitgeberaufwendungen	6.201,46 €	
(zuzüglich Umlagen und Unfallversicherung)		

b) 6000/4100 L. u. Gehälter	959,73	
6110/4130 Ges. soz. Aufw.	971,21	
an 1800/1200 Bank		1.930,94
6000/4100 L. u. Gehälter	3.632,27	
6060/4125 Freiw. soz Aufwendungen, lst-pfl.	24,00	
6060/4125 Freiw. soz Aufwendungen, lst-pfl.	85,00	
6000/4100 L. u. Gehälter	5,00	
6000/4100 L. u. Gehälter	40,00	
6650/4660 Reisekosten AN	168,00	
6060/4125 Freiw. soz. Aufwendungen (PV)	168,00	
6650/4660 Reisekosten AN	255,00	
6069/4190 Pauschale Steuer auf sonstige Bezüge, z. B.	47,25	
an 1800/1200 Bank		4.176,69
an 3730/1771 Verb. LSt/KiSt		247,83

4. a) Gehalt Juli		3.000,00 €
Gehaltsabfindung August bis Oktober		9.000,00 €
Abfindung für Arbeitsplatzverlust		6.000,00 €
Zuschuss Fahrtkosten	204,00 €	
pauschal versteuert	114,00 €	90,00 €
indiv. zu verst. Arbeitslohn		18.090,00 €
- Abfindung für Arbeitsplatzverlust		6.000,00 €
b) sozialversicherungspfl. Arbeitslohn		12.090,00 €

5. a) Gehalt			3.800,00 €	
Direktversicherung stfr.				120,00 €
Verpflegungsmehraufw.	232,00 €			
davon stfr.	112,00 €			112,00 €
davon pauschalv. 25 %	112,00 €	112,00 €		
davon indiv. zu verst.	8,00 €		8,00 €	
Fahrtkostenerstattung	96,00 €			
davon pauschalverst. 15 %		72,00 €		
davon stpfl.	24,00 €		24,00 €	
Tankgutschein stfr.				50,00 €
Betriebsveranstaltung	142,80 €			
davon stfr.				110,00 €
davon pauschalv. z. B. 25 %		32,80 €		
1) indiv. zu verst. Arbeitslohn			3.832,00 €	
2) sozialversicherungspfl. Arbeitslohn			3.832,00 €	

b) 1300/1500 Sonst. VG	50,00	
an 1800/1200 Bank		50,00
6130/4140 Freiwillige soz. Aufw., lohnsteuerfrei	50,00	
an 1300/1500 Sonst. VG		50,00

6130/4140 Freiwillige soz. Aufw., lohnsteuerfrei	6.000,00	
6860/4300 Nicht abzugsfähige Vorsteuer	1.140,00	
an 3310/1610 Verb. LuL		7.140,00
6130/4140 Freiw. soz. Aufwendungen, lst-frei	110,00	
6060/4125 Freiw. soz. Aufwendungen, lst-pfl.	32,80	
an 4949/8614 Verrechnete Sachbezüge		142,80
6000/4100 L. u. Gehälter	810,47	
6130/4140 Ges. soz. Aufwendungen	810,47	
an 1800/1200 Bank		1.620,94
6000/4100 L. u. Gehälter	3.021,53	
6130/4140 Freiw. soz. Aufwendungen, lst-frei (120,00 + 112,00)	232,00	
6069/4149 Pauschale LSt auf s. Bezüge (112,00 + 32,80) + 72,00	52,88	
an 1800/1200 Bank		2.905,26
an 3730/1741 Verb. LSt/KiSt 386,16 + 14,99		401,15

Der Arbeitnehmer muss zusätzlich die pauschale Steuer in Höhe von 52,88 € übernehmen.

1340/1530 Forderungen gegen Personal	52,88	
an 6069/4149 Pauschale LSt auf sonstige Bezüge		52,88

Seiten 205/206

1.	6000/4100 L. u. Gehälter	577,40	
	6110/4130 Ges. soz. Aufwendungen	577,40	
	1800/1200 Bank		1.154,80
	6000/4100 L. u. Gehälter	1.522,60	
	6000/4100 L. u. Gehälter	630,00	
	an 1800/1200 Bank		1.362,68
	an 3730/1741 Verb. LSt/KiSt 148,08 + 11,84		159,92
	an 4949/8614 Verrechnete Sachbezüge ohne USt		285,00
	an 4948/8613 Verrechnete Sachbezüge mit USt		322,43
	an 3800/1770 USt		22,57
2.	6000/4100 L. u. Gehälter	995,07	
	6110/4130 Ges. soz. Aufwendungen	967,61	
	an 1800/1200 Bank		1.962,68
	6000/4100 L. u. Gehälter	2.604,93	
	6000/4100 L. u. Gehälter	975,00	
	an 1600/1000 Kasse		2.292,54
	an 3730/1741 Verb. LSt/KiSt		312,39
	an 4949/8614 Verrechnete Sachbezüge ohne USt		285,00
	an 4948(8613 Verrechnete Sachbezüge mit USt		644,86
	an 3800/1770 USt		45,14

3.	ortsüblicher Mietwert	820,00 €
	- davon 1/3 (Bewertungsabschlag)	273,33 €
	Vergleichsmiete	546,67 €
	- vom AN gezahltes Entgelt	420,00 €
	stpfl. Sachbezugswert	126,67 €

Da das vom AN gezahlte Entgelt niedriger ist als die Vergleichsmiete, ist, ist für die Wohnung ein lst-pflichtiger Sachbezug in Höhe von 126,67 € anzusetzen.

6000/4100 L. u. Gehälter	745,89	
6110/4130 Ges. soz. Aufwendungen	745,89	
an 1800/1200 Bank		1.491,78

6000/4100 L. u. Gehälter	2.654,11	
6000/4100 L. u. Gehälter	126,67	
an 1800/1200 Bank		2.114,95
an 3730/1770 Verb. LSt/KiSt		119,16
an 4949/8614 Verrechnete Sachbezüge ohne USt		126,67
an 4860/2750 Grundstückserträge		420,00
(4100/8100 Steuerfr. Umsätze § 4 Nr. 8 ff. UStG)		

4.

6000/4130 L. u. Gehälter	815,63	
6110/4130 Ges. soz. Aufwendungen	793,13	
an 1800/1200 Bank		1.608,76

6000/4100 L. u. Gehälter	2.934,37	
6000/4100 L. u. Gehälter	100,54	
an 1800/1200 Bank		2.407,06
an 3730/1741 Verb. LSt/KiSt		527,31
an 4948/8613 Verrechnete Sachbezüge mit USt		93,96
an 3800/1770 USt		6,58

5.

ortsüblicher Mietwert	1.500,00 €
- davon 1/3 (Bewertungsabschlag)	500,00 €
Vergleichsmiete	1.000,00 €
- vom AN gezahltes Entgelt	1.050,00 €

Es ist kein stpfl. Sachbezugswert anzusetzen, weil das vom AN gezahlte Entgelt mindestens so hoch wie die Vergleichsmiete ist.

6000/4100 L. u. Gehälter	826,50	
6110/4130 Ges. soz. Aufwendungen	803,70	
3740/1742 Verb. i. R. d. soz. Sicherheit	72,80	
an 1800/1200 Bank		1.703,00

6000/4100 Gehälter	2.895,50	
6080/4170 Vermögenswirksame Leistungen	40,00	
3740/1742 Verb. i. R. d. soz. Sicherheit	16,96	
an 1800/1200 Bank		1.403,79
an 3730/1741 Verb. LSt/KiSt		498,67
an 4860/2750 Grundstückserträge		1.050,00
(4100/8100 Steuerfr. Umsätze § 4 Nr. 8 ff. UStG)		

3740/1742 Verb. i. R. d. soz. Sicherheit	16,50	
an 6110/4130 Ges. soz. Aufwendungen		16,50

6.

ortsüblicher Mietwert	1.200,00 €
- davon 1/3 (Bewertungsabschlag)	400,00 €
Vergleichsmiete	800,00 €
- vom AN gezahltes Entgelt	600,00 €
stpfl. Sachbezugswert	200,00 €

Da das vom AN gezahlte Entgelt niedriger als die Vergleichsmiete ist, ist für die Wohnung ein lst-pflichtiger Sachbezug in Höhe von 200,00 € anzusetzen.

6000/4100 Gehälter	86.952,45	
6110/4130 Ges. soz. Aufwendungen	86.952,45	
an 1800/1200 Bank		173.904,90

6000/4130 L. u. Gehälter	348.047,55	
6080/4170 Vermögenswirksame Leistungen	3.600,00	
6000/4100 L. u. Gehälter	200,00	
an 1800/1200 Bank		241.397,55
an 3730/1741 Verb. LSt/KiSt		109.650,00
an 4949/8614 Verrechnete Sachbezüge ohne USt		200,00
an 4860/2750 Grundstückserträge		600,00
(4100/8100 Steuerfr. Umsätze § 4 Nr. 8 ff. UStG)		

Seiten 211 - 213

1\. a)

170 · 15,00 €	2.550,00 €
1 % von 23.200,00 €	232,00 €
steuerpflichtiger Arbeitslohn	2.782,00 €

Sachbezug	232,00 €
: 1,19	
Nettowert	194,96 €
USt 19 %	37,04 €

b)

6000/4100 L. u. Gehälter	581,44	
6110/4130 Ges. soz. Aufwendungen	588,39	
an 1800/1200 Bank		1.169,83

6000/4100 L. u. Gehälter	1.968,56	
6000/4100 L. u. Gehälter	232,00	
an 1800/1200 Bank		1.956,90
an 3730/1741 Verb. LSt/KiSt		11,66
an 4947/8595 Verrechnete Sachbezüge aus Kfz-Gestellung mit USt		194,96
an 3800/1770 USt		37,04

2\.

6000/4100 L. u. Gehälter	4.037,12	
6000/4100 L. u. Gehälter	406,00	
an 1800/1200 Bank		1.992,04
an 3730/1741 Verb. LSt/KiSt		815,08
an 4860/2750 Grundstückserträge		730,00
(4100/8100 Steuerfr. Umsätze § 4 Nr. 8 ff. UStG)		
an 1340/1530 Ford. gegen Personal		500,00
an 4947/8595 Verrechnete Sachbezüge aus Kfz-Gestellung mit USt		341,18
an 3800/1770 USt		64,82

3\. 1)

tariflicher AL	4.114,91 €
4.284,00 € · 0,25 % = 1.071,00 €,	
abgerundet 1.000,00 € · 1 %	10,00 €
1.000,00 € · 0,03 % · 14 km	4,20 €
stpfl. AL	4.129,11 €

6000/4100 Gehälter	898,08	
6110/4130 Ges. soz. Aufwendungen	873,31	
an 1800/1200 Bank		1.771,39

6000/4100 L. u. Gehälter	3.216,83	
6000/4100 L. u. Gehälter	14,20	
an 1800/1200 Bank		2.660,58
an 3730/1741 Verb. LSt/KiSt		556,25
an 4947/8595 Verrechnete Sachbezüge aus Kfz-Gestellung mit USt		11,93
an 3800/1770 USt		2,27

für Zwecke der USt: keine Berechnung vom verminderten Brutto-LP!

Umsatz brutto	59,64 €	(50,12 € + 9,52 €)
bereits gebucht	14,20 €	(11,93 € + 2,27 €)
noch zu buchen	45,44 €	(38,18 € + 7,26 €)

6300/4900 Sonstige betr. Aufwendungen	45,44	
an 4947/8595 Verrechnete Sachbezüge aus Kfz-Gestellung mit USt		38,18
an 3800/1770 USt		7,26

2) tariflicher/stpfl. AL 4.114,91 €

6000/4100 L. u. Gehälter	894,99	
6110/4130 Ges. soz. Aufwendungen	870,30	
an 1800/1200 Bank		1.765,29

6000/4100 L. u. Gehälter	3.219,92	
an 1800/1200 Bank		2.667,17
an 3730/1741 Verb. LSt/KiSt		552,75

4.

tariflicher AL	4.500,40 €	1.650,00 €	
0,2125 € · 1400 km	297,50 €	375,00 €	(- 75 % der AfA)
+ 19 % USt	56,53 €	1.275,00 €	: 6000 = 0,2125 €
stpfl. AL	4.854,43 €		

6000/4100 L. u. Gehälter	1.026,71	
6110/4130 Ges. soz. Aufwendungen	1.026,71	
an 1800/1200 Bank		2.053,42

6000/4100 L. u. Gehälter	3.473,29	
6000/4100 L. u. Gehälter	354,03	
an 1800/1200 Bank		2.720,38
an 3730/1741 Verb. LSt/KiSt		752,91
an 4947/8595 Verrechnete Sachbezüge aus Kfz-Gestellung mit USt		297,50
an 3800/1770 USt		56,53

für Zwecke der USt: 1.650,00 € : 6000 = 0,275 €

0,275 € · 1400 km	385,00 €	
+ 19 % USt		73,15 €
bereits gebucht	297,50 €	56,53 €
noch zu buchen	87,50 €	16,62 €

6300/4900 Sonst. betr. Aufwendungen	104,12	
an 4947/8595 Verrechnete Sachbezüge aus Kfz-Gestellung mit USt		87,50
an 3800/1770 USt		16,62

5. tariflicher AL

tariflicher AL		5.000,00 €	
104.867,00 € · 0,5 = 52.433,50 €,			
abgerundet 52.400,00 € · 1 %	524,00 €		
52.400,00 € · 0,03 % % · 20 km	314,40 €		
	838,40 €		
Zuzahlung	100,00 €		
stpfl. Sachbezug	738,40 €	738,40 €	
stpfl. AL		5.738,40 €	
6000/4100 L. u. Gehälter		1.199,33	
6110/4130 Ges. soz. Aufwendungen		1.213,67	
an 1800/1200 Bank			2.413,00
6000/4100 L. u. Gehälter		3.800,67	
6000/4100 L. u. Gehälter		738,40	
an 1800/1200 Bank			3.215,43
an 3730/1741 Verb. LSt/KiSt 571,16 + 14,08			585,24
an 4947/8595 Verrechnete Sachbezüge aus Kfz-Gestellung mit USt			620,50
an 3800/1770 USt			117,90

für Zwecke der USt:

104.800,00 € · 1 %	1.048,00 €	
104.800,00 € · 0,03 % · 20 km	628,80 €	
	1.676,80 €	
Zuzahlung	100,00 €	
Umsatz brutto	1.576,80 €	
bereits gebucht	738,40 €	(620,50 € + 117,90 €)
noch zu buchen	838,40 €	(704,54 € + 133,86 €)

6300/4900 Sonst. betr. Aufwendungen	838,40	
an 4947/8595 Verrechnete Sachbezüge aus Kfz-Gestellung mit USt		704,54
an 3800/1770 USt		133,86

6. a) 1)

Gehalt		2.420,00 €
Firmenwagen		
45.000,00 € · 1 %	450,00 €	
45.000,00 € · 0,03 % · 30 km =	405,00 €	
	855,00 €	
- Pauschalversteuerung 30 km · 0,38 € · 20 Tage =	228,00 €	
	627,00 €	627,00 €
1) individuell zu verst. Arbeitslohn		3.047,00 €
2) sozialversicherungspfl. Arbeitslohn		3.047,00 €

2)

Gehalt		2.420,00 €
Firmenwagen		
45.000,00 € · 0,5 %	225,00 €	
45.000,00 € · 0,015 % · 30 km =	202,50 €	
	427,50 €	
- Pauschalversteuerung 30 km · 0,38 € · 20 Tage =	228,00 €	
	199,50 €	199,50 €
1) individuell zu verst. Arbeitslohn		2.619,50 €
2) sozialversicherungspfl. Arbeitslohn		2.619,50 €

b)	6000/4100 L. u. Gehälter	644,44	
	6110/4130 Ges. soz. Aufwendungen	644,44	
	an 1800/1200 Bank		1.288,88
	6000/4100 L. u. Gehälter	1.775,56	
	6000/4100 L. u. Gehälter	627,00	
	6000/4100 L. u. Gehälter (PV)	228,00	
	6069/4149 Pauschale Steuer auf s. Bezüge z. B. 15 % + KiSt + SolZ	38,48	
	an 1800/1200 Bank		1.769,38
	an 3730/1741 Verb. LSt/KiSt		44,66
	an 4947/8595 Verrechnete Sachbezüge aus Kfz-Gestellung mit USt		718,49
	an 3800/1770 USt		136,51
	3730/1741 Verb. LSt/KiSt	44,66	
	an 1800/1200 Bank		44,46

7. a)

tariflicher Arbeitslohn	4.210,92 €
56.480,00 € · 0,5 = 28.240,00 €,	
abgerundet 28.200,00 € · 1 %	282,00 €
28.200,00 € · 0,002 % · 18 · 10	101,52 €
stpfl. Arbeitslohn	4.594,44 €

b)	6000/4100 L. u. Gehälter	971,72	
	6110/4130 Ges. soz. Aufwendungen	971,72	
	an 1800/1200 Bank		1.943,44
	6000/4100 L. u. Gehälter	3.239,20	
	6000/4100 L. u. Gehälter	383,92	
	an 1800/1200 Bank		2.913,04
	an Verb. LSt/KiSt		326,16
	an 4947/8595 Verrechnete Sachbezüge aus Kfz-Gestellung mit USt		322,62
	an 3800/1770 USt		61,30

für Zwecke der USt:

56.400,00 € · 1 %	564,00 €	
56.400,00 € · 0,002 % · 18 · 10	203,04 €	
Umsatz brutto	767,04 €	
bereits gebucht	383,92 €	(322,62 € + 61,30 €)
noch zu buchen	383,12 €	(321,95 € + 61,17 €)

6300/4900 Sonst. betr. Aufwendungen	383,12	
an 4947/8595 Verrechnete Sachbezüge aus Kfz-Gestellung mit USt		321,95
an 3800/1770 USt		61,17

8. a)

Pkw 1:	35.700,00 € · 1 %	357,00 €
Pkw 2:	35.700,00 € · 1 %	357,00 €
Pkw 3:	29.700,00 € · 1 %	297,00 €

Die Mitarbeiterin sollte das in Angebot 3 beschriebene Fahrzeug wählen, weil sich ihr Arbeitslohn dadurch nur um 297,00 € erhöht.

b)	6000/4100 L. u. Gehälter	956,35	
	6110/4130 Gesetzl. soziale Aufwendungen	956,35	
	an 1800/1200 Bank		1.912,70

6000/4100 L. u. Gehälter	3.143,65	
6000/4100 L. u. Gehälter	297,00	
an 1800/1200 Bank		2.857,50
an 3730/1741 Verb. LSt/KiSt		286,16
an 8947/8595 Verrechnete Sachbezüge aus Kfz-Gestellung mit USt		249,58
an 3800/1770 USt		47,41

Seiten 216/217

1.

1600/1000 Kasse	7.140,00	
an 4000/8000 Umsatzerlöse		6.000,00
an 3800/1770 USt		1.140,00

empfohlener LVP	9.100,00 €
- durchschn. Rabatt 15 %	1.365,00 €
tatsächlicher Endpreis	7.735,00 €
- 4 % Preisabschlag	309,40 €
Wert der Ware	7.425,60 €
- vom AN gezahlter Preis	7.140,00 €
Sachbezug	285,60 €
- Rabatt-FB	285,60 €
stpfl. Arbeitslohn	0,00 €

6000/4100 L. u. Gehälter	815,63	
6110/4130 Ges. soz. Aufwendungen	793,13	
an 1800/1200 Bank		1.608,76

6000/4100 L. u. Gehälter	2.934,37	
an 1800/1200 Bank		2.470,21
an 3730/1741 Verb. LSt/KiSt		464,16

2.

1600/1000 Kasse	2.380,00	
an 4000/8000 Umsatzerlöse		2.000,00
an 3800/1770 USt		380,00

empfohlener LVP	5.950,00 €
- durchschn. Rabatt 30 %	1.785,00 €
tatsächlicher Endpreis	4.165,00 €
- 4 % Preisabschlag	166,60 €
Wert der Ware	3.998,40 €
- vom AN gezahlter Preis	2.380,00 €
Sachbezug	1.618,40 €
- Rabatt-FB	1.080,00 €
stpfl. Arbeitslohn	538,40 €

6000/4100 L. u. Gehalt	1.008,85	
6110/4130 Ges. soz. Aufwendungen	981,02	
an 1800/1200 Bank		1.989,87

6000/4100 L. u. Gehälter	3.091,15	
6000/4100 L. u. Gehälter	538,40	
an 1800/1200 Bank		2.405,07
an 3730/1741 Verb. LSt/KiSt		686,08
an 4949/8614 Verrechnete Sachbezüge ohne USt		538,40

3. 1600/1000 Kasse 10.710,00
an 4000/8000 Umsatzerlöse 9.000,00
an 3800/1770 USt 1.710,00

empfohlener LVP	13.020,00 €
- durchschn. Rabatt 15 %	1.953,00 €
tatsächlicher Endpreis	11.067,00 €
- 4 % Preisabschlag	442,68 €
Wert der Ware	10.624,32 €
- vom AN gezahlter Preis	10.710,00 €
Sachbezug	0,00 €
- Rabatt-FB	0,00 €
stpfl. Arbeitslohn	0,00 €

6000/4100 L. u. Gehälter		917,91	
6110/4130 Ges. soz. Aufwendungen		917,91	
an 1800/1200 Bank			1.835,82
6000/4100 L. u. Gehälter		3.422,09	
an 1800/1200 Bank			3.139,48
an 3730/1741 Verb. LSt/KiSt	274,83 + 7,78		282,61

4. 1600/1000 Kasse 29.750,00
an 4000/8000 Umsatzerlöse 25.000,00
an 3800/1770 USt 4.750,00

Hauspreis (tats. Endpreis)	35.700,00 €
- 4 % Preisabschlag	1.428,00 €
Wert der Ware	34.272,00 €
- vom AN gezahlter Preis	29.750,00 €
Sachbezug	4.522,00 €
- Rabatt-FB	1.080,00 €
stpfl. Arbeitslohn	3.442,00 €

6000/4100 L. u. Gehälter	1.489,94	
6110/4130 Ges. soz. Aufwendungen	1.455,07	
an 1800/1200 Bank		2.945,01
6000/4100 L. u. Gehälter	3.010,06	
6000/4100 L. u. Gehälter	3.442,00	
an 1800/1200 Bank		1.221,90
an 3730/1741 Verb. LSt/KiSt		1.788,16
an 4949/8614 Verrechnete Sachbezüge ohne USt		3.442,00

5. a)

	Mai	Juni	Juli
empfohlener LVP	2.500,00 €	2.500,00 €	2.500,00 €
- durchschn. Rabatt			
Händler(End-)preis	2.000,00 €	2.000,00 €	2.000,00 €
- 4 %	80,00 €	80,00 €	80,00 €
Wert der Ware	1.920,00 €	1.920,00 €	1.920,00 €
vom AN gez. Preis	1.250,00 €	1.250,00 €	1.250,00 €
Sachbezug	670,00 €	670,00 €	670,00 €
Rabatt-Freibetrag jährl. 1.080,00 €			
Inanspruchnahme	670,00 €	410,00 €	0,00 €
stpfl./sv-pfl. AL	0,00 €	260,00 €	670,00 €

Gehalt	3.072,00 €	3.072,00 €	3.072,00 €
stpfl. Sachbezug	0,00 €	260,00 €	670,00 €
Bruttogehalt	3.072,00 €	3.332,00 €	3.742,00 €

b) Mai, Juni und Juli jeweils:

1340/1530 Ford. gegen Personal	1.250,00	
an 4000/8000 Umsatzerlöse		1.050,42
an 3800/1770 USt		199,58

Mai

6000/4100 L. u. Gehälter	668,16	
6110/4130 Ges. soz. Aufwendungen	649,73	
an 1800/1200 Bank		1.317,89
6000/4100 L. u. Gehälter	2.403,84	
an 1800/1200 Bank		845,01
an 1340/1530 Ford. gegen Personal		1.250,00
an 3730/1741 Verb. LSt/KiSt		308,83

Juni

6000/4100 L. u. Gehälter	724,71	
6110/4130 Ges. soz. Aufwendungen	704,72	
an 1800/1200 Bank		1.429,43
6000/4100 L. u. Gehälter	2.347,29	
6000/4100 L. u. Gehälter	260,00	
an 3800/1770 Bank		730,29
an 1340/1530 Ford. gegen Personal		1.250,00
an 3730/1741 Verb. LSt/KiSt		367,00
an 4949/8614 Verrechnete Sachbezüge ohne USt		260,00

Juli

6000/4100 L. u. Gehälter	813,89	
6110/4130 Ges. soz. Aufwendungen	791,43	
an 1800/1200 Bank		1.605,32
6000/4100 L. u. Gehälter	2.258,11	
6000/4100 L. u. Gehälter	670,00	
an 1800/1200 Bank		545,86
an 1340/1530 Ford. gegen Personal		1.250,00
an 3730/1741 Verb. LSt/KiSt		462,25
an 4949/8616 Verrechnete Sachbezüge ohne USt		670,00

6.

empfohlener LVP	10.000,00 €
- durchschn. Rabatt 20 %	2.000,00 €
Händler(End-)preis	8.000,00 €
- 4 %	320,00 €
Wert der Ware	7.680,00 €
vom AN gez. Preis	6.000,00 €
Sachbezug	1.680,00 €
Rabatt-Freibetrag	1.080,00 €
stpfl./sv-pfl. AL nach § 8 Abs. 3 EStG	600,00 €

Preis lt. Internetangebot	7.000,00 €
vom AN gez. Preis	6.000,00 €
stpfl./sv-pfl. AL nach § 8 Abs. 2 EStG	1.000,00 €

Im vorliegenden Fall führt die Anwendung des § 8 Abs. 3 EStG zur niedrigsten LSt-Belastung.

Seite 220

1.	6030/4190 Aushilfslöhne	1.383,75	
	6040/4199 Pauschale Lohnsteuer für Aushilfen z. B. 1,17 %	12,64	
	an 1800/1200 Bank		1.080,00
	an 3730/1741 Verb. LSt/KiSt		303,75
	an 3740/1742 Verb. im Rahmen der sozialen Sicherheit		12,64
2.	6030/4190 Aushilfslöhne	2.152,50	
	6040/4199 Pauschale Lohnsteuer für Aushilfen z. B. 1,17 %	19,66	
	an 1600/1000 Kasse		1.680,00
	an 3730/1741 Verb. LSt/KiSt		472,50
	an 3740/1742 Verb. im Rahmen der sozialen Sicherheit		19,66
3.	6030/4190 Aushilfslöhne	3.067,31	
	6040/4199 Pauschale Lohnsteuer für Aushilfen z. B. 1,17 %	28,01	
	an 1800/1200 Bank		2.394,00
	an 3730/1741 Verb. LSt/KiSt		673,31
	an 3740/1742 Verb. im Rahmen der sozialen Sicherheit		28,01

Seiten 223/224

1.	6035/4195 Löhne für Minijobs	19,80	
	6036/4194 Pauschale LSt für Minijobber	11,00	
	6171/4144 Soziale Abgaben für Minijobber	154,00	
	an 1800/1200 Bank		184,80
	6035/4195 Löhne für Minijobber	530,20	
	an 1600/1000 Kasse		532,20
2. 1)	6036/4194 Pauschale LSt für Minijobber	11,20	
	6171/4144 Soziale Abgaben für Minijobber	84,00	
	an 1800/1200 Bank		95,20
	6035/4195 Löhne für Minijobs	560,00	
	an 1800/1200 Bank		560,00
2)	6171/4144 Soziale Abgaben für Minijobber	6,55	
	an 1800/1200 Bank		6,55

3. 1) Frau Färber ist weiterhin als geringfügig entlohnte Beschäftigte zu berücksichtigen. Sie hat lediglich einmal die monatliche Geringfügigkeitsgrenze, nicht aber die jährliche Geringfügigkeitsgrenze überschritten.

2)	6035/4195 Löhne für Minijobs	31,32	
	6036/4194 Pauschale LSt für Minijobber	17,40	

	6171/4144 Soziale Abgaben für Minijobber	243,60	
	an 1800/1200 Bank		292,32
	6035/4195 Löhne für Minijobber	838,68	
	an 1600/1000 Kasse		838,68
4.	6035/4195 Löhne für Minijobs	12,96	
	6036/4194 Pauschale LSt für Minijobber	7,20	
	6171/4144 Soziale Abgaben für Minijobber	100,80	
	an 1800/1200 Bank		120,96
	6035/4195 Löhne für Minijobs	347,04	
	an 1600/1000 Kasse		347,04
5.	6036/4194 Pauschale LSt für Minijobber	10,64	
	6171/4144 Soziale Abgaben für Minijobber	148,96	
	an 1800/1200 Bank		159,60
	6035/4195 Löhne für Minijobs	532,00	
	an 1800/1200 Bank		532,00
6.	6035/4195 Löhne für Minijobs	18,65	
	6036/4194 Pauschale LSt für Minijobber	10,36	
	6171/4144 Soziale Abgaben für Minijobber	77,70	
	an 1800/1200 Bank		106,71
	6035/4195 Löhne für Minijobs	499,35	
	an 1600/1000 Kasse		499,35
7.	6035/4195 Löhne für Minijobs	7,56	
	6036/4194 Pauschale LSt für Minijobber	4,20	
	6171/4144 Soziale Abgaben für Minijobber	58,80	
	an 1800/1200 Bank		70,56
	6035/4195 Löhne für Minijobs	202,44	
	an 1600/1000 Kasse		202,44

8. 1) Frau Schmidt ist weiterhin als geringfügig entlohnte Beschäftigte zu berücksichtigen. Sie hat die monatliche Geringfügigkeitsgrenze und auch die jährliche Geringfügigkeitsgrenze überschritten. Weil es zu einem unvorhersehbaren Überschreiten dieser Grenzen kommt, ist dies unschädlich, sofern das jeweilige zusätzliche monatliche Arbeitsentgelt die Geringfügigkeitsgrenze nicht übersteigt.

2)	6036/4194 Pauschale LSt für Minijobber	24,12	
	6171/4144 Soziale Abgaben für Minijobber	180,90	
	an 1800/1200 Bank		205,02
	6035/4195 Löhne für Minijobs	1.206,00	
	an 1600/1200 Kasse		1.206,00
3)	6171/4144 Soziale Abgaben für Minijobber	4,46	
	an 1800/1200 Bank		4,46

Seite 226

1\. Gesamtbeitrag: 1,145937223 $^{+}$ 1.650 - 291,874452 = 1.598,92 $^{+}$ 42,3 % = 676,34 €

AN-Beitrag: 1,431639227 $^{+}$ 1.650 - 863,2784538 = 1.498,93 $^{+}$ 21,15 % = 317,02 €

ArbG-Beitrag: 359,32 €

6000/4100 Löhne und Gehälter	317,02	
6110/4130 Gesetzliche soziale Aufwendungen	359,32	
an 1800/1200 Bank		676,34

6000/4100 Löhne und Gehälter	1.332,98	
an 1800/1200 Bank		1.301,15
an Verb. LSt/KiSt		31,83

2\. Gesamtbeitrag: 1,145937223 $\cdot$ 1.920 - 291,874452 = 1.598,92 $^{+}$ 42,3 % = 807,22 €

AN-Beitrag: 1,431639227 $\cdot$ 1.920 - 863,2784538 = 1.498,93 $\cdot$ 21,15 % = 398,78 €

ArbG-Beitrag: 408,44 €

6000/4100 Löhne und Gehälter	398,78	
6110/4130 Gesetzliche soziale Aufwendungen	408,44	
an 1800/1200 Bank		807,22

6000/4100 Löhne und Gehälter	1.521,22	
an 1800/1200 Bank		1.513,22
an Verb. LSt/KiSt		8,00

3\. Gesamtbeitrag: 1,145937223 $\cdot$ 1.480 - 291,874452 = 1.404,33 $\cdot$ 42,3 % = 593,94 €

AN-Beitrag: 1,431639227 $\cdot$ 1.480 - 863,2784538 = 1.255,55 $\cdot$ 21,15 % = 265,48 €

ArbG-Beitrag: 269,04 €

Zuschlag für Kinderlose: 1.404,11 $\cdot$ 0,6 % = 8,42 €
Arbeitnehmerbeitrag insgesamt: 273,90 €

6000/4100 Löhne und Gehälter	273,90	
6110/4130 Gesetzliche soziale Aufwendungen	269,04	
an 1800/1200 Bank		602,36

6000/4100 Löhne und Gehälter	1.206,10	
an 1800/1200 Bank		1.055,44
an Verb. LSt/KiSt		150,66

Seiten 228/229

1.

ortsüblicher Mietwert	550,00 €
- davon 1/3 (Bewertungsabschlag)	183,33 €
Vergleichsmiete	366,67 €
- vom AN gezahltes Entgelt	350,00 €
stpfl. Sachbezugswert	16,67 €

Da das vom AN gezahlte Entgelt niedriger ist als die Vergleichsmiete ist, ist für die Wohnung ein lst-pflichtiger Sachbezug in Höhe von 16,67 € anzusetzen.

6000/4100 Gehälter	711,97	
6110/4130 Ges. soz. Aufwendungen	711,97	
an 1800/1200 Bank		1.423,94

6000/4100 L. u. Gehälter	5.988,03	
6000/4100 L. u. Gehälter	16,67	
6110/4130 Ges. soz. Aufwendungen	613,22	
an 1800/1200 Bank		4.925,25
an 3730/1741 Verb. LSt/KiSt		1.326,00
an 4949/8614 Verrechnete Sachbezüge ohne USt		16,67
an 4860/2750 Grundstückserträge (4100/8100 Stfr. Ums. § 4 Nr.8 ff. UStG)		350,00

2.

6000/4100 L. u. Gehälter	656,81	
6110/4130 Ges. soz. Aufwendungen	656,81	
an 1800/1200 Bank		1.232,26

6000/4100 L. u. Gehälter	5.443,19	
6110/4130 Ges. soz. Aufwendungen	613,22	
6060/4125 Freiwillige Zuwendungen lst-pfl. oder Pauschalversteuerung mit 25 % bei vollem Ansatz der Entfernungspauschale	96,30	
an 1800/1200 Bank		5.011,21
an 3730/1741 Verb. LSt/KiSt		1.141,50

3. a)

1)	Bruttogehalt		9.000,00 €	
	Verpflegungsmehraufwendungen	142,00 €		
	davon stfr. § 3 Nr. 16 EStG	14,00 €		
	davon steuerpflichtig	128,00 €	128,00 €	
	stpfl. Arbeitslohn		9.128,00 €	
	- LSt/KiSt/SZ		2.334,40 €	2.334,79 €
			6.793,60 €	
	- AN-Anteil zur KV 8,75 %		508,59 €	
	- AN-Anteil zur PV 2,4 %		139,50 €	
	- AN-Anteil zur RV 9,3 %		785,85 €	
	- AN-Anteil zur AV 1,3 %		109,85 €	1.543,79 €
	Nettogehalt		5.249,81 €	
	+ stfr. Reisekosten		14,00 €	
2)	Auszahlungsbetrag		5.263,81 €	

3) Die Krankenversicherung bucht keine Beiträge vom Konto des Arbeitnehmers ab.

4) Krankenversicherung 17,5 % 1.017,19 €

4) Krankenversicherung	17,5 %	1.017,19 €	
Pflegeversicherung	4,2 %	244,13 €	
Gesamtbeitrag KV/PV		1.261,32 €	1.261,32 €
Rentenversicherung	18,6 %	1.571,70 €	
Arbeitslosenversicherung	2,6 %	219,70 €	
		1.791,40 €	1.791,40 €
Umlage U1	1,3 %	109,85 €	
Umlage U2	0,44 %	37,18 €	
Insolvenzgeldumlage	0,15 %	12,68 €	159,71 €
insgesamt			3.212,43 €

6000/4100 L. u. Gehälter	895,70	
6110/4130 Ges. soz. Aufwendungen	895,70	
an 1800/1200 Bank		1.791,40
6110/4130 Ges. soz. Aufwendungen (Umlagen)	159,71	
an 1800/1200 Bank		159,71
6000/4100 L. u. Gehälter	7.456,21	
6650/4660 Reisekosten AN	14,00	
6000/4100 Reisekosten AN lst-pfl.	128,00	
an 1800/1200 Bank		5.263,81
an 3730/1741 Verb. LSt/KiSt		2.334,00

b) 1)	Bruttogehalt	9.000,00 €
	stpfl. Arbeitslohn (siehe oben)	9.128,00 €
	- LSt/KiSt/SZ	2.334,40 €
	- AN-Anteil zur RV 9,3 %	785,85 €
	- AN-Anteil zur AV 1,3 %	109,85 €
	Nettogehalt	5.897,90 €
2)	+ stfr. Verpflegungsmehraufw.	14,00 €
	+ ArbG-Anteil zur KV 8,75 %	508,59 €
	+ ArbG-Anteil zur PV 1,8 %	104,63 €
	Auszahlungsbetrag	6.525,12 €

3) Die KV bucht die Gesamtbeiträge zur KV und PV (1.261,32 €) vom Konto des Arbeitnehmers ab.

Beiträge zur KV	17,5 % von 5.812,50 €	1.017,19 €
Beiträge zur PV	4,2 % von 5.812,50 €	244,13 €
Abbuchungsbetrag		1.261,32 €

4) Rentenversicherung	18,6 %	1.571,70 €
Arbeitslosenversicherung	2,6 %	219,70 €
Umlage U1	1,3 %	109,85 €
Umlage U2	0,44 %	37,18 €
Insolvenzgeldumlage	0,15 %	12,68 €
insgesamt		1.951,11 €

6000/4100 Gehälter (SV-Anteil AN, RV/AV)	895,70	
6110/4130 Ges. soz. Aufwendungen	895,70	
an 1800/1200 Bank		1.791,40

6110/4130 Ges. soz. Aufwendungen (Umlagen)	159,71	
an 1800/1200 Bank		159,71
6000/4100 Gehälter	8.104,30	
6110/4130 Ges. soz. Aufwendungen (Zuschuss ArbG zur KV/PV)	613,22	
6650/4660 Reisekosten AN	14,00	
6000/4100 Reisekosten AN lst-pfl.	128,00	
an 1800/1200 Bank		6.525,13
an 3730/1741 Verb. LSt/KiSt		2.334,40

<u>Seiten 229 - 231</u>

1. 1) 6420/4380 Beiträge, Gebühren	420,00	
an 1800/1200 Bank		420,00
2) 5200/3200 Wareneingang	10.000,00	
1400/1570 Abziehbare Vorsteuer	1.900,00	
an 3310/1610 Verb. LuL		11.900,00
3) 5800/3800 Bezugskosten	250,00	
1400/1570 Abziehbare Vorsteuer	47,50	
an 1600/1000 Kasse		297,50
4) 1800/1200 Bank	10.965,85	
4700/8700 Erlösschm./Sk./B.	285,00	
3800/1770 USt	54,15	
an 1210/1410 Ford. LuL		11.305,00
5) 2100/1800 Privatentnahmen	714,00	
an 4620/8910 Entnahmen des Unternehmers für Zw. außerhalb des U (Waren) mit USt		600,00
an 3800/1770 USt		114,00
6) 6000/4100 Gehälter	2.783,33	
6110/4130 Ges. soz. Aufwendungen	2.783,33	
an 180071200 Bank		5.566,66
6000/4100 L. u. Gehälter	10.116,67	
6080/4170 Vermögenswirksame Leistungen	260,00	
an 1800/1200 Bank		7.156,67
an 3730/1741 Verb. LSt/KiSt		1.940,00
an 3770/1750 Verb. aus Vermögensbildung		780,00
an 1340/1530 Ford. gegen Personal		500,00
7) 6030/4190 Aushilfslöhne	1.281,25	
an 1600/1000 Kasse		1.000,00
an 3730/1741 Verb. LSt/KiSt		281,25
8) 5200/3200 Wareneingang	28.000,00	
an 1140/3980 Warenbestand		28.000,00

Auswirkungen auf	Erfolg	Bilanzsumme
1.	- 420,00	- 420,00
2.	- 10.000,00	+ 1.900,00
3.	- 250,00	- 250,00

4.	- 285,00	- 339,15
5.	+ 600,00	-
6.	- 15.943,33	- 13.223,33
	- 5.396,00	- 5.396,00
7.	- 1.281,25	- 1.000,00
8.	- 28.000,00	- 28.000,00

2. 5200/3200 Wareneingang	9.500,00	
1400/1570 Abziehbare Vorsteuer	1.805,00	
an 3310/1610 Verbindlichkeiten LuL		11.305,00
3310/1610 Verbindlichkeiten LuL	11.305,00	
an 1800/1200 Bank		10.965,85
an 5700/3700 Nachlässe/Sk/B.		285,00
an 1400/1570 Abziehbare Vorsteuer		54,15
3. 3310/1610 Forderungen LuL	27.965,00	
an 4000/8000 Umsatzerlöse		23.500,00
an 3800/1770 USt		4.465,00
1800/1200 Bank	27.126,05	
5700/3700 Nachlässe/Sk./B.	705,00	
1400/1570 Abziehbare Vorsteuer	133,95	
an 1210/1410 Forderungen LuL		27.965,00
1800/1200 Bank	27.126,05	
4700/8700 Erlösschm./Sk./B.	705,00	
3800/1770 USt	133,95	
an 1210/1410 Forderungen LuL		27.965,00

4. a) Kassenbestand 20. Mai 01	225,80 €
Kassenbestand 19. Mai 01	255,20 €
	- 29,40 €
+ Taschengeld	80,00 €
+ Barkauf von Büromaterial	53,55 €
+ Barentnahme	400,00 €
+ Rechnungsausgleich bar	856,80 €
+ Einzahlung auf Bankkonto	750,00 €
Tageseinnahme brutto	2.110,95 €
Tageseinnahme netto	1.773,91 €

b) 1600/1000 Kasse	2.110,95	
an 4000/8000 Umsatzerlöse		1.773,91
an 3800/1770 USt		337,04
2100/1800 Privatentnahmen	480,00	
an 1600/1000 Kasse		480,00
6815/4930 Bürobedarf	45,00	
1400/1570 Abziehbare Vorsteuer	8,55	
an 1600/1000 Kasse		53,55
3310/1610 Verb. LuL	856,80	
an 1600/1000 Kasse		856,80
1800/1200 Bank	750,00	
an 1600/1000 Kasse		750,00

5.	1600/1000 Kasse	158,65	
	4700/8700 Erlösschm./Sk./B.	46,73	
	3800/1770 USt	3,27	
	an 4000/8000 Umsatzerlöse		195,00
	an 3800/1770 USt		13,65

6. bei Gutscheinverkauf

Einzweckgutschein

1600/1000 Kasse	119,00	
an 3250/1710 Erhaltene Anzahlungen		100,00
an 3800/1770 USt		19,00

Mehrzweckgutschein

1600/1000 Kasse	150,00	
an 3500/1700 Sonst. Verb.		150,00

bei Gutscheineinlösung

Einzweckgutschein

3250/1710 Erhaltene Anzahlungen	100,00	
an 4000/8000 Umsatzerlöse		100,00

Mehrzweckgutschein

3500/1700 Sonst. Verb.	150,00	
1600/1000 Kasse	40,40	
an 4000/8000 Umsatzerlöse		160,00
an 3800/1770 USt		30,40

7.	3310/1610 Verb. LuL	1.197,62	
	an 1800/1200 Bank		1.161,69
	an 5700/3700 Nachlässe/Sk./B.		30,19
	an 1400/1570 Abziehbare Vorsteuer		5,74

8. a)

Warenbestand 28.02.02	768.000,00 €
- Wareneingang	480.200,00 €
(Warenverkäufe 723.600,00 € (100 %)	
Rohgewinnsatz 217.080,00 € (30 %))	
+ Warenverkäufe zum Einstandspreis	506.520,00 €
Warenbestand zum 31.12.01	794.320,00 €
Warenbestand zum 01.01.01	880.000,00 €
Bestandsminderung	85.680,00 €

b)

5200/3200 Wareneingang	85.680,00	
an 1140/3980 Bestand an Waren		85.680,00

c) Erfolgsminderung 85.680,00 €

Seite 233

1. a) 1210/1410 Ford. LuL	2.299,00	
an 4320/8320 Erlöse aus im anderen EU-Land		

steuerpflichtigen Lieferungen		1.900,00
an 3817/1767 USt aus im anderen EU-Land steuerpflichtigen Lieferungen		399,00
b) 1210/1410 Ford. LuL	1.071,00	
an 4315/8315 Erlöse aus im Inland steuerpflichtige Lieferungen		900,00
an 3807/1777 USt aus im Inland steuerpflichtigen EU-Lieferungen		171,00
c) 1210/1410 Ford. LuL	1.320,00	
an 4320/8320 Erlöse aus im anderen EU-Land steuerpflichtigen Lieferungen		1.100,00
an 3817/1767 USt aus im anderen EU-Land steuerpflichtigen Lieferungen		220,00
d) 15. Mai		
1210/1410 Ford. LuL	1.428,00	
an 4315/8315 Erlöse aus im Inland steuerpflichtigen Lieferungen		1.200,00
an 3807/1777 USt aus im Inland steuerpflichtigen EU-Lieferungen		228,00
22. Mai		
1210/1410 Ford. LuL	847,00	
an 4320/8320 Erlöse aus im anderen EU-Land stpfl. Lieferungen		700,00
an 3817/1767 USt aus im anderen EU-Land steuerpflichtigen Lieferungen		147,00
e) 1600/1000 Kasse	2.500,00	
an 4000/8000 Umsatzerlöse		2.100,84
an 3800/1770 USt		399,16

(Verkauf an Privatperson im Inland; Ort der Lieferung ist Aachen, § 3 Abs. 6 UStG, keine Versendung durch Lieferer)

2. (Es werden zunächst keine Wahlrechte ausgeübt.)

a) zum Zeitpunkt der Lieferung im Jahr 01

Leistungsempfänger sind nur inländische Privatpersonen. Der Ort der Lieferung ist dort, wo die Beförderung/Versendung beginnt (§ 3 Abs 6 S. 1 UStG), also Leipzig (Inland).

1800/1200 Bank	21.420,00	
an 4000/8000 Umsatzerlöse		18.000,00
an 3800/1770 USt		3.420,00

ba) Der Unternehmer zahlt die USt für die Lieferung der Elektrogeräte im Rahmen der USt-Vorauszahlungen an das für ihn zuständige Finanzamt in Leipzig.

3820/1780 Umsatzsteuer-Vorauszahlungen	...	
an 1800/1200 Bank		...

a) zum Zeitpunkt der Lieferung im Jahr 02

Die Umsatzschwelle von 10.000,00 EUR wird nicht überschritten. Deshalb ist der Ort der Lieferung dort, wo die Beförderung/Versendung beginnt (§ 3 Abs 6 S. 1 UStG), also Leipzig (Inland).

1800/1200 Bank		9.520,00	
an 4315/8315	Erlöse aus im Inland steuerpflichtigen Lieferungen		8.000,00
an 3807/1777	USt aus im Inland steuerpflichtigen EU-Lieferungen		1.520,00

ba) zum Zeitpunkt der Zahlung im Jahr 02

Der Unternehmer zahlt die USt für die Lieferung der Elektrogeräte im Rahmen der USt-Vorauszahlungen an das für ihn zuständige Finanzamt in Leipzig.

3820/1780 Umsatzsteuer-Vorauszahlungen	...	
an 1800/1200 Bank		...

a) zum Zeitpunkt der Lieferung am 30. April des Jahres 03

Die Umsatzschwelle von 10.000,00 EUR wird weder im vorangegangenen Kj, noch am 30. April des lfd. Kj überschritten. Deshalb ist der Ort der Lieferung dort, wo die Beförderung/Versendung beginnt (§ 3 Abs 6 S. 1 UStG), also Leipzig (Inland).

1800/1200 Bank		5.950,00	
an 4315/8315	Erlöse aus im Inland steuerpflichtigen Lieferungen		5.000,00
an 3807/1777	USt aus im Inland steuerpflichtigen EU-Lieferungen		950,00

ba) zum Zeitpunkt der Zahlung im Jahr 03

Der Unternehmer zahlt die USt für die Lieferung der Elektrogeräte im Rahmen der USt-Vorauszahlungen an das für ihn zuständige Finanzamt in Leipzig.

3820/1780 Umsatzsteuer-Vorauszahlungen	...	
an 1800/1200 Bank		...

Jahr 03 ab dem 06. Juli

a) zu den Zeitpunkten der Lieferungen am 6. Juli und 10. August des Jahres 03

Die Umsatzschwelle von 10.000,00 EUR wird durch den Umsatz am 06. Juli des lfd. Kj überschritten. Der Ort der Lieferung befindet sich deshalb dort, wo die Beförderung/Versendung des Gegenstandes endet (§ 3 c Abs. 1 UStG), also in Schweden bzw. in Österreich.

1800/1200 Bank		10.000,00	
an 4320/8320	Erlöse aus im anderen EU-Lsnd steuerpflichtigen Lieferungen		8.000,00
an 3817/1767	USt aus im anderen EU-Land steuerpflichtigen Lieferungen		2.000,00
1800/1200 Bank		6.000,00	

an 4320/8320	Erlöse aus im anderen EU-Land steuerpflichtigen Lieferungen		5.000,00
an 3817/1767	USt aus im anderen EU-Land steuerpflichtigen Lieferungen		1.000,00

ba) zu den Zeitpunkten der Zahlungen im Jahr 03

Die USt ist an die jeweilige ausländische Finanzbehörde abzuführen, bei der der Unternehmer registriert ist.

3817/1767 USt aus im anderen EU-Land (Schweden) steuerpflichtigen Lieferungen	2.000,00	
an 1800/1200 Bank		2.000,00

3817/1767 USt aus im anderen EU-Land (Österreich) steuerpflichtigen Lieferungen	1.000,00	
an 1800/1200 Bank		1.000,00

(Es werden jetzt alle Wahlrechte ausgeübt.)

a) zum Zeitpunkt der Lieferung im Jahr 01

Leistungsempfänger sind nur inländische Privatpersonen. Der Ort der Lieferung ist dort, wo die Beförderung/Versendung beginnt (§ 3 Abs 6 S. 1 UStG), also Leipzig (Inland).

1800/1200 Bank	21.420,00	
an 4000/8000 Umsatzerlöse		18.000,00
an 3800/1770 USt		3.420,00

bb) zum Zeitpunkt der Zahlung im Jahr 01

Der Unternehmer zahlt die USt für die Lieferung der Elektrogeräte im Rahmen der USt-Vorauszahlungen an das für ihn zuständige Finanzamt in Leipzig.

3820/1780 Umsatzsteuer-Vorauszahlungen	...	
an 1800/1200 Bank		...

a) zu den Zeitpunkten der Lieferungen im Jahr 02

1800/1200 Bank		2.420,00	
an 4320/8320	Erlöse aus im anderen EU-Land steuerpflichtigen Lieferungen		2.000,00
an 3817/1767	USt aus im anderen EU-Land steuerpflichtigen Lieferungen.		420,00

1800/1200 Bank		3.750,00	
an 4320/8320	Erlöse aus im anderen EU-Land steuerpflichtigen Lieferungen		3.000,00
an 3817/1767	USt aus im anderen EU-Land steuerpflichtigen Lieferungen		750,00

1800/1200 Bank		3.600,00	
an 4320/8320	Erlöse aus im anderen EU-Land steuerpflichtigen Lieferungen		3.000,00
an 3817/1767	USt aus im anderen EU-Land steuerpflichtigen Lieferungen		600,00

bb) zum Zeitpunkt der Zahlung im Jahr 02

Ab hier werden alle Lieferungen beim One-Stop-Shop gem. § 18 j UStG gemeldet und die USt insgesamt an diesen gezahlt.

3817/1767 USt aus im anderen EU-Land steuerpflichtigen Lieferungen	1.770,00	
an 1800/1200 Bank		1.770,00

a) zu den Zeitpunkten der Lieferungen im Jahr 03

1800/1200 Bank	4.840,00	
an 4320/8320 Erlöse aus im anderen EU-Land steuerpflichtigen Lieferungen		4.000,00
an 3817/1767 USt aus im anderen EU-Land steuerpflichtigen Lieferungen		840,00
1800/1200 Bank	10.000,00	
an 4320/8320 Erlöse aus im anderen EU-Land steuerpflichtigen Lieferungen		8.000,00
an 3817/1767 USt aus im anderen EU-Land steuerpflichtigen Lieferungen		2.000,00
1800/1200 Bank	6.000,00	
an 4320/8320 Erlöse aus im anderen EU-Land steuerpflichtigen Lieferungen		5.000,00
an 3817/1767 USt aus im anderen EU-Land steuerpflichtigen Lieferungen		1.000,00

bb) zum Zeitpunkt der Zahlung im Jahr 03

3817/1767 USt aus im anderen EU-Land steuerpflichtigen Lieferungen	3.840,00	
an 1800/1200 Bank		3.840,00

<u>Seiten 235/236</u>

1. 5559/3559 Einfuhren	24.000,00	
an 3310/1610 Verb. LuL		24.000,00
1433/1588 Entstandene EUSt	4.560,00	
an 1600/1000 Kasse		4.560,00
2. 5559/3559 Einfuhren	20.000,00	
an 3310/1610 Verb. LuL		20.000,00
5800/3800 Bezugskosten	300,00	
5840/3850 Zölle und Einfuhrabgaben	1.000,00	
1433/1588 Entstandene EUSt	4.047,00	
an 1600/1000 Kasse		5.347,00
3. 1) 5200/3200 Wareneingang	5.500,00	
an 3310/1610 Verb. LuL		5.500,00
2) 5559/3559 Einfuhren	23.000,00	
an 3310/1610 Verb. LuL		23.000,00

5800/3800 Bezugskosten	400,00	
1400/1570 Abziehbare Vorsteuer	76,00	
an 3310/1610 Verb. LuL		476,00
5840/3850 Zölle und Einfuhrabg.	2.300,00	
1433/1588 Entstandene EUSt	4.883,00	
an 1600/1000 Kasse		7.183,00
4. 5559/3559 Einfuhren	5.500,00	
5800/3800 Bezugskosten	300,00	
an 3310/1610 Verb. LuL		5.800,00
5800/3800 Bezugskosten	250,00	
5840/3850 Zölle und Einfuhrabgaben	1.750,00	
1433/1588 Entstandene EUSt	1.482,00	
an 1600/1000 Kasse		3.482,00

<u>Seiten 237/238</u>

1. 5425/3420 I. g. Erwerb	7.200,00	
an 3310/1610 Verb. LuL		7.200,00
1402/1572 Vorsteuer aus i. g. Erwerb	1.368,00	
an 3802/1772 USt aus i. g. Erwerb		1.368,00
2. 5425/3420 I. g. Erwerb	20.000,00	
an 3310/1610 Verb. LuL		20.000,00
1402/1572 Vorsteuer aus i. g. Erwerb	3.800,00	
an 3802/1772 USt aus i. g. Erwerb		3.800,00
3310/1610 Verb. LuL	20.000,00	
an 1800/1200 Bank		19.600,00
an 5725/3725 Nachl. für i. g. Erwerbe		400,00
3802/1772 USt aus i. g. Erwerb	76,00	
an 1402/1572 Vorsteuer aus i. g. Erwerb		76,00
3. 5425/3420 I. g. Erwerb	2.500,00	
5425/3420 Bezugskosten i. g. Erwerb	200,00	
an 3310/1610 Verb. LuL		2.700,00
1402/1572 Vorsteuer aus i. g. Erwerb	189,00	
an 3802/1772 USt aus i. g. Erwerb		189,00
4. 1402/1572 Vorsteuer aus i. g. Erwerb	8.075,00	
an 3802/1772 USt aus i. g. Erwerb		8.075,00
5. 1402/1572 Vorsteuer aus i. g. Erwerb	175,00	
an 3802/1772 USt aus i. g. Erwerb		175,00
1600/1000 Kasse	4.280,00	
an 4315/8315 Erl. a. im Inl. stpfl. EU-Lieferungen		4.000,00

an 3807/1777 USt a. im Inl. stpfl. EU-Lieferungen		280,00
6. a) 5425/3420 I. g. Erwerb	5.750,00	
5425/3420 Bezugskosten i. g. Erwerb	250,00	
an 3800/1610 Verb. LuL		6.000,00
1402/1572 Vorst. aus i. g. Erwerb	1.140,00	
an 3802/1772 USt aus i. g. Erwerb		1.140,00
b) 3310/1610 Verb. LuL	6.000,00	
an 1800/1200 Bank		5.827,50
an 5725/3725 Nachl. für i. g. E.		172,50
3802/1772 USt aus i. g. Erwerb	32,78	
an 1402/1572 Vorst. aus i. g. E.		32,78
7. 5425/3420 Innergemeinschaftlicher Erwerb	19.000,00	
an 3310/1610 Verbindlichkeiten LuL		19.000,00
1402/1572 Abziehbare Vorsteuer aus innergemeinschaftlichem Erwerb	3.610,00	
an 3802/1772 Umsatzsteuer aus innergemeinschaftlichem Erwerb		3.610,00
3310/1610 Verbindlichkeiten LuL	19.000,00	
an 1800/1200 Bank		18.620,00
an 5725/3725 Nachlässe i. g. Erwerb		380,00
3802/1772 USt aus i. g. Erwerb	72,20	
1402/1572 Abziehbare Vorsteuer aus i. g. Erwerb		72,20

<u>Seiten 239/240</u>

1. 1210/1410 Forderungen LuL	21.000,00	
an 4120/8120 Steuerfreie Umsätze nach § 4 Nr. 1 a UStG		21.000,00
2. 1) a) 1600/1000 Kasse	2.975,00	
an 4000/8000 Umsatzerlöse		2.500,00
an 3800/1770 USt		575,00
b) 1600/1000 Kasse	2.500,00	
an 4120/8120 Steuerfreie Umsätze nach § 4 Nr. 1 a UStG		2.500,00

2) Es liegt weder ein Ausfuhrumsatz noch ein i. g. Fernverkauf vor.

1600/1000 Kasse	2.975,00	
an 4000/8000 Umsatzerlöse		2.500,00
an 3800/1770 USt		475,00
3. 1600/1000 Kasse	952,00	
an 4000/8000 Umsatzerlöse		800,00
an 3800/1770 USt		152,00

4000/8000 Umsatzerlöse	800,00	
an 4120/8120 Steuerfreie Umsätze nach § 4 Nr. 1 a UStG		800,00
3800/1770 USt	152,00	
an 1800/1200 Bank		152,00
4. a) 1210/1410 Forderungen LuL	5.000,00	
an 4120/8120 Steuerfreie Umsätze nach § 4 Nr. 1 a UStG		5.000,00
b) 1210/1410 Forderungen LuL	6.000,00	
an 4120/8120 Steuerfreie Umsätze nach § 4 Nr. 1 a UStG		6.000,00
5. 1600/1000 Kasse	500,00	
an 4120/8120 Steuerfreie Umsätze nach § 4 Nr. 1 a UStG		500,00
6. 1210/1410 Forderungen LuL	4.000,00	
an 4120/8120 Steuerfreie Umsätze nach § 4 Nr. 1 a UStG		4.000,00
4705/8705 Erlösschmälerungen bei steuerfreien Ausfuhrlieferungen	200,00	
an 1210/1410 Forderungen LuL		200,00
4705/7705 Erlösschmälerungen bei steuerfreien Ausfuhrlieferungen	114,00	
1800/1200 Bank	3.686,00	
an 1210/1410 Forderungen LuL		3.800,00
7. 4000/8000 Umsatzerlöse	546,22	
3800/1770 Umsatzsteuer	103,78	
an 4120/8120 Steuerfreie Umsätze nach § 4 Nr. 1 a UStG		546,22
an 1800/1200 Bank		103,78
8. 1210/1410 Forderungen LuL	4.200,00	
an 4120/8120 Steuerfreie Umsätze § 4 Nr. 1 a UStG		4.200,00
6700/4700 Kosten der Warenabgabe	70,50	
an 3310/1610 Verbindlichkeiten LuL		70,50

Seiten 241/242

1. a) 1600/1000 Kasse	300,00	
an 4125/8125 Steuerfreie i. g. Lieferungen § 4 Nr. 1b UStG		300,00
b) 1600/1000 Kasse	5.355,00	
an 4000/8000 Umsatzerlöse		4.500,00
an 3800/1770 USt		855,00
2. 3310/1610 Forderungen LuL	15.000,00	
an 4125/8125 Steuerfreie i. g. Lieferungen § 4 Nr. 1b UStG		15.000,00

1800/1200 Bank	14.700,00	
4724/8724 Erlösschmälerungen bei steuerfreien i. g. Lieferungen	300,00	
an 1210/1410 Forderungen LuL		15.000,00
3. a) xx/xx Fiktive Forderungen	33.000,00	
an 4125/8125 Steuerfreie i. g. Lieferungen § 4 Nr. 1b UStG		33.000,00

b) keine Buchung (kein dauerhafter Verbleib)

Gemäß § 22 Abs. 4 a UStG muss dieser Vorgang aber aufgezeichnet werden.

4. 1210/1410 Forderungen LuL	20.000,00	
an 4125/8125 Steuerfreie i. g. Lieferungen § 4 Nr. 1b UStG		20.000,00
4724/8724 Erlösschmälerungen bei steuerfreien i. g. Lieferungen	1.000,00	
an 1210/1410 Forderungen LuL		1.000,00
1800/1200 Bank	18.620,00	
4724/8724 Erlösschmälerungen bei steuerfreien i. g. Lieferungen	380,00	
an 1210/1410 Forderungen LuL		19.000,00

<u>Seiten 243 - 245</u>

1. 5925/3125 Leistungen von ausl. Unternehmern	120.000,00	
an 3310/1610 Verbindlichkeiten LuL		120.000,00
1408/1578 Vorsteuer § 13 b UStG	22.800,00	
an 3835/1785 USt § 13 b UStG		22.800,00

2. a) Buchungen bei Ihrem Mandanten

1) 5920/3120 Bauleistungen eines im Inland ansässigen Unternehmers	60.000,00	
an 3310/1610 Verbindlichkeiten LuL		60.000,00
1408/1578 Vorsteuer § 13 b UStG	11.400,00	
an 3835/1785 USt § 13 b UStG		11.400,00
2) 3310/1610 Verbindlichkeiten LuL	60.000,00	
an 1800/1200 Bank		58.200,00
an 5920/3120 Bauleistungen eines im Inland ansässigen Unternehmers		1.800,00
3835/1785 USt § 13 b UStG	342,00	
an 1408/1578 Vorsteuer § 13 b UStG		342,00

b) Buchungen bei Gips-Putz GmbH

1) 1210/1410 Forderungen LuL	60.000,00	
an 4337/8337 Erlöse aus Leistungen für die		

der Leistungsempfänger die USt nach § 13b UStG schuldet		60.000,00
2) 1800/1200 Bank	58.200,00	
4741/8741 Erlösschmälerungen § 13b UStG	1.800,00	
an 1210/1410 Forderungen LuL		60.000,00

3. a) Buchungen bei Ihrem Mandanten

1) 5920/3120 Bauleistungen eines im Inland ansässigen Unternehmers	50.000,00	
an 3310/1610 Verbindlichkeiten LuL		50.000,00
1408/1578 Vorsteuer § 13 b UStG	9.500,00	
an 3835/1785 USt § 13 b UStG		9.500,00
2) 3310/1610 Verbindlichkeiten LuL	50.000,00	
an 1800/1200 Bank		49.000,00
an 5920/3120 Bauleistungen eines im Inland ansässigen Unternehmers		1.000,00
3835/1785 USt § 13 b UStG	190,00	
an 1408/1578 Vorsteuer § 13 b UStG		190,00
3) 3310/1610 Verbindlichkeiten LuL (sonst. Verb.)	6.000,00	
an 5920/3120 Bauleistungen eines im Inland ansässigen Unternehmers		6.000,00
3835/1785 USt § 13 b UStG	1.140,00	
an 1408/1578 Vorsteuer § 13 b UStG		1.140,00

b) Buchungen bei der Energiespar GmbH (Subunternehmer)

1) 1210/1410 Forderungen LuL	50.000,00	
an 4337/8337 Erlöse für die der Leistungsempfänger die USt nach § 13 b UStG schuldet		50.000,00
2) 1800/1200 Bank	49.000,00	
4741/8741 Erlösschm. § 13 b UStG	1.000,00	
an 1210/1410 Forderungen LuL		50.000,00
3) 4741/8741 Erlösschm. § 13 b UStG	6.000,00	
an 3500/1700 Sonst. Verb. (Ford. LuL)		6.000,00

4. 6825/4950 Rechts- und Beratungskosten	2.500,00	
an 3310/1610 Verbindlichkeiten LuL		2.500,00
1408/1578 Vorsteuer nach § 13 b UStG	475,00	
an 3835/1785 USt nach § 13 b UStG		475,00
5. 5925/3125 Leistungen von ausländischen Unternehmern	520,00	
an 3310/1610 Verbindlichkeiten LuL		520,00
1408/1578 Abziehbare Vorsteuer nach § 13 b UStG	98,80	
an 3835/1785 Umsatzsteuer nach § 13 b UStG		98,80

6. a) 5925/3125 Leistungen von ausländischen		
Unternehmern	10.500,00	
an 3310/1610 Verbindlichkeiten LuL		10.500,00
1408/1578 Abziehbare Vorsteuer nach § 13 b UStG	1.995,00	
an 3835/1785 Umsatzsteuer nach § 13 b UStG		1.995,00
b) 3310/1610 Verbindlichkeiten LuL	10.500,00	
an 1800/1200 Bank		10.290,00
an 5925/3125 Leistungen von ausländischen		
Unternehmern		210,00
3835/1785 Umsatzsteuer nach § 13 b UStG	39,90	
an 1408/1578 Abziehbare Vorsteuer nach § 13 b UStG		39,90
7. 1210/1410 Forderungen LuL	12.000,00	
an 4336/8336 Erlöse aus im anderen EU-Land stpfl.		
sonstigen Leistungen, für die der		
Leistungsempfänger die USt schuldet		12.000,00
8. 1) 18. August 01		
1210/1410 Forderungen LuL	28.000,00	
an 4337/8337 Erlöse aus Leistungen, für die der		
Leistungsempfänger die USt nach § 13 b UStG		
schuldet		28.000,00
30. August 01.		
1800/1200 Bank	27.160,00	
4741/8741 Gewährte Erlösschmälerungen/		
Sk./B. § 13 b UStG	840,00	
an 1210/1410 Forderungen LuL		28.000,00
2) 18. August 01		
5920/3120 Bauleistungen eines im Inland		
ansässigen Unternehmers	28.000,00	
an 3310/1610 Verbindlichkeiten LuL		28.000,00
1408/1578 Abziehbare Vorsteuer nach § 13 b UStG	8.120,00	
an 3835/1785 Umsatzsteuer nach § 13 b UStG		8.120,00
30. August 01		
3310/1610 Verbindlichkeiten LuL	28.000,00	
an 1800/1200 Bank		27.160,00
an 5920/3120 Bauleistungen eines im Inland		
ansässigen Unternehmers		840,00
1408/1578 Abziehbare Vorsteuer nach § 13 b UStG	159,60	
an 3835/1785 Umsatzsteuer nach § 13 b UStG		159,60

Seiten 246/247

1. a) 1800/1200 Bank	2.618,00	
an 4000/8000 Umsatzerlöse		2.200,00
an 3800/1770 USt		418,00
b) 1800/1200 Bank	2.420,00	
an 4339/8339 Erlöse aus im anderen EU-Land		

steuerbaren Leistungen
(el. Dienstleistungen) 2.200,00
an 3818/1768 USt aus im anderen EU-Land steuerpflichtigen s. Leistungen/Werkleistungen (el. Dienstleistungen) 220,00

2. (Es werden zunächst keine Wahlrechte ausgeübt.)

a) zum Zeitpunkt der sonstigen Leistung im Jahr 01

Leistungsempfänger sind nur inländische Privatpersonen. Der Ort der s. L. ist gem. § 3 a Abs. 1 UStG der Ort, von dem aus der Unternehmer sein Unternehmen betreibt, also Göttingen (Inland).

1800/1200 Bank	16.050,00	
an 4000/8000 Umsatzerlöse		15.000,00
an 3800/1770 USt		1.050,00

ba) zum Zeitpunkt der Zahlung im Jahr 01

Der Unternehmer zahlt die USt für die Internetdienstleistungen im Rahmen der USt-Vorauszahlungen an das für ihn zuständige Finanzamt in Göttingen.

3820/1780 Umsatzsteuer-Vorauszahlungen	...	
an 1800/1200 Bank		...

a) zum Zeitpunkt der sonstigen Leistung im Jahr 02

Die Umsatzschwelle von 10.000,00 € wird nicht überschritten. Deshalb ist der Ort der s. L. gem. § 3 a Abs. 1 UStG der Ort, von dem aus der Unternehmer sein Unternehmen betreibt, also Göttingen (Inland).

1800/1200 Bank	9.630,00	
an 4000/8000 Umsatzerlöse		9.000,00
an 3800/1770 USt		630,00

ba) zum Zeitpunkt der Zahlung im Jahr 02

Der Unternehmer zahlt die USt für die Internetdienstleistungen im Rahmen der USt-Vorauszahlungen an das für ihn zuständige Finanzamt in Göttingen.

3820/1780 Umsatzsteuer-Vorauszahlungen	...	
an 1800/1200 Bank		...

a) zum Zeitpunkt der s. Leistung am 31. Mai im Jahr 03

Die Umsatzschwelle von 10.000,00 € wird weder im vorangegangenen Kj, noch am 31. Mai des lfd. Kj überschritten. Deshalb ist der Ort der s. L. gem. § 3 a Abs. 1 UStG der Ort, von dem aus der Unternehmer sein Unternehmen betreibt, also Göttingen (Inland).

1800/1200 Bank	5.350,00	
an 4000/8000 Umsatzerlöse		5.000,00
an 3800/1200 USt		350,00

ab) zum Zeitpunkt der Zahlung am 10. Juni des Jahres 03

Der Unternehmer zahlt die USt für die Internetdienstleistungen im Rahmen der USt-Vorauszahlungen an das für ihn zuständige Finanzamt in Göttingen.

3820/1780 Umsatzsteuer-Vorauszahlungen	...	
an 1800/1200 Bank		...

a) zu den Zeitpunkten der s. Leistungen am 10. Juni und 17. September im Jahr 03

Die Umsatzschwelle von 10.000,00 € wird durch den Umsatz am 10. Juni des lfd. Kj überschritten. Der Ort der s. L. befindet sich deshalb am Wohnsitz des Leistungsempfängers (§ 3a Abs. 5 UStG), also in Spanien und Luxemburg.

1800/1200 Bank	7.280,00	
an 4339/8339 Erlöse aus im anderen EU-Land steuerbaren Leistungen (el. Dienstleistungen)		7.000,00
an 3818/1768 USt aus im anderen EU-Land steuerpflichtigen s. Leistungen/Werkleistungen (el. Dienstleistungen)		280,00
1800/1200 Bank	4.120,00	
an 4339/8339 Erlöse aus im anderen EU-Land steuerbaren Leistungen (el. Dienstleistungen)		4.000,00
an 3818/1768 USt aus im anderen EU-Land steuerpflichtigen s. Leistungen/Werkleistungen (el. Dienstleistungen)		120,00
3818/1768 USt aus im anderen EU-Land (Spanien) s. Leistungen/Werkleistungen (el. Dienstleistungen)	280,00	
an 1800/1200 Bank		280,00
3818/1768 USt aus im anderen EU-Land (Luxemburg) steuerpflichtigen s. Leistungen/Werkleistungen (el. Dienstl.)	120,00	
an 1800/1200 Bank		120,00

(Es werden jetzt alle Wahlrechte ausgeübt.)

a) zum Zeitpunkt der s. Leistung im Jahr 01

Leistungsempfänger sind nur inländische Privatpersonen. Der Ort der s. L. ist gem. § 3 a Abs. 1 UStG der Ort, von dem aus der Unternehmer sein Unternehmen betreibt, also Göttingen (Inland).

1800/1200 Bank	16.050,00	
an 4000/8000 Umsatzerlöse		15.000,00
an 3800/1770 USt		1.050,00

ba) zum Zeitpunkt der Zahlung im Jahr 01

Der Unternehmer zahlt die USt für die Internetdienstleistungen im Rahmen der USt-Vorauszahlungen an das für ihn zuständige Finanzamt in Göttingen.

3820/1780 Umsatzsteuer-Vorauszahlungen	...	
an 1800/1200 Bank		...

a) zu den Zeitpunkten der s. Leistungen im Jahr 02

1800/1200 Bank	3.165,00	
an 4339/8339 Erlöse aus im anderen EU-Land steuerbaren Leistungen (el. Dienstleistungen)		3.000,00
an 3818/1768 USt aus im anderen EU-Land steuerpflichtigen s. Leistungen/Werkleistungen (el. Dienstleistungen)		165,00
1800/1200 Bank	2.080,00	
an 4339/8339 Erlöse aus im anderen EU-Land steuerbaren Leistungen (el. Dienstleistungen)		2.000,00
an 3818/1768 USt aus im anderen EU-Land steuerpflichtigen s. Leistungen/Werkleistungen (el. Dienstleistungen)		80,00
1800/1200 Bank	4.120,00	
an 4339/8339 Erlöse aus im anderen EU-Land steuerbaren Leistungen (el. Dienstleistungen)		4.000,00
an 3818/1768 USt aus im anderen EU-Land steuerpflichtigen s. Leistungen/Werkleistungen (el. Dienstleistungen)		120,00

ba) zum Zeitpunkt der Zahlung im Jahr 02

Ab hier werden alle Internetdienstleistungen beim One-Stop-Shop gem. § 18 j UStG gemeldet und die USt insgesamt an diesen gezahlt.

3818/1768 USt aus im anderen EU-Land steuerpflichtigen s. Leistungen/Werkleistungen (el. Dienstleistungen)	365,00	
an 1800/1200 Bank		365,00

a) zu den Zeitpunkten der s. Leistungen im Jahr 03

1800/1200 Bank	5.275,00	
an 4339/8339 Erlöse aus im anderen EU-Land steuerbaren Leistungen (el. Dienstleistungen)		5.000,00
an 3818/1768 USt aus im anderen EU-Land steuerpflichtigen s. Leistungen/Werkleistungen (el. Dienstleistungen)		275,00
1800/1200 Bank	7.280,00	
an 4339/8339 Erlöse aus im anderen EU-Land steuerbaren Leistungen (el. Dienstleistungen)		7.000,00
an 3818/1768 USt aus im anderen EU-Land steuerpflichtigen s. Leistungen/Werk- (el. Dienstleistungen)		280,00

1800/1200 Bank	4.120,00	
an 4339/8339 Erlöse aus im anderen EU-Land steuerbaren Leistungen (el. Dienstleistungen)		4.000,00
an 3818/1768 USt aus im anderen EU-Land steuerpflichtigen s. Leistungen/Werkleistungen (el. Dienstleistungen)		120,00

ba) zum Zeitpunkt der Zahlung im Jahr 03

3818/1768 USt aus im anderen EU-Land steuerpflichtigen s. Leistungen/Werkleistungen (el. Dienstleistungen)	675,00	
an 1800/1200 Bank		675,00

Seiten 247/248

1. 6345/4280 Sonstige Raumkosten	7.000,00	
1400/1570 Abziehbare Vorsteuer	997,50	
6860/4300 Nicht abziehbare Vorsteuer	332,50	
an 1800/1200 Bank		8.330,00
2. 6860/4300 Nicht abziehbare Vorsteuer	472,80	
an 1400/1570 Abziehbare Vorsteuer		472,80
6860/4300 Nicht abziehbare Vorsteuer	570,00	
an 1400/1570 Abziehbare Vorsteuer		570,00
3. 6490/4809 Reparaturen u. Instandhaltung	6.350,00	
1400/1570 Abziehbare Vorsteuer	965,20	
6860/4300 Nicht abziehbare Vorsteuer	241,30	
an 3310/1610 Verb. LuL		7.556,50
1800/1200 Bank	2.499,00	
an 4860/2750 Grundstückserträge		2.100,00
an 3800/1770 USt		399,00
1800/1200 Bank	1.050,00	
an 4100/8100 Steuerfreie Umsätze § 4 Nr. 8 ff. UStG		1.050,00
4. 6490/4809 Reparaturen u. Instandhaltung	6.160,00	
1400/1570 Abziehbare Vorsteuer	731,50	
6860/4300 Nicht abzugsfähige Vorsteuer	438,90	
2100/1800 Privatentnahmen	1.832,60	
an 1800/1200 Bank		9.163,00
5. 6860/4300 Nicht abzugsfähige Vorsteuer	34,20	
6500/4500 Fahrzeugkosten	450,00	
1400/1570 Abziehbare Vorsteuer	51,30	
an 3310/1610 Verb. LuL		535,50

Seiten 249/250

1. 0240/0090 Gebäude	634.980,00	
1400/1570 Abziehbare Vorsteuer	43.320,00	
an 3310/1610 Verb. LuL		678.300,00

2.	0520/0320 Fuhrpark	25.950,00	
	1400/1570 Abziehbare Vorsteuer	3.800,00	
	an 3310/1610 Verb. LuL		29.750,00
	3310/1610 Verb. LuL	29.750,00	
	an 1800/1200 Bank		28.857,50
	an 0520/0320 Fuhrpark		778,50
	an 1400/1570 Abziehbare Vorsteuer		114,00
3.	0240/0090 Gebäude	473.040,00	
	1400/1570 Abziehbare Vorsteuer	41.040,00	
	an 3310/1610 Verb. LuL		514.080,00
	3310/1610 Verb. LuL	514.080,00	
	an 0240/0090 Gebäude		9.460,80
	an 1400/1570 Abziehbare Vorsteuer		820,80
	an 1800/1200 Bank		503.798,40
4.	0520/0320 Fuhrpark	76.781,25	
	1400/1570 Abziehbare Vorsteuer	12.468,75	
	an 3310/1610 Verb. LuL		89.250,00
	3310/1610 Verb. LuL	89.250,00	
	an 1800/1200 Bank		87.465,00
	an 0520/0320 Fuhrpark		1.535,63
	an 1400/1570 Abziehbare Vorsteuer		249,37
	6500/4500 Fahrzeugkosten	70,00	
	1400/1570 Abziehbare Vorsteuer	11,64	
	6860/4300 Nicht abziehbare Vorsteuer	1,66	
	an 1600/1000 Kasse		83,30
5.	a) 0520/0320 Fuhrpark	38.000,00	
	1400/1570 Abziehbare Vorsteuer	7.220,00	
	an 3310/1570 Verb. LuL		45.220,00
	b) 0520/0320 Fuhrpark	45.220,00	
	an 3310/1610 Verb. LuL		45.220,00
6.	0650/0410 BGA	6.778,80	
	1400/1570 Abziehbare Vorsteuer	718,20	
	an 3310/1610 Verb. LuL		7.497,00
	3310/1610 Verb. LuL	7.497,00	
	an 1800/1200 Bank		7.272,09
	an 0650/0410 BGA		203,36
	an 1400/1570 Abziehbare Vorsteuer		21,55

Seiten 252/253

1.	6620/4635 Geschenke nicht abzugsfähig	720,00	
	6860/4300 Nicht abziehbare Vorsteuer	136,80	
	an 1600/1000 Kasse		856,80
2.	6600/4610 Werbekosten	2.150,00	
	an 5200/3200 Wareneingang		2.150,00

	6620/4635 Geschenke nicht abzugsfähig	1.200,00	
	6860/4300 Nicht abziehbare Vorsteuer	133,00	
	an 1600/1000 Kasse		1.333,00
3.	6620/4635 Geschenke nicht abzugsfähig	150,00	
	an 4689/8938 Unentgeltliche Zuwendung von Gegenständen ohne USt		150,00
	(an 5200/3200 Wareneingang)		
	6860/4300 Nicht abziehbare Vorsteuer	28,50	
	an 1400/1570 Abziehbare Vorsteuer		28,50
4.	6620/4635 Geschenke nicht abzugsfähig	150,00	
	6860/4300 Nicht abziehbare Vorsteuer	15,20	
	an 6600/4610 Werbeaufwand		150,00
	an 1400/1570 Abziehbare Vorsteuer		15,20
5.	6860/4300 Nicht abziehbare Vorsteuer	85,50	
	an 1400/1570 Abziehbare Vorsteuer		85,50
6.	6610/4630 Geschenke abziehbar	35,00	
	1400/1570 Abziehbare Vorsteuer	2,45	
	an 1600/1000 Kasse		37,45
	6620/4635 Geschenke nicht abzugsfähig	150,00	
	an 1600/1000 Kasse		150,00
	6620/4635 Geschenke nicht abzugsfähig	35,00	
	6860/4300 Nicht abziehbare Vorsteuer	2,45	
	an 6610/4630 Geschenke abzugsfähig		35,00
	an 1400/1570 Abziehbare Vorsteuer		2,45
7.	6860/4300 Nicht abziehbare Vorsteuer	243,20	
	an 1400/1570 Abziehbare Vorsteuer		243,20
8.	6620/4635 Geschenke nicht abzugsfähig	2.000,00	
	6860/4300 Nicht abziehbare Vorsteuer	140,00	
	an 3310/1610 Verb. LuL		2.140,00
9.	a) 6610/4630 Geschenke nicht abzugsfähig	50,42	
	6860/4300 Nicht abziehbare Vorsteuer	9,58	
	6643/4653 Aufmerksamkeiten	50,42	
	1400/1570 Abziehbare Vorsteuer	9,58	
	an 3310/1610 Verb. LuL		120,00

b) Der handelsrechtliche Erfolg mindert sich um 110,42 €.
Der steuerrechtliche Erfolg mindert sich um 50,42 €.

10.	a) 6620/4635 Geschenke nicht abzugsfähig	51,00	
	6860/4300 Nicht abziehbare Vorsteuer	9,69	
	an 3310/1610 Verb. LuL		60,69
	6700/4700 Kosten der Warenabgabe	9,00	
	an 1600/1000 Kasse		9,00
	3310/1610 Verb. LuL	60,69	
	an 6620/4635 Geschenke nicht abzugsfähig		1,53

	an 6860/4300 Nicht abziehbare Vorsteuer		0,29
	an 1800/1200 Bank		58,87
	6610/4630 Geschenke abzugsfähig	49,47	
	1400/1570 Abziehbare Vorsteuer	9,40	
	an 6620/4635 Geschenke nicht abzugsfähig		49,47
	an 6860/4300 Nicht abziehbare Vorsteuer		9,40

b) handelsrechtlich - 58,47 €
steuerrechtlich - 58,47 €

11. a) 1)	6620/4635 Geschenke nicht abzugsfähig	105,00	
	6860/4300 Nicht abziehbare Vorsteuer	19,95	
	an 1600/1000 Kasse		124,95
2)	6610/4630 Geschenke abzugsfähig	30,00	
	1400/1570 Abziehbare Vorsteuer	5,70	
	an 1600/1000 Kasse		35,70
3)	6610/4630 Geschenke abzugsfähig	50,00	
	1400/1570 Abziehbare Vorsteuer	9,50	
	an 1600/1000 Kasse		59,50
4)	6620/4635 Geschenke nicht abzugsfähig	330,00	
	6860/4300 Nicht abziehbare Vorsteuer	62,70	
	an 1600/1000 Kasse		392,70
	6620/4635 Geschenke nicht abzugsfähig	50,00	
	6868/4300 Nicht abziehbare Vorsteuer	9,50	
	an 6610/4630 Geschenke abzugsfähig		50,00
	an 1400/1570 Abziehbare Vorsteuer		9,50

b) 1) handelsrechtlich - 124,95 €
steuerrechtlich 0,00 €

2) handelsrechtlich - 30,00 €
steuerrechtlich - 30,00 €

3) handelsrechtlich - 50,00 €
steuerrechtlich - 50,00 €

4) mit Korrektur zu 3)
handelsrechtlich - 452,20 €
steuerrechtlich 0,00 €

<u>Seiten 256/257</u>

1.

	Speisen	Getränke
angemessene Betriebsausgaben	40,00 €	20,00 €
davon 70 % (abzugsfähige Betriebsausgaben)	28,00 €	14,00 €
davon 30 % (nicht abzugsfähige Betriebsausgaben)	12,00 €	6,00 €
angemessene Bewirtungskosten	40,00 €	20,00 €
lt. ER darauf entfallende abziehbare Vorsteuer	2,80 €	3,80 €

6640/4650 Bewirtungskosten		42,00	
1400/1570 Abziehbare Vorsteuer		6,60	
7 %	2,80		
19 %	3,80		
6644/4654 Bewirtungskosten nicht abzugsfähig		18,00	
an 1600/1000 Kasse			66,60

2.

	für Speisen	für Getränke
Aufwendungen (ohne USt)	70,00 €	90,00 €
- unangemessene Aufwendungen (nicht abzugsfähige Betriebsausgaben)	14,00 €	18,00 €
angemessene Betriebsausgaben	56,00 €	72,00 €
davon 70 % (abzugsfähige Betriebsausgaben)	39,20 €	50,40 €
davon 30 % (nicht abzugsfähige Betriebsausgaben)	16,80 €	21,60 €
angemessene Bewirtungskosten	56,00 €	72,00 €
darauf entfallende abziehbare Vorsteuer (3,92 € + 13,68 €)	17,60 €	

Vorsteuer lt. ER insgesamt	22,00 €
- abziehbare Vorsteuer	17,60 €
nicht abziehbare Vorsteuer durch unangemessene Betriebsausgaben	4,40 €
unangemessene Bewirtungskosten	32,00 €
30 % der angemessenen Bewirtungskosten (nicht abzugsfähig)	38,40 €
nicht abzugsfähige Betriebsausgaben insgesamt	70,40 €

6640/4650 Bewirtungskosten	89,60	
1400/1570 Abziehbare Vorsteuer	17,60	
6644/4654 Bewirtungskoste nicht abzugsfähig	70,40	
6860/4300 Nicht abziehbare Vorsteuer	4,40	
an 3310/1610 Verbindlichkeiten LuL		182,00

3.

	Speisen	Getränke
angemessene Betriebsausgaben	150,00 €	100,00 €
davon 70 % (abzugsfähige Betriebsausgaben)	105,00 €	70,00 €
davon 30 % (nicht abzugsfähige Betriebsausgaben)	45,00 €	30,00 €
angemessene Bewirtungskosten	150,00 €	100,00 €
darauf entfallende abziehbare Vorsteuer	10,50 €	19,00 €

6640/4650 Bewirtungskosten	175,00	
1400/1570 Abziehbare Vorsteuer	29,50	
6644/4654 Bewirtungskosten nicht abzugsfähig	75,00	
an 2180/1890 Privateinlagen		279,50

1600/1000 Kasse	100,00	
an 6300/4900 Sonstige betriebliche Aufwendungen		10,00
an 6640/4650 Bewirtungskosten		90,00

6640/4650 Bewirtungskosten	7,00	
6644/4654 Bewirtungskosten nicht abzugsfähig	3,00	
an 2180/1890 Privateinlagen		10,00

6640/4650 Bewirtungskosten	55,65	
6644/4654 Bewirtungskosten nicht abzugsfähig	23,85	
1400/1570 Abziehbare Vorsteuer	10,50	
an 2180/1890 Privateinlagen		90,00

4. a) Zu den Bewirtungskosten gehören nach § 4 Abs. 4 EStG auch gezahlte Trinkgelder, R 4.19 Abs. 5 S. 4 EStR.

   Die angemessenen Bewirtungskosten sind nur zu 70 % abzugsfähig, § 4 Abs. 5 S. 1 Nr. 2 EStG.

   Die in Rechnung gestellte Vorsteuer ist gem. § 15 Abs. 1 a S. 2 UStG in voller Höhe abzugsfähig.

b)

1600/1000 Kasse	100,00	
an 6300/4900 Sonstige betriebliche Aufwendungen		10,00
an 6640/4650 Bewirtungskosten		90,00

6640/4650 Bewirtungskosten	55,65	
6644/4654 Bewirtungskosten nicht abzugsfähig	23,85	
1400/1570 Vorsteuer	10,50	
an 2180/1890 Privateinlagen		90,00

6640/4650 Bewirtungskosten	7,00	
6644/4654 Bewirtungskosten nicht abzugsfähig	3,00	
an 2180/1890 Privateinlagen		10,00

c) 1. + 10,50 € (Aufwandsminderung)

   2. + 10,50 € (BA-Minderung)
      + 23,85 € (nicht abziehbare BA)
      + 34,35 € steuerrechtliche Erfolgserhöhung

5.

	für Speisen	für Getränke
Aufwendungen	1.900,00 €	1.600,00 €
- unangemessene Aufwendungen (nicht abzugsfähige Betriebsausgaben	570,00 €	480,00 €
angemessene Betriebsausgaben	1.330,00 €	1.120,00 €
davon 70 % (abzugsfähige Betriebsausgaben)	931,00 €	784,00 €
davon 30 % (nicht abzugsfähige Betriebsausgaben)	399,00 €	336,00 €
angemessene Bewirtungskosten	1.330,00 €	1.120,00 €
darauf entfallende abziehbare Vorsteuer (305,50 €)	93,10 €	212,80 €
Vorsteuer lt. ER	437,00 €	
- abziehbare Vorsteuer	305,90 €	

nicht abziehbare Vorsteuer	131,10 €		
unangemessene Bewirtungskosten	1.050,00 €		
30 % der angemessenen Bewirtungskosten (nicht abzugsfähig)	735,00 €		
nicht abzugsfähige Betriebsausgaben insgesamt	1.785,00 €		

6640/4650 Bewirtungskosten	1.715,00	
1400/1570 Abziehbare Vorsteuer	305,90	
6644/4654 Bewirtungskosten nicht abzugsfähig	1.785,00	
6860/4300 nicht abziehbare Vorsteuer	131,10	
an 3310/1610 Verbindlichkeiten LuL		3.937,00

6.

	für Speisen	für Getränke
Aufwendungen	580,00 €	220,00 €
- unangemessene Aufwendungen (nicht abzugsfähige Betriebsausgaben	145,00 €	55,00 €
angemessene Betriebsausgaben	435,00 €	165,00 €
davon 70 % (abzugsfähige Betriebsausgaben)	304,50 €	115,50 €
davon 30 % (nicht abzugsfähige Betriebsausgaben)	130,50 €	49,50 €
angemessene Bewirtungskosten	435,00 €	165,00 €
darauf entfallende abziehbare Vorsteuer (70,80 €)	39,45 €	31,35 €

Vorsteuer lt. ER	82,40 €
- abziehbare Vorsteuer	70,80 €
nicht abziehbare Vorsteuer	11,60 €

unangemessene Bewirtungskosten	200,00 €
30 % der angemessenen Bewirtungskosten (nicht abzugsfähig)	180,00 €
nicht abzugsfähige Betriebsausgaben insgesamt	380,00 €

a)

6640/4650 Bewirtungskosten	420,00	
1400/1570 Abziehbare Vorsteuer	70,80	
6644/4654 Bewirtungskosten nicht abzugsfähig	380,00	
6860/4300 nicht abziehbare Vorsteuer	11,60	
an 3310/1610 Verbindlichkeiten LuL		882,40

3310/1610 Verbindlichkeiten LuL	882,40	
an 1800/1200 Bank		855,93
an 6640/4650 Bewirtungskosten		12,60
an 1400/1570 Abziehbare Vorsteuer		2,12
an 6644/4654 Bewirtungskosten nicht abzugsfähig		11,40
an 6860/4300 Nicht abziehbare Vorsteuer		0,35

b) handelsrechtlich letztendlich - 787,25 €
steuerrechtlich letztendlich - 418,65 €

Seiten 257 - 260

1\. 1) 3310/1610 Verb. LuL 1.963,50
an 5700/3700 Nachlässe/Sk./B. 1.650,00
an 1400/1570 Abziehbare Vorsteuer 313,50

1. 1) 3310/1610 Verb. LuL	1.963,50	
an 5700/3700 Nachlässe/Sk./B.		1.650,00
an 1400/1570 Abziehbare Vorsteuer		313,50
2) 6610/4630 Geschenke abzugsfähig	5.100,00	
an 3310/1610 Verb. LuL		5.100,00
1402/1572 Vorsteuer aus i. g. Erwerb	969,00	
an 3802/1772 USt aus i. g. Erwerb		969,00

3) keine Buchung

4)

	für Speisen	für Getränke
Aufwendungen	420,00 €	230,00 €
- unangemessene Aufwendungen (nicht abzugsfähige Betriebsausgaben	84,00 €	46,00 €
angemessene Betriebsausgaben	336,00 €	184,00 €
davon 70 % (abzugsfähige Betriebsausgaben)	235,20 €	128,80 €
davon 30 % (nicht abzugsfähige Betriebsausgaben)	100,80 €	55,20 €
angemessene Bewirtungskosten	336,00 €	184,00 €
darauf entfallende abziehbare Vorsteuer (58,48 €)	23,52 €	34,96 €

Vorsteuer lt. ER	73,10 €
- abziehbare Vorsteuer	58,48 €
nicht abziehbare Vorsteuer	14,62 €

unangemessene Bewirtungskosten	130,00 €
30 % der angemessenen Bewirtungskosten (nicht abzugsfähig)	156,00 €
nicht abzugsfähige Betriebsausgaben (ohne USt) insgesamt	286,00 €

6640/4650 Bewirtungskosten	364,00	
1400/1570 Abziehbare Vorsteuer	58,48	
6644/4654 Bewirtungskosten nicht abzugsfähig	286,00	
6860/4300 nicht abziehbare Vorsteuer	14,62	
an 3310/1610 Verbindlichkeiten LuL		723,10
5) 6000/4100 L. u. Gehälter	8.883,00	
6110/4130 Ges. soz. Aufwendungen	8.883,00	
an 1800/1200 Bank		17.766,00
6000/4100 L. u. Gehälter	33.117,00	
an 1800/1200 Bank		21.667,00
an 3730/1741 Verb. LSt/KiSt		11.450,00

Auswirkungen auf	Erfolg	Bilanzsumme
1)	+ 1.650,00	- 313,50

2)	- 5.100,00	+ 969,00
3)	-	-
4)	- 664,62	+ 58,48
5)	- 50.883,00	- 39.433,00

Auswirkungen auf die Höhe des steuerrechtlichen Gewinns:

1)	+ 1.650,00 €
2)	- 5.100,00 €
3)	-
4)	- 364,00 €
5)	- 50.883,00 €

2\. a)

Listenpreis 30.000,00 € · 1 % =	300,00 €
30.000,00 € · 0,03 % · 10 km =	90,00 €
Summe der Pauschalwerte	390,00 €
: 1,19	
Nettowert	327,73 €
USt 19 %	62,27 €

Gehalt	4.000,00 €
geldwerter Vorteil	390,00 €
stpfl. Arbeitslohn	4.390,00 €

b)

6000/4100 L. u. Gehälter	954,83	
6110/4130 Ges. soz. Aufwendungen	928,49	
an 1800/1200 Bank		1.883,32

6000/4100 L. u. Gehälter	3.045,17	
6000/4100 L. u. Gehälter	390,00	
an 1800/1200 Bank		2.117,82
an 3730/1741 Verb. LSt/KiSt		927,35
an 4947/8595 Verrechnete Sachbezüge aus Kfz-Gestellung mit USt		327,73
an 3800/1770 USt		62,27

3\. a)

Aushilfslohn monatlich	550,00 €	
für 5 Monate		2.750,00 €
Trinkgeld stfr. § 3 Nr. 51 EStG		
Urlaubsgeld für 5 Monate		200,00 €
insgesamt für 5 Monate		2.950,00 €
monatlich	590,00 €	

Der monatliche Aushilfslohn übersteigt nicht 603,00 €. Frau Buchner gilt damit als geringfügig beschäftigte Aushilfskraft.

b)

6035/4195 Löhne für Minijobs	27,00	
6036/4194 Pauschale LSt für Minijobber	15,00	
6171/4144 Soziale Abgaben für Minijobber	210,00	
an 1800/1200 Bank		252,00

6035/4195 Löhne für Minijobs	723,00	
an 1800/1200 Bank		723,00
(+ Umlagen)		

4. 3820/1780 USt-Vorauszahlungen	9.810,00	
7303/2103 Steuerl. anzugsf. Nebenl. zu Steuern	98,00	
an 1800/1200 Bank		9.908,00
5. 6350/4290 Grundstücksaufwendungen	2.500,00	
1400/1570 Abziehbare Vorsteuer	475,00	
2100/1800 Privatentnahmen	4.400,00	
7300/2100 Zinsen u. ä. Aufwendungen	500,00	
2100/1800 Privatentnahmen	480,00	
6420/4380 Beiträge	200,00	
6300/4900 Sonst. betr. Aufwendungen	74,77	
1400/1570 Abziehbare Vorsteuer	5,23	
an 2180/1890 Privateinlagen		8.635,00
ggf. zusätzlich		
2100/1800 Privatentnahmen	3.755,00	
an 1800/1200 Bank		3.755,00
6. 6650/4660 Reisekosten Arbeitnehmer	159,00	
an 1600/1000 Kasse		159,00
6650/4660 Reisekosten Arbeitnehmer	560,00	
1400/1570 Abziehbare Vorsteuer	39,20	
an 1800/1200 Bank		599,20
6650/4660 Reisekosten Arbeitnehmer	376,00	
1400/1570 Abzehbare Vorsteuer	26,32	
an 1800/1200 Bank		402,32
6650/4660 Reisekosten AN (Rest-P.)	89,60	
an 1600/1000 Kasse		89,60
7. a) 5425/3420 I. g. Erwerb	2.800,00	
an 3310/1610 Verb. LuL		2.800,00
1402/1572 Vorst. aus i. g. Erwerb	532,00	
an 3802/1772 USt aus i. g. Erwerb		532,00
b) 3310/1610 Verb. LuL	700,00	
an 5725/3725 Nachlässe i. g. Erwerb		700,00
3802/1772 USt aus i. g. Erwerb	133,00	
an 1402/1572 Vorst. aus i. g. Erwerb		133,00
c) 3310/1610 Verb. LuL	2.100,00	
an 1800/1600 Bank		2.058,00
an 5725/3725 Nachlässe i. g. Erwerb		42,00
3802/1772 USt aus i. g. Erwerb	7,98	
an 1402/1572 Vorst. aus i. g. Erwerb		7,98
8. 6620/4635 Geschenke nicht abzugsfähig	4.000,00	
an 3310/1610 Verb. LuL		4.000,00
6860/4300 Nicht abziehbare Vorsteuer	760,00	
an 3802/1772 USt aus i. g. Erwerb		760,00
3310/1610 Verb. LuL	4.000,00	

	an 1800/1200 Bank			3.920,00
	an 6620/4635 Geschenke nicht abzugsfähig			80,00
	3802/1772 USt aus i. g. Erwerb		15,20	
	an 6850/4300 Nicht abziehbare Vorsteuer			15,20
9.	Brutto-LP 22.020,00 € · 0,25 = 5.505,00 €,			
	abgerundet 5.500,00 € · 1 %	55,00 €		
	5.500,00 € · 0,03 % · 19	31,35 €		
		86,35 €		
	vL ArbG	20,00 €		
	tarifliches Gehalt	3.292,25 €		
	steuerpfl. AL	3.398,60 €		
	z. B.			
	6000/4100 L. u. Gehälter		710,31	
	6110/4130 Ges. soz. Aufwendungen		718,80	
	an 1800/1200 Bank			1.429,11
	6000/4100 L. u. Gehälter		2.581,94	
	6000/4100 L. u. Gehälter		86,35	
	6080/4170 Vermögenswirksame Leistungen		20,00	
	an 1800/1200 Bank			2.062,61
	an 3730/1741 Verb. LSt/KiSt			99,33
	an 4947/8595 Verr. Sachbezüge aus Kfz-Gest.			72,56
	an 3800/1770 USt			13,79
	an 1340/1530 Ford. gegen Personal			400,00
	an 3770/1750 Verb. aus Vermögensbildung			40,00
	für Zwecke der USt:			
	22.000,00 € · 1 %	220,00 €		
	22.000,00 € · 0,03 % · 19	125,40 €		
	Bruttoumsatz	345,40 €		
	bereits gebucht	86,35 € (72,56 € + 13,79 €)		
	noch zu buchen	259,05 € (217,69 € + 41,36 €)		
	6300/4900 Sonst. betr. Aufwendungen		259,05	
	an 4947/8595 Verrechnete Sachbezüge aus Kfz-Gestellung mit USt			217,69
	an 3800/1770 USt			41,36
10.	1800/1200 Bank		1.278,00	
	2100/1800 Privatentnahmen		3.019,00	
	3700/1741 Verbindlichkeiten aus Lohn- und KiSt		2.790,00	
	7303/2103 steuerlich abzugsfähige andere Nebenleistungen zu Steuern		55,00	
	3820/1780 Umsatzsteuervorauszahlungen		1.580,00	
	7303/2103 Steuerlich abzugsfähige andere Nebenleistungen zu Steuern		31,00	
	7304/2102 Steuerlich nicht abzugsfähige andere Nebenleistungen zu Steuern		105,00	
	an 2180/1890 Privateinlagen			8.950,00
11.	6643/4653 Aufmerksamkeiten		40,00	
	an 4689/8938 Unentgeltliche Zuwendung von Gegenständen ohne USt			40,00
	(an 5200/3200 Wareneingang)			

6130/4140 Freiwillige soziale Aufwendungen, lohnsteuerfrei	47,60	
an 4686/8935 Unentgeltliche Zuwendung von Gegenständen mit USt		40,00
an 3800/1770 Umsatzsteuer		7,60

<u>Seite 262</u>

1. a) keine Buchung, Leasinggegenstand wird beim Leasinggeber aktiviert

b) 6840/4965 Mietleasing (bew. Wirtschaftsgüter)	1.518,00	
1400/1570 Abziehbare Vorsteuer	288,42	
an 1800/1200 Bank		1.806,42

2. a) keine Buchung, Leasinggegenstand wird beim Leasinggeber aktiviert

b) 6840/4965 Mietleasing (bew. Wirtschaftsgüter)	750,00	
1400/1570 Abziehbare Vorsteuer	142,50	
an 1800/1200 Bank		892,50

<u>Seite 264</u>

1. 1800/1200 Bank	54.000,00	
an 3150/0650 Verb. KI		54.000,00
7300/2100 Zinsen u. ä. Aufwendungen	2.160,00	
an 1800/1200 Bank		2.160,00
2. 6855/4970 Nebenkosten des GV	1.800,00	
an 1800/1200 Bank		1.800,00
1800/1200 Bank	180.000,00	
an 3150/0650 Verb. KI		180.000,00
7300/2100 Zinsen u. ä. Aufwendungen	3.600,00	
an 1800/1200 Bank		3.600,00
3. 1800/1200 Bank	28.650,00	
7300/2100 Zinsen u. ä. Aufwendungen	1.350,00	
an 3150/0650 Verb. KI		30.000,00
6825/4950 Rechts- und Beratungskosten (6855/4970 Nebenkosten des GV)	400,00	
1400/1570 Abziehbare Vorsteuer	76,00	
an 3310/1610 Verb. LuL		476,00
6825/4950 Rechts- und Beratungskosten (6855/4970 Nebenkosten des GV)	200,00	
an 3310/1610 Verb. LuL		200,00

<u>Seiten 266 - 268</u>

1. 0700/0290 Gel. Anzahlungen und Anlagen im Bau	11.000,00	
an 0520/0320 Fuhrpark		11.000,00

0520/0320 Fuhrpark	33.000,00	
1400/1570 Abziehbare Vorsteuer	6.270,00	
an 0700/0290 Gel. Anzahlungen und Anlagen im Bau		11.000,00
an 1400/1570 Abziehbare Vorsteuer		2.090,00
an 3310/1610 Verbindlichkeiten LuL		26.180,00
2. 0700/0290 Gel. Anzahlungen und Anlagen im Bau	11.885,13	
an 1600/1000 Kasse		11.885,13
0700/0290 Gel. Anzahlungen und Anlagen im Bau	11.885,13	
an 1800/1200 Bank		11.885,13
0440/0240 Maschinen	39.950,00	
1400/1570 Abziehbare Vorsteuer	7.590,50	
an 0700/0290 Gel. Anzahlungen und Anlagen im Bau		23.770,26
an 3310/1610 Verbindlichkeiten LuL		11.885,12
an 1800/1200 Bank		11.885,12
3310/1610 Verbindlichkeiten LuL	11.885,12	
an 1800/1200 Bank		11.885,12
3. 0700/0290 Gel. Anzahlungen und Anlagen im Bau	45.000,00	
1400/1570 Abziehbare Vorsteuer	8.550,00	
an 1800/1200 Bank		53.550,00
0650/0410 BGA	150.000,00	
1400/1570 Abziehbare Vorsteuer	28.500,00	
an 0700/0290 Gel. Anzahlungen und Anlagen im Bau		45.000,00
an 1400/1570 Abziehbare Vorsteuer		8.550,00
an 3310/1610 Verbindlichkeiten LuL		124.950,00
4. 0700/0290 Gel. Anzahlungen und Anlagen im Bau	14.000,00	
1400/1570 Abziehbare Vorsteuer	2.660,00	
an 1800/1200 Bank		16.660,00
0700/0290 Gel. Anzahlungen und Anlagen im Bau	11.305,00	
an 1800/1200 Bank		11.305,00
0650/0410 BGA	42.000,00	
1400/1570 Abziehbare Vorsteuer	7.980,00	
an 0700/0290 Gel. Anzahlungen und Anlagen im Bau		25.305,00
an 1400/1570 Abziehbare Vorsteuer		2.660,00
an 3310/1610 Verbindlichkeiten LuL		22.015,00
5. 0700/0290 Gel. Anzahlungen und Anlagen im Bau	25.000,00	
1400/1570 Abziehbare Vorsteuer	4.750,00	
an 1800/1200 Bank		29.750,00
0650/0410 BGA	75.000,00	
1400/1570 Abziehbare Vorsteuer	14.250,00	
an 0700/0290 Gel. Anzahlungen und Anlagen im Bau		25.000,00
an 1400/1570 Abziehbare Vorsteuer		4.750,00
an 1800/1200 Bank		59.500,00

<u>Seiten 273 - 276</u>

1. 0215/0065 Unbebaute Grundstücke	8.010,00	

1400/1570 Abziehbare Vorsteuer	171,00	
an 1800/1200 Bank		8.181,00
2. 0215/0065 Unbebaute Grundstücke	6.830,00	
an 6825/4950 Rechts- u. Beratungskosten		1.630,00
(6855/4970 Nebenkosten des GV)		
an 7650/4340 Sonst. betr. Steuern		5.200,00

3. Bodenwert 400,00 EUR · 600 (m^2) = 240.000,00 EUR

$$\frac{240.000,00 \cdot 100}{800.000,00} = 30\ (\%)$$

0235/0085 Grundstückswerte eig. beb. G.	240.000,00	
0240/0090 Gebäude	560.000,00	
an 3310/1610 Verbindlichkeiten LuL		800.000,00
0235/0085 Grundstückswerte eig. beb. G.	7.200,00	
0240/0090 Gebäude	16.800,00	
1400/1570 Abziehbare Vorsteuer	4.560,00	
an 3310/1610 Verbindlichkeiten LuL		28.560,00
0235/0085 Grundstückswerte eig. beb. G.	204,00	
0240/0090 Gebäude	476,00	
an 3310/1610 Verbindlichkeiten LuL		680,00
0235/0085 Grundstückswerte eig. beb. G.	4.800,00	
0240/0090 Gebäude	11.200,00	
1400/1570 Abziehbare Vorsteuer	3.040,00	
an 3310/1610 Verbindlichkeiten LuL		19.040,00
3310/1610 Verbindlichkeiten LuL	800.000,00	
an 1800/1200 Bank		800.000,00
0235/0085 Grundstückswerte eig. beb. G.	15.600,00	
0240/0090 Gebäude	36.400,00	
an 3310/1610 Verbindlichkeiten LuL		52.000,00
4. 0235/0085 Grundstückswerte eig. beb. G.	96.000,00	
0240/0090 Gebäude	384.000,00	
an 1800/1200 Bank		480.000,00
0235/0085 Grundstückswerte eig. beb. G.	480,00	
0240/0090 Gebäude	1.920,00	
1400/1570 Abziehbare Vorsteuer	456,00	
an 3310/1610 Verbindlichkeiten LuL		2.856,00
0235/0085 Grundstückswerte eig. beb. G.	6.240,00	
0240/0090 Gebäude	24.960,00	
an 1800/1200 Bank		31.200,00
0235/0085 Grundstückswerte eig. beb. G.	200,00	
0240/0090 Gebäude	800,00	
an 3310/1610 Verbindlichkeiten LuL		1.000,00
5. 0235/0085 Grundstückswerte eig. beb. G.	30.000,00	
an 0215/0065 Unbebaute Grundstücke		30.000,00

	0240/0090 Gebäude	400.000,00	
	1400/1570 Abziehbare Vorsteuer	76.000,00	
	an 3310/1610 Verbindlichkeiten LuL		476.000,00
	3310/1610 Verb. LuL	476.000,00	
	an 1800/1200 Bank		466.480,00
	an 0240/0090 Gebäude		8.000,00
	an 1400/1570 Abziehbare Vorsteuer		1.520,00
6.	0215/0065 Unbebaute Grundstücke	225.000,00	
	an 2180/1890 Privateinlagen		225.000,00
	0235/0085 Grundstückswerte eig. beb. G.	1.800,00	
	1400/1570 Abziehbare Vorsteuer	342,00	
	an 2180/1890 Privateinlagen		2.142,00
	0215/0065 Unbebaute Grundstücke	720,00	
	an 2180/1890 Privateinlagen		720,00
	0215/0065 Unbebaute Grundstücke	21.375,00	
	an 7650/4340 Sonstige betr. Steuern		14.625,00
	an 6300/4900 Sonst. betr. Aufwendungen		6.750,00
7.	0240/0090 Gebäude	80.000,00	
	1400/1570 Abziehbare Vorsteuer	15.200,00	
	an 1800/1200 Bank		95.200,00
	0235/0085 Grundstückswerte eig. beb. G.	13.000,00	
	an 1800/1200 Bank		13.000,00
	0240/0090 Gebäude	4.800,00	
	1400/1570 Abziehbare Vorsteuer	912,00	
	an 1800/1200 Bank		5.712,00
	0235/0085 Grundstückswerte eig. beb. G.	50.000,00	
	an 1800/1200 Bank		50.000,00
8.	0235/0085 Grundstückswerte eig. beb. G.	240.000,00	
	0240/0090 Gebäude	560.000,00	
	an 3310/1610 Verb. LuL		800.000,00
	0235/0085 Grundstückswerte eig. beb. G.	7.200,00	
	0240/0090 Gebäude	16.800,00	
	1400/1570 Abziehbare Vorsteuer	4.560,00	
	an 3310/1610 Verb. LuL		28.560,00
	0235/0085 Grundstückswerte eig. beb. G.	4.800,00	
	0240/0090 Gebäude	11.200,00	
	1400/1570 Abziehbare Vorsteuer	3.040,00	
	an 3310/1610 Verb. LuL		19.040,00
	6825/4950 Rechts- und Beratungskosten (6855/4970 Nebenkosten des GV)	1.000,00	
	1400/1570 Abziehbare Vorsteuer	190,00	
	an 3310/1610 Verb. LuL		1.190,00

	6825/4950 Rechts- und Beratungskosten (6855/4970 Nebenkosten des GV)	100,00	
	0235/0085 Grundstückswerte eig. beb. G.	174,00	
	0240/0090 Gebäude	406,00	
	an 3310/1610 Verbindlichkeiten LuL		680,00
	1800/1200 Bank	800.000,00	
	an 3150/0650 Verb. KI		800.000,00
	3310/1610 Verb. LuL	800.000,00	
	an 1800/1200 Bank		800.000,00
	0235/0085 Grundstückswerte eig. beb. G.	15.600,00	
	0240/0090 Gebäude	36.400,00	
	an 3310/1610 Verbindlichkeiten LuL		52.000,00
9.	0235/0085 Grundstückswerte eig. beb. G.	160.000,00	
	0240/0090 Gebäude	640.000,00	
	an 3310/1610 Verb. LuL		800.000,00
	0235/0085 Grundstückswerte eig. beb. G.	10.400,00	
	0240/0090 Gebäude	41.600,00	
	an 3310/1610 Verbindlichkeiten LuL		52.000,00
	6825/4950 Rechts- u. Beratungskosten (6855/4970 Nebenkosten des GV)	4.000,00	
	1400/1570 Abziehbare Vorsteuer	760,00	
	an 3310/1610 Verb. LuL		4.760,00
	0235/0085 Grundstückswerte eig. beb. G.	2.400,00	
	0240/0090 Gebäude	9.600,00	
	1400/1570 Abziehbare Vorsteuer	2.280,00	
	an 3310/1610 Verb. LuL		14.280,00
	6825/4950 Rechts- und Beratungskosten (6855/4970 Nebenkosten des GV)	5.000,00	
	1400/1570 Abziehbare Vorsteuer	950,00	
	an 3310/1610 Verb. LuL		5.950,00
	0235/0085 Grundstückswerte eig. beb. G.	352,00	
	0240/0090 Gebäude	1.408,00	
	an 3310/1610 Verbindlichkeiten LuL		1.760,00
	6825/4950 Rechts- und Beratungskosten (6855/4970 Nebenkosten des GV)	880,00	
	an 3310/1610 Verbindlichkeiten LuL		880,00
10.	0235/0085 Grundstückswerte eig. beb. G.	380.000,00	
	0240/0090 Gebäude	1.520.000,00	
	an 3310/1610 Verb. LuL		1.900.000,00
	0235/0085 Grundstückswerte eig. beb. G.	3.600,00	
	0240/0090 Gebäude	14.400,00	
	1400/1570 Abziehbare Vorsteuer	3.420,00	
	an 3310/1610 Verb. LuL		21.420,00
	6825/4950 Rechts- und Beratungskosten (6855/4970 Nebenkosten des GV)	3.000,00	

	1400/1570 Abziehbare Vorsteuer	570,00	
	an 3310/1610 Verb. LuL		3.570,00
	0235/0085 Grundstückswerte eig. beb. G.	280,00	
	0240/0090 Gebäude	1.120,00	
	6825/4950 Rechts- und Beratungskosten	750,00	
	(6855/4970 Nebenkosten des GV)		
	an 3310/1610 Verbindlichkeiten LuL		2.150,00
	0235/0085 Grundstückswerte eig. beb. G.	24.700,00	
	0240/0090 Gebäude	98.800,00	
	an 3310/1610 Verbindlichkeiten LuL		123.500,00
	1800/1200 Bank	1.500.000,00	
	an 3150/0650 Verb. KI		1.500.000,00
	3310/1610 Verb. LuL	2.050.640,00	
	an 1800/1200 Bank		2.050.640,00
11.	0235/0085 Grundstückswerte eig. beb. G.	80.000,00	
	0240/0090 Gebäude	320.000,00	
	an 3310/1610 Verb. LuL		400.000,00
	0235/0085 Grundstückswerte eig. beb. G.	2.400,00	
	0240/0090 Gebäude	9.600,00	
	1400/1570 Abziehbare Vorsteuer	2.280,00	
	an 3310/1610 Verb. LuL		14.280,00
	0235/0085 Grundstückswerte eig. beb. G.	5.200,00	
	0240/0090 Gebäude	20.800,00	
	an 3310/1610 Verb. LuL		26.000,00
	0235/0085 Grundstückswerte eig. beb. G.	800,00	
	0240/0090 Gebäude	3.200,00	
	1400/1570 Abziehbare Vorsteuer	760,00	
	an 3310/1610 Verb. LuL		4.760,00
	6825/4950 Rechts- und Beratungskosten	1.500,00	
	(6855/4970 Nebenkosten des GV)		
	1400/1570 Abziehbare Vorsteuer	285,00	
	an 3310/1610 Verb. LuL		1.785,00
	0235/0085 Grundstückswerte eig. beb. G.	90,00	
	0240/0090 Gebäude	360,00	
	6825/4950 Rechts- und Beratungskosten	280,00	
	(6855/4970 Nebenkosten des GV)		
	an 3310/1610 Verb. LuL		730,00
	1800/1200 Bank	340.000,00	
	an 3150/0650 Verb. KI		340.000,00
	3310/1610 Verb. LuL	447.555,00	
	an 1800/1200 Bank		447.555,00

Seiten 278 - 281

1.	0440/0240 Maschinen	79.000,00	

	1400/1570 Abziehbare Vorsteuer	15.010,00	
	an 3310/1610 Verb. LuL		94.010,00
	3310/1610 Verb. LuL	94.010,00	
	an 0440/0240 Maschinen		1.580,00
	an 1400/1570 Abziehbare Vorsteuer		300,20
	an 1800/1200 Bank		92.129,80
2.	0520/0320 Fuhrpark	15.795,00	
	1400/1570 Abziehbare Vorsteuer	3.001,81	
	6500/4500 Fahrzeugkosten	84,00	
	an 3310/1610 Verbindlichkeiten LuL		18.880,81
3.	0440/0240 Maschinen	1.300,00	
	an 5900/3100 Fremdleistungen		800,00
	an 5800/3800 Bezugskosten		500,00

4.

Nettopreis	162.000,00 €
Transport	5.000,00 €
Aufstellen	7.000,00 €
Verankerung	12.000,00 €
Anschaffungskosten	186.000,00 €

5.	3310/1610 Verbindlichkeiten LuL	78.897,00	
	an 0520/0320 Fuhrpark		1.300,00
	an 1400/1570 Abziehbare Vorsteuer		247,00
	an 1800/1200 Bank		77.350,00
6.	0520/0320 Fuhrpark	5.700,00	
	an 1400/1570 Abziehbare Vorsteuer		5.700,00
7.	5700/3700 Nachlässe/Sk./B.	94,50	
	an 0650/0410 BGA		94,50
	3800/1770 USt	17,95	
	an 1400/1570 Abziehbare Vorsteuer		17,95
8.	0520/0320 Fuhrpark	40.588,00	
	1400/1570 Abziehbare Vorsteuer	7.711,72	
	an 3310/1610 Verbindlichkeiten LuL		48.299,72
	3310/1610 Verbindlichkeiten LuL	48.299,72	
	an 0520/0320 Fuhrpark		1.217,64
	an 1400/1570 Abziehbare Vorsteuer		231,35
	an 1800/1200 Bank		46.850,73
	1) a) 6500/4500 Fahrzeugkosten	400,00	
	1400/1570 Abziehbare Vorsteuer	76,00	
	an 3310/1610 Verb. LuL		476,00
	b) 6500/4500 Fahrzeugkosten	150,00	
	1400/1570 Abziehbare Vorsteuer	28,50	
	an 1600/1000 Kasse		178,50
	c) 6500/4500 Fahrzeugkosten	500,00	
	1400/1570 Abziehbare Vorsteuer	95,00	
	an 1800/1200 Bank		595,00

d) 6500/4500 Fahrzeugkosten	900,00	
1400/1570 Abziehbare Vorsteuer	171,00	
an 3310/1610 Verb. LuL		1.071,00
e) 7685/4510 Kfz-Steuer	560,00	
6520/4520 Kfz-Versicherungen	1.800,00	
an 1800/1200 Bank		2.360,00
f) 0520/0320 Fuhrpark	600,00	
1400/1570 Abziehbare Vorsteuer	114,00	
an 3310/1610 Verb. LuL		714,00
g) 0520/0320 Fuhrpark (Erstbeschaffung)	800,00	
1400/1570 Abziehbare Vorsteuer	152,00	
an 1600/1000 Kasse		952,00
h) 0520/0320 Fuhrpark	1.500,00	
1400/1570 Abziehbare Vorsteuer	285,00	
an 3310/1610 Verb. LuL		1.785,00

2)

Kaufpreis netto	40.588,00 €
- 3 % Skonto	1.217,64 €
+ Anhängerkupplung	600,00 €
+ Alarmanlage	1.500,00 €
+ Winterreifen	800,00 €
Anschaffungskosten	42.270,36 €

3)

Auswirkungen	auf den Erfolg	auf die Bilanzsumme
Kauf	-	+ 48.299,72
Bezahlung	-	- 48.299,72
a)	- 400,00	+ 76,00
b)	- 150,00	- 150,00
c)	- 500,00	- 500,00
d)	- 900,00	+ 171,00
e)	- 2.360,00	- 2.360,00
f)	-	+ 714,00
g)	-	-
h)	-	+ 1.785,00

9. 0650/0410 BGA	44.800,00	
1400/1570 Abziehbare Vorsteuer	8.512,00	
an 3310/1610 Verbindlichkeiten LuL		53.312,00
3310/1610 Verbindlichkeiten LuL	7.996,80	
an 0650/0410 BGA		6.720,00
an 1400/1570 Abziehbare Vorsteuer		1.276,80
3310/1610 Verbindlichkeiten LuL	45.315,20	
an 0650/0410 BGA		1.142,40
an 1400/1570 Abziehbare Vorsteuer		217,06
an 1800/1200 Bank		43.955,74
10. 0650/0410 BGA	820,00	
1400/1570 Abziehbare Vorsteuer	155,80	
an 3310/1610 Verbindlichkeiten LuL		975,80
3310/1610 Verbindlichkeiten LuL	975,80	

	an 0650/0410 BGA		24,60
	an 1400/1570 Abziehbare Vorsteuer		4,67
	an 1800/1200 Bank		946,53
	0670/0480 GWG	795,40	
	an 0650/0410 BGA		795,40
11.	0650/0410 BGA	25.000,00	
	1400/1570 Abziehbare Vorsteuer	4.750,00	
	an 3310/1610 Verbindlichkeiten LuL		29.750,00
	3310/1610 Verbindlichkeiten LuL	29.750,00	
	an 4900/2700 Sonst. betr. Ertr.		1.000,00
	an 0650/0410 BGA		500,00
	an 1400/1570 Abziehbare Vorsteuer		95,00
	an 1800/1200 Bank		28.155,00

<u>Seiten 285 - 287</u>

1.	0440/0240 Maschinen	1.399,00	
	an 4820/8990 Andere aktivierte Eigenleistungen		1.399,00
2.	0440/0240 Maschinen	2.106,00	
	an 4820/8990 Andere aktivierte Eigenleistungen		2.106,00
3.	0440/0240 Maschinen	32.000,00	
	1400/1570 Abziehbare Vorsteuer	6.080,00	
	an 3310/1610 Verbindlichkeiten LuL		38.080,00
	0440/0240 Maschinen	1.000,00	
	an 6490/4809 Reparaturen/Instandhaltung		1.000,00
	0440/0240 Maschinen	2.500,00	
	an 4820/8990 Andere aktivierte Eigenleistungen		2.500,00
4.	0440/0240 Maschinen	8.500,00	
	1400/1570 Abziehbare Vorsteuer	1.615,00	
	an 3310/1610 Verbindlichkeiten LuL		10.115,00
	0440/0240 Maschinen	650,00	
	1400/1570 Abziehbare Vorsteuer	123,50	
	an 3310/1610 Verbindlichkeiten LuL		773,50
	0440/0240 Maschinen	450,00	
	an 4820/8990 Andere aktivierte Eigenleistungen		450,00
5.	0650/0410 BGA	142,86	
	1400/1570 Abziehbare Vorsteuer	27,14	
	an 1600/1000 Kasse		170,00
	0650/0410 BGA	960,00	
	an 4820/8990 Andere aktivierte Eigenleistungen		960,00
	0670/0480 GWG	1.102,86	
	an 0650/0410 BGA		1.102,86
6.	a) 0440/0240 Maschinen	90.309,60	

Seite 292 - 295

1.

PKW	8.333,33 €	
LKW	14.000,00 €	8.166,67 €
Anhänger	1.750,00 €	
Geldwechsler	1.000,00 €	
Büromöbel	3.500,00 €	5.833,33 €
Panzerschrank	83,33 €	

2.

Zieleinkaufspreis	3.312,00 €
- 3 % Skonto	99,36 €
Anschaffungskosten	3.212,64 €

steuerrechtlich: z. B.

6220/4830 Abschreibungen auf SA	1.338,60	
an 0650/0410 BGA		1.338,60

handelsrechtlich: zeitanteilig

6220/4830 Abschreibung auf SA	446,20	
an 0650/0410 BGA		446,20

3. a)

Listenpreis	28.000,00 €
- 8 % Rabatt	2.240,00 €
	25.760,00 €
+ Sonderausstattung	2.100,00 €
+ Überführung	400,00 €
+ Nummernschilder	40,00 €
	28.300,00 €
- 3 % Skonto	849,00 €
	27.451,00 €
+ Zulassungskosten	45,00 €
Anschaffungskosten	27.496,00 €

b)

0520/0320 Fuhrpark	28.300,00	
1400/1570 Abziehbare Vorsteuer	5.377,00	
an 3310/1610 Verb. LuL		33.677,00
0520/0320 Fuhrpark	45,00	
6500/4500 Fahrzeugkosten	45,00	
1400/1570 Abziehbare Vorsteuer	8,55	
an 3310/1610 Verb. LuL		98,55
3310/1610 Verb. LuL	98,55	
an 1800/1200 Bank		98,55
3310/1610 Verb. LuL	33.677,00	
an 3310/1610 Bank		32.666,69
an 0520/0320 Fuhrpark		849,00
an 1400/1570 Abziehbare Vorsteuer		161,31

c) 27.496,00 € : 6 = 4.582,67 € Jahres-AfA

4.582,67 € x $^{3}/_{12}$ = 1.145,67 € zeitanteilige AfA

4.

Soll	Eröffnungsbilanzkonto		Haben
Eigenkapital	157.500,00	BGA	80.000,00
Verb. KI	90.000,00	Fuhrpark	22.500,00

Verb. LuL	190.000,00	Bestand an Waren	210.000,00
		Ford. LuL	20.000,00
		Kasse	15.000,00
		Bank	90.000,00
---	----------+-		----------
	437.500,00		437.500,00

a) Aktivkonten	437.500,00	
an EBK		437.500,00
b) EBK	437.500,00	
an Passivkonten		437.500,00
1. 5200/3200 Wareneingang	20.000,00	
1400/1570 Abziehbare Vorsteuer	3.800,00	
an 3310/1610 Verb. LuL		23.800,00
2. 3310/1610 Verb. LuL	30.000,00	
an 1800/1200 Bank		30.000,00
3. 3150/0650 Verb. KI	40.000,00	
an 1800/1200 Bank		40.000,00
4. 1600/1000 Kasse	41.650,00	
an 4000/8000 Umsatzerlöse		35.000,00
an 3800/1770 USt		6.650,00
5. 0520/0320 Fuhrpark	36.000,00	
1400/1570 Abziehbare Vorsteuer	6.840,00	
an 3310/1610 Verb. LuL		42.840,00
6. 6000/4100 Löhne und Gehälter	4.000,00	
an 1600/1000 Kasse		4.000,00
7. 3310/1610 Verb. LuL	10.000,00	
an 1800/1200 Bank		10.000,00
8. 7300/2100 Zinsen u. ä. Aufw.	500,00	
an 1800/1200 Bank		500,00
9. 6500/4500 Fahrzeugkosten	900,00	
1400/1570 Abziehbare Vorsteuer	171,00	
an 3310/1610 Verb. LuL		1.071,00
10. 2100/1800 Privatentnahmen	1.500,00	
an 1600/1000 Kasse		1.500,00
a) 1140/3980 Bestand an Waren	10.000,00	
an 5200/3200 Wareneingang		10.000,00
b) 6200/4830 Abschr. auf SA	10.000,00	
an 0650/0410 BGA		10.000,00
c) 6200/4830 Abschr. auf SA	14.700,00	
an 0520/0320 Fuhrpark		10.200,00
an 0520/0320 Fuhrpark		4.500,00
d) G+V	40.100,00	

	an Aufwandskonten		40.100,00
e)	Ertragskonten	35.000,00	
	an G+V		35.000,00
f)	Eigenkapital	5.100,00	
	an G+V		5.100,00
g)	2000/0880 Eigenkapital	1.500,00	
	an 2100/1800 Privatentnahmen		1.500,00
h)	3800/1770 USt	6.650,00	
	an 1400/1570 Abziehbare Vorsteuer		6.650,00
i)	SBK	418.611,00	
	an Aktivkonten		418.611,00
j)	Passivkonten	418.611,00	
	an SBK		418.611,00

Soll		G + V	Haben
Wareneingang	10.000,00	Umsatzerlöse	35.000,00
Löhne/Gehälter	4.000,00	Eigenkapital	5.100,00
Abschr. SA	24.700,00		
Fahrzeugkosten	900,00		
Zinsen u. ä. Aufw.	500,00		

	40.100,00		40.100,00

Soll		Schlussbilanzkonto	Haben
BGA	70.000,00	Eigenkapital	150.900,00
Fuhrpark	43.800,00	Verb. KI	50.000,00
Bestand an Waren	220.000,00	Verb. LuL	217.711,00
Ford. LuL	20.000,00		
Vorsteuer	4.161,00		
Kasse	51.150,00		
Bank	9.500,00		

	418.611,00		418.611,00

Warenbestand 01. Januar 02	210.000,00 EUR
- Warenbestand 31. Dezember 02	220.000,00 EUR
+ Wareneingang	20.000,00 EUR
1. Wareneinsatz	10.000,00 EUR
Umsatzerlöse	35.000,00 EUR
- Wareneinsatz	10.000,00 EUR
2. Rohgewinn	25.000,00 EUR
- übrige Aufwendungen	30.100,00 EUR
3. Verlust	5.100,00 EUR

Auswirkung auf	Erfolg	Eigenkapital	Bilanzsumme
1.	- 20.000,00	- 20.000,00	+ 3.800,00
2.	-	-	- 30.000,00

3.	-	-	- 40.000,00
4.	+ 35.000,00	+ 35.000,00	+ 41.650,00
5.	-	-	+ 42.840,00
6.	- 4.000,00	- 4.000,00	- 4.000,00
7.	-	-	- 10.000,00
8.	- 500,00	- 500,00	- 500,00
9.	- 900,00	- 900,00	+ 171,00
10.	-	- 1.500,00	- 1.500,00

5. Soll — Eröffnungsbilanzkonto — Haben

Soll		Haben	
Eigenkapital	444.000,00	Grundstw. e. d. G.	80.000,00
Verb. LuL	280.000,00	Gebäude	264.000,00
		Fuhrpark	30.000,00
		Bestand an Waren	220.000,00
		Ford. LuL	60.000,00
		Kasse	20.000,00
		Bank	50.000,00
---	724.000,00		724.000,00

a)	Aktivkonten	724.000,00	
	an EBK		724.000,00
b)	EBK	724.000,00	
	an Passivkonten		724.000,00
1.	1210/1410 Ford. LuL	29.750,00	
	an 4000/8000 Umsatzerlöse		25.000,00
	an 3800/1770 USt		4.750,00
2.	0520/0320 Fuhrpark	48.000,00	
	1400/1570 Abziehbare Vorsteuer	9.120,00	
	an 3310/1610 Verb. LuL		57.120,00
3.	1800/1200 Bank	1.500,00	
	an 4860/2750 Grundstückserträge		1.500,00
	(an Stfr. Umsätze § 4 Nr. 8 ff. UStG)		
4.	3310/1610 Verb. LuL	10.000,00	
	an 1800/1200 Bank		10.000,00
5.	5200/3200 Wareneingang	5.000,00	
	1400/1570 Abziehbare Vorsteuer	950,00	
	an 1600/1000 Kasse		5.950,00
6.	7685/4510 Kfz-Steuer	400,00	
	6520/4520 Kfz-Versicherungen	700,00	
	an 1800/1200 Bank		1.100,00
7.	1800/1200 Bank	4.000,00	
	an 1600/1000 Kasse		4.000,00
8.	6000/4100 Löhne und Gehälter	3.500,00	
	an 1600/1000 Kasse		3.500,00

9.	6805/4920 Telefon	250,00	
	1400/1570 Abziehbare Vorsteuer	47,50	
	an 1800/1200 Bank		297,50
10.	2100/1800 Privatentnahmen	952,00	
	an 4620/8910 Entnahmen durch U.		800,00
	an 3800/1770 USt		152,00
a)	5200/3200 Wareneingang	20.000,00	
	an 1140/3980 Bestand an Waren		20.000,00
b)	6220/4830 Abschr. auf SA	6.000,00	
	an 0240/0090 Gebäude		6.000,00
c)	6220/4830 Abschr. auf SA	17.000,00	
	an 0520/0320 Fuhrpark		2.000,00
	an 0520/0320 Fuhrpark		15.000,00
d)	G+V	52.850,00	
	an Aufwandskonten		52.850,00
e)	Ertragskonten	27.300,00	
	an G+V		27.300,00
f)	Eigenkapital	25.550,00	
	an G+V		25.550,00
g)	2000/0880 Eigenkapital	952,00	
	an 2100/1800 Privatentnahmen		952,00
h)	3800/1770 USt	4.902,00	
	an 1400/1570 Abziehbare Vorsteuer		4.902,00
i)	SBK	744.618,00	
	an Aktivkonten		744.618,00
j)	Passivkonten	744.618,00	
	an SBK		744.618,00

Soll — G + V — Haben

Soll		Haben	
Wareneingang	25.000,00	Umsatzerlöse	25.000,00
Löhne/Gehälter	3.500,00	Entnahmen durch U.	800,00
Abschr. SA	23.000,00	Grundstückserträge	1.500,00
Kfz-Versicherungen	700,00	Eigenkapital	25.550,00
Telefon	250,00		
Kfz-Steuer	400,00		
	52.850,00		52.850,00

Soll — Schlussbilanzkonto — Haben

Soll		Haben	
Grundstw. e. d. G.	80.000,00	Eigenkapital	417.498,00
Gebäude	258.000,00	Verb. LuL	327.120,00
Fuhrpark	61.000,00		
Bestand an Waren	200.000,00		
Ford. LuL	89.750,00		
Vorsteuer	5.215,50		

Kasse	6.550,00	
Bank	44.102,50	
---	----------	----------
	744.618,00	744.618,00

	Warenbestand 01. Januar 02	220.000,00 EUR
	- Warenbestand 31. Dezember 02	200.000,00 EUR
	+ Wareneingang	5.000,00 EUR
1.	Wareneinsatz	25.000,00 EUR
	Umsatzerlöse	25.000,00 EUR
	- Wareneinsatz (für Umsatzerlöse)	24.200,00 EUR
2.	Rohgewinn	800,00 EUR
	+ übrige Erträge	2.300,00 EUR
	- übrige Aufwendungen (mit Wareneinsatz für Entnahmen durch U.	28.650,00 EUR
3.	Verlust	25.550,00 EUR

Auswirkung auf	Erfolg	Eigenkapital	Bilanzsumme
1.	+ 25.000,00	+ 25.000,00	+ 29.750,00
2.	-	-	+ 57.120,00
3.	+ 1.500,00	+ 1.500,00	+ 1.500,00
4.	-	-	- 10.000,00
5.	- 5.000,00	- 5.000,00	- 5.000,00
6.	- 1.100,00	- 1.100,00	- 1.100,00
7.	-	-	-
8.	- 3.500,00	- 3.500,00	- 3.500,00
9.	- 250,00	- 250,00	- 250,00
10.	+ 800,00	- 152,00	-

Seiten 296/297

1.	1210/1410 Ford. LuL	1.500.000,00	
	an 0235/0085 Grundstückswerte eig. beb. G.		100.000,00
	an 0240/0090 Gebäude		1.124.000,00
	an 4900/2720 Erträge aus dem Abgang von Gegenständen des AV		276.000,00
	6300/4900 Sonst. betr. Aufwendungen	45.000,00	
	1400/1570 Vorsteuer	8.550,00	
	an 3310/1610 Verbindlichkeiten LuL		53.550,00
2.	1210/1410 Ford. LuL	290.000,00	
	an 0235/0085 Grundstückswerte eig. beb. G.		50.000,00
	an 0240/0090 Gebäude		187.200,00
	an 4900/2720 Erträge aus dem Abgang von Gegenständen des AV		52.800,00
	6300/4900 Sonst. betr. Aufwendungen	11.700,00	
	1400/1570 Vorsteuer	2.223,00	
	an 3310/1610 Verb. LuL		13.923,00
	6220/4830 Abschreibungen auf SA	4.800,00	
	an 0240/0900 Gebäude		4.800,00
3.	0215/0065 Unbebaute Grundstücke	9.100,00	

	an 7650/4340 Sonstige betr. Steuern		9.100,00
	0215/0065 Unbebaute Grundstücke	80.000,00	
	an 3310/1610 Verb. LuL		80.000,00
	1800/1200 Bank	80.000,00	
	6900/2320 Verluste aus dem Abgang von Gegenständen des AV	185,00	
	an 0215/0065 Unbebaute Grundstücke		80.185,00
4.	1210/1410 Ford. LuL	45.000,00	
	6900/2320 Verluste aus dem Abgang von Gegenständen des AV	3.000,00	
	an 0215/0065 Unbebaute Grundstücke		48.000,00
5.	3310/1610 Ford. LuL	1.500.000,00	
	an 0235/0085 Grundstückswerte e. b. G.		100.000,00
	an 0240/0090 Gebäude		1.123.000,00
	an 6900/2320 Verluste aus dem Abgang von Gegenständen des AV		277.000,00
	6220/4830 Abschr. auf SA	5.000,00	
	an 0240/0090 Gebäude		5.000,00
	6300/4900 Sonst. betr. Aufwendungen	10.000,00	
	1400/1570 Vorsteuer	1.900,00	
	an 1600/1000 Kasse		11.900,00
6.	1210/1410 Ford. LuL	330.000,00	
	an 0235/0085 Grundstückswerte e. b. G.		50.000,00
	an 0240/0090 Gebäude		276.000,00
	an 4900/2720 Erträge aus dem Abgang von Gegenständen des AV		4.000,00
	6300/4900 Sonst. betr. Aufwendungen	1.000,00	
	1400/1570 abziehbare Vorsteuer	190,00	
	an 3310/1610 Verb. LuL		1.190,00
	6220/4830 Abschr. auf SA	6.000,00	
	an 0240/0090 Gebäude		6.000,00
7.	1210/1410 Ford. LuL	350.000,00	
	an 0235/0085 Grundstückswerte e. b. G.		30.000,00
	an 0240/0090 Gebäude		222.083,33
	an 4900/2720 Erträge aus dem Abgang von Gegenständen des AV		97.916,67
	6220/4830 Abschr. auf SA	4.166,67	
	an 0240/0090 Gebäude		4.166,67
8.	1210/1410 Ford. LuL	370.000,00	
	an 0235/0085 Grundstückswerte e. b. G.		50.000,00
	an 0240/0090 Gebäude		301.000,00
	an 4900/2720 Erträge aus dem Abgang von Gegenständen des AV		19.000,00
	6220/4830 Abschr. auf SA	7.000,00	
	an 0240/0090 Gebäude		7.000,00

9.	6900/2320 Verluste aus dem Abgang von Gegenständen des AV	38.050,00	
	1800/1200 Bank	300.000,00	
	an 0235/0085 Grundstückswerte e. b. G.		55.000,00
	an 0240/0090 Gebäude		283.050,00
	6220/4830 Abschr. auf SA	5.950,00	
	an 0240/0090 Gebäude		5.950,00
10.	6220/4830 Abschr. auf SA	10.800,00	
	an 0240/0090 Gebäude		10.800,00
	1800/1200 Bank	700.000,00	
	6900/2320 Verluste aus dem Abgang von Gegenständen des AV	83.800,00	
	an 0235/0085 Grundstückswerte e. b. G.		80.000,00
	an 0240/0090 Gebäude		703.800,00
	6220/4830 Abschr. auf SA	5.400,00	
	an 0240/0090 Gebäude		5.400,00

Seiten 299 - 391

1.	1210/1410 Forderungen LuL	16.660,00	
	an 6885/8800 Erlöse aus Anlagenverkäufen bei Buchverlust		14.000,00
	an 3800/1770 USt		2.660,00
	6895/2310 Anlagenabgang (Restbuchwert) bei Buchverlust	16.000,00	
	an 0520/0320 Fuhrpark		16.000,00
	6885/8800 Erlöse aus Anlagenverkäufen bei Buchverlust	280,00	
	3800/1770 USt	53,20	
	1800/1200 Bank	16.326,80	
	an 1210/1410 Forderungen LuL		16.660,00
2.	6220/4830 Abschreibungen auf SA	2.450,00	
	an 0520/0320 Fuhrpark		2.450,00
	1600/1000 Kasse	27.965,00	
	an 6885/8800 Erlöse aus Anlagenverkäufen bei Buchverlust		23.500,00
	an 3800/1770 USt		4.465,00
	6895/2310 Anlagenabgang (Restbuchwert) bei Buchverlust	26.950,00	
	an 0520/0320 Fuhrpark		26.950,00
3.	6200/4830 Abschreibungen auf SA	2.900,00	
	an 0440/0240 Maschinen		2.900,00
	4000/8000 Umsatzerlöse	3.200,00	
	an 4845/8820 Erlöse aus Anlagenverkäufen bei Buchgewinn		3.200,00

	4855/2315 Anlagenabgänge (Restbuch-		
	wert) bei Buchgewinn	2.600,00	
	an 0440/0240 Maschinen		2.600,00
4.	1800/1200 Bank	11.305,00	
	an 6885/8800 Erlöse aus Anlagenverkäufen		
	bei Buchverlust		9.500,00
	an 3800/1770 USt		1.805,00
	6220/4830 Abschreibungen auf SA	2.500,00	
	an 0440/0240 Maschinen		2.500,00
	6895/2310 Anlagenabgang (Restbuchwert)		
	bei Buchverlust	20.000,00	
	an 0440/0240 Maschinen		20.000,00
5.	1600/1000 Kasse	14.280,00	
	an 6885/8800 Erlöse aus Anlagenverkäufen		
	bei Buchverlust		12.000,00
	an 3800/1770 USt		2.280,00
	6220/4830 Abschreibungen auf SA	1.333,33	
	an 0440/0240 Maschinen		1.333,33
	6895/2310 Anlagenabgang (Restbuchwert)		
	bei Buchverlust	24.000,00	
	an 0520/0320 Fuhrpark		24.000,00
6.	0520/0320 Fuhrpark	30.000,00	
	1400/1570 Abziehbare Vorsteuer	5.700,00	
	an 3310/1610 Verbindlichkeiten LuL		35.700,00
	3310/1610 Verbindlichkeiten LuL	4.760,00	
	an 4845/8820 Erlöse aus Anlagenverkäufen		
	bei Buchgewinn		4.000,00
	an 3800/1770 USt		760,00
	3310/1610 Verbindlichkeiten LuL	30.940,00	
	an 0520/0320 Fuhrpark		900,00
	an 1400/1570 Abziehbare Vorsteuer		171,00
	an 1800/1200 Bank		29.869,00
	4855/2315 Anlagenabgänge (Restbuch-		
	wert) bei Buchgewinn	2.000,00	
	an 0520/0320 Fuhrpark		2.000,00
7.	0440/0240 Maschinen	79.500,00	
	1400/1570 Abziehbare Vorsteuer	15.105,00	
	an 3310/1610 Verbindlichkeiten LuL		94.605,00
	3310/1610 Verbindlichkeiten LuL	14.756,00	
	an 6885/8800 Erlöse aus Anlagenverkäufen		
	bei Buchverlust		12.400,00
	an 3800/1770 USt		2.356,00
	6895/2310 Anlagenabgang (Restbuchwert)		
	bei Buchverlust	15.000,00	

	an 0520/0320 Fuhrpark		15.000,00
	3310/1610 Verb. LuL	79.849,00	
	an 0440/0240 Maschinen		1.342,00
	an 1400/1570 Abziehbare Vorsteuer		254,98
	an 1800/1200 Bank		78.252,02
8.	0440/0240 Maschinen	80.000,00	
	1400/1570 Abziehbare Vorsteuer	15.200,00	
	an 3310/1610 Verbindlichkeiten LuL		95.200,00
	3310/1610 Verbindlichkeiten LuL	22.015,00	
	an 6885/8800 Erlöse aus Anlagenverkäufen bei Buchverlust		18.500,00
	an 3800/1770 USt		3.515,00
	6220/4830 Abschreibungen auf SA	22.000,00	
	6895/2310 Anlagenabgang (Restbuchwert) bei Buchverlust	26.000,00	
	an 0440/0240 Maschinen		48.000,00
9.	0520/0320 Fuhrpark	32.000,00	
	1400/1570 Abziehbare Vorsteuer	6.080,00	
	an 3310/1610 Verbindlichkeiten LuL		38.080,00
	3310/1610 Verbindlichkeiten LuL	14.875,00	
	an 4845/8820 Erlöse aus Anlagenverkäufen bei Buchgewinn		12.500,00
	an 3800/1770 USt		2.375,00
	3310/1610 Verbindlichkeiten LuL	23.205,00	
	an 1800/1200 Bank		22.443,40
	an 0520/0320 Fuhrpark		640,00
	an 1400/1570 Abziehbare Vorsteuer		121,60
	4855/2315 Anlagenabgänge (Restbuchwert) bei Buchgewinn	11.800,00	
	an 0520/0320 Fuhrpark		11.800,00

10. a)

1.	PKW Kaufpreis netto	28.000,00 €
	- Skonto	560,00 €
	+ Stereoanlage Kaufpreis netto	2.100,00 €
	- Skonto	63,00 €
	Anschaffungskosten	29.477,00 €
2.	Kaufpreis netto	33.000,00 €
	- Skonto	390,00 €
	Anschaffungskosten	32.610,00 €

b)

0520/0320 Fuhrpark	28.000,00	
1400/1570 Abziehbare Vorsteuer	5.320,00	
an 3310/1610 Verbindlichkeiten LuL		33.320,00
3310/1610 Verbindlichkeiten LuL	33.320,00	
an 1800/1200 Bank		32.653,60
an 0520/0320 Fuhrpark		560,00
an 1400/1570 Abziehbare Vorsteuer		106,40

0520/0320 Fuhrpark	2.100,00	
1400/1570 Abziehbare Vorsteuer	399,00	
an 3310/1610 Verbindlichkeiten LuL		2.499,00
3310/1610 Verbindlichkeiten LuL	2.499,00	
an 1800/1200 Bank		2.424,03
an 0520/0320 Fuhrpark		63,00
an 1400/1570 Abziehbare Vorsteuer		11,97
6220/4830 Abschr. auf SA	4.094,03	
an 0520/0320 Fuhrpark		4.094,03
6220/4830 Abschr. auf SA	4.912,83	
an 0520/0320 Fuhrpark		4.912,83
6220/4830 Abschr. auf SA	2.047,01	
an 0520/0320 Fuhrpark		2.047,01
4855/2315 Anlagenabgänge (Restbuchwert) bei Buchgewinn	18.423,13	
an 0520/0320 Fuhrpark		18.423,13
0520/0320 Fuhrpark	33.000,00	
1400/1570 Abziehbare Vorsteuer	6.270,00	
an 3310/1610 Verbindlichkeiten LuL		39.270,00
3310/1610 Verbindlichkeiten LuL	23.800,00	
an 4845/8820 Erlöse aus Anlagenverkäufen bei Buchgewinn		20.000,00
an 3800/1770 USt		3.800,00
3310/1610 Verbindlichkeiten LuL	15.470,00	
an 1800/1200 Bank		15.005,90
an 0520/0320 Fuhrpark		390,00
an 1400/1570 Abziehbare Vorsteuer		74,10
6220/4830 Abschr. auf SA	3.170,42	
an 0520/0320 Fuhrpark		3.170,42
11. 0520/0320 Fuhrpark	40.660,00	
1400/1570 Abziehbare Vorsteuer	7.714,00	
an 3310/1610 Verb. LuL		48.374,00
0520/0320 Fuhrpark	1.600,00	
1400/1570 abziehbare Vorsteuer	304,00	
an 3310/1610 Verb. LuL		1.904,00
3310/1610 Verb. LuL	1.904,00	
an 1800/1200 Bank		1.846,88
an 0520/0320 Fuhrpark		48,00
an 1400/1570 Abziehbare Vorsteuer		9,12
6220/4830 Abschreibungen auf SA	5.276,50	
an 0520/0320 Fuhrpark		5.276,50
1600/1000 Kasse	8.000,00	
an 6885/8800 Erlöse aus Anlagenverkäufen bei Buchverlust		6.722,69

an 3800/1770 USt		1.277,31
6220/4830 Abschreibungen auf SA	1.833,33	
an 0440/0240 Maschinen		1.833,33
6895/2310 Anlagenabgang (Restbuchwert) bei Buchverlust	9.166,67	
an 0520/0320 Fuhrpark		9.166,67

Seiten 302/303

1.

Bezeichnung des Gegenstandes	AfA Wj	Bilanzwert 31.12.07
Fabrikgebäude	16.200,00	521.100,00
Kraftfahrzeuge		
- PKW	7.500,00	625,00
- LKW	10.000,00	78.334,00
andere BGA		
- Presslufthammer	12.000,00	53.000,00
- Büromöbel	5.500,00	53.625,00

2.

Bezeichnung des Gegenstandes	AfA Wj	Bilanzwert 31.12.07
Fabrikgebäude	11.550,00	648.450,00
Fahrzeuge		
- PKW	6.400,00	30.400,00
- LKW	9.000,00	55.500,00
- LKW-Anhänger	3.500,00	29.750,00
Betriebsausst.		
- Drehbank	2.500,00	30.834,00
- Kompressor	1.500,00	6.750,00
Büroeinrichtung		
- EDV-Anlage	1.167,00	47.833,00
- Schreibtisch	350,00	3.413,00
- Schreibmaschine	120,00	630,00

Seiten 303 - 305

1.

1) 3310/1610 Verb. LuL	2.975,00	
an 5700/3700 Nachlässe/Sk./B.		2.500,00
an 1400/1570 Abziehbare Vorsteuer		475,00
2) 0235/0085 Grundstückswerte eig. b. G.	2.220,00	
0240/0090 Gebäude	8.880,00	
1400/1570 Abziehbare Vorsteuer	1.710,00	
an 3310/1610 Verb. LuL		12.810,00

0235/0085 Grundstückswerte eig. b. G.	85.680,00	
0240/0090 Gebäude	342.720,00	
an 3310/1610 Verb. LuL		428.400,00
3) 2100/1800 Privatentnahmen	2.189,60	
an 4620/8910 Entnahmen des Unternehmers für Zw. außerhalb des U. (Waren) mit USt		1.840,00
an 3800/1770 USt		349,60
4) 6670/4670 Reisekosten Unternehmer	50,00	
1400/1570 Abziehbare Vorsteuer	3,50	
an 2180/1890 Privateinlagen		53,50
5) 0520/0320 Fuhrpark	70.000,00	
1400/1570 Abziehbare Vorsteuer	13.300,00	
an 3310/1610 Verb. LuL		83.300,00
3310/1610 Verb. LuL	15.470,00	
an 4845/8820 Erlöse aus Anlageverkäufen bei Buchgewinn		13.000,00
an 3800/1770 USt		2.470,00
4855/2315 Anlagenabgänge (Restbuchwert) bei Buchgewinn	1,00	
an 0520/0320 Fuhrpark		1,00
6) 5700/3700 Nachlässe/Sk./B.	750,00	
an 0650/0410 BGA		750,00
7) 6000/4100 L. u. Gehälter	50.000,00	
an 3720/1740 Verb. Lohn/Gehalt		32.712,50
an 3730/1741 Verb. LSt/KiSt		7.375,00
an 3740/1742 Verb. i. R. der soz. Sicherheit		9.912,50
6110/4130 Ges. soz. Aufwendungen	9.912,50	
an 3740/1742 Verb. i. R. der soz. Sicherheit		9.912,50
8) 6220/4830 Abschreibungen auf SA	1.758,00	
an 0240/0090 Gebäude		1.758,00
9) 6220/4830 Abschreibungen auf SA	6.805,55	
an 0520/0320 Fuhrpark		6.805,55
10) 6220/4830 Abschreibungen auf SA	1.732,14	
an 0650/0410 BGA		1.732,14

Auswirkungen auf	Erfolg	Bilanzsumme
1)	+ 2.500,00	- 475,00
2)	-	+ 12.810,00
	-	+ 428.400,00
3)	+ 1.840,00	-
4)	- 50,00	+ 3,50
5)	-	+ 83.300,00
	+ 12.999,00	- 1,00
6)	- 750,00	- 750,00
7)	- 59.912,50	-

8)	¦	- 1.758,00 ¦	- 1.758,00
9)	¦	- 6.805,55 ¦	- 6.805,55
10)	¦	- 1.732,14 ¦	- 1.732,14

2. 6035/4295 Löhne für Minijobs	18,14	
6036/4194 Pauschale LSt für Minijobber	10,08	
6171/4144 Soziale Abgaben für Minijobber	141,12	
an 1800/1200 Bank		169,34
6035/4295 Löhne für Minijobs	485,86	
an 1800/1200 Bank		485,86
(+ Umlagen)		

3. Ortsüblicher Mietwert	1.320,00 €
- davon 1/3 (Bewertungsabschlag)	440,00 €
Vergleichsmiete	880,00 €
- vom AN gezahltes Entgelt	930,00 €

Es ist kein Sachbezugswert anzusetzen, weil das vom AN gezahlte Entgelt mindestens so hoch wie die Vergleichsmiete ist.

a) Der stpfl. Arbeitslohn beträgt 3.200,00 €

b) 6000/4100 L. u. Gehälter	676,80	
6110/4130 Ges. soz. Aufwendungen	676,80	
an 1800/1200 Bank		1.353,60
6130/4140 Freiw. soz. Aufwendungen lst-frei	390,00	
an 4949/8614 Verrechnete Sachbezüge ohne USt		390,00
6000/4100 L. u. Gehälter	2.523,20	
an 1800/1200 Bank		1.068,20
an 3730/1741 Verb. LSt/KiSt		525,00
an 4860/2750 Grundstückserträge		930,00
(4100/8100 Stfr. Ums. § 4 Nr. 8 ff. UStG)		
4. 6643/4653 Aufmerksamkeiten	56,00	
1400/1570 Abziehbare Vorsteuer	3,92	
an 1600/1000 Kasse		59,92
5. a) 0240/0090 Gebäude	595.000,00	
an 3310/1610 Verbindlichkeiten LuL		595.000,00
3310/1610 Verbindlichkeiten LuL	595.000,00	
an 0240/0090 Gebäude		11.900,00
an 1800/1200 Bank		583.100,00
1800/1200 Bank	3.000,00	
an 4860/4140 Grundstückserträge		3.000,00
(4100/8100 Stfr. Ums. % 4 Nr. 8 ff. UStG)		
b) 0240/0090 Gebäude	500.000,00	
1400/1570 abziehbare Vorsteuer	95.000,00	
an 3310/1610 Verbindlichkeiten LuL		595.000,00
3310/1610 Verbindlichkeiten LuL	595.000,00	
an 0240/0090 Gebäude		10.000,00
an 1800/1200 Bank		583.100,00

	an 1400/1570 Abziehbare Vorsteuer		1.900,00
	1800/1200 Bank	3.570,00	
	an 4860/2750 Grundstückserträge		3.000,00
	an 3800/1770 USt		570,00
6.	0520/0320 Fuhrpark	37.660,00	
	1400/1570 Abziehbare Vorsteuer	3.990,00	
	an 3310/1610 Verb. LuL		41.650,00
	3310/1610 Verb. LuL	41.650,00	
	an 0520/0320 Fuhrpark		1.129,80
	an 1400/1570 Abziehbare Vorsteuer		119,70
	an 1800/1200 Bank		40.400,50
7.	a) 6500/4500 Fahrzeugkosten	600,00	
	1400/1570 Abziehbare Vorsteuer	114,00	
	an 3310/1610 Verb. LuL		714,00
	b) 6500/4500 Fahrzeugkosten	150,00	
	1400/1570 Abziehbare Vorsteuer	28,50	
	an 1600/1000 Kasse		178,50
	c) 6310/4210 Miete	100,00	
	an 1800/1200 Bank		100,00
	d) 6500/4500 Fahrzeugkosten	800,00	
	1400/1570 Abziehbare Vorsteuer	152,00	
	an 3310/1610 Verb. LuL		952,00
	e) 7685/4510 Kfz-Steuer	600,00	
	6520/4520 Versicherungen	2.000,00	
	an 1800/1200 Bank		2.600,00
	f) 0520/0320 Fuhrpark	1.100,00	
	1400/1570 Abziehbare Vorsteuer	209,00	
	an 3310/1610 Verb. LuL		1.309,00
	g) 6500/4500 Fahrzeugkosten	700,00	
	1400/1570 Abziehbare Vorsteuer	133,00	
	an 1600/1000 Kasse		833,00

8.

	Speisen	Getränke
Aufwendungen	450,00 €	600,00 €
davon unangemessen		300,00 €
angemessene Bewirtungskosten	450,00 €	300,00 €
- davon abzugf. BA 70 %	315,00 €	210,00 €
- davon nicht abzugsf. BA 30 %	135,00 €	90,00 €
darauf entfallende abziehbare Vorsteuer (88,50 €)	31,50 €	57,00 €

Vorsteuer lt. ER insgesamt	145,50 €
- abziehbare Vorsteuer	88,50 €
nicht abziehbare Vorsteuer durch unangemessene Betriebsausgaben	57,00 €

nicht abzugsfähige BA

- unangemessene Bewirtung	300,00 €
- 30 % der angemessenen Bewirtung	225,00 €
insgesamt	525,00 €

6640/4650 Bewirtungskosten	525,00	
1400/1570 Abziehbare Vorsteuer	88,50	
6644/4654 Bewirtungskosten nicht abzugsfähig	525,00	
6860/4300 nicht abziehbare Vorsteuer	57,00	
an 3310/1610 Verbindlichkeiten LuL		1.195,50

9. a)

0520/0320 Fuhrpark	29.000,00	
an 3310/1610 Verbindlichkeiten LuL		29.000,00
3310/1610 Verbindlichkeiten LuL	29.000,00	
an 0520/0320 Fuhrpark		870,00
an 1800/1200 Bank		28.130,00
0520/0320 Fuhrpark	2.200,00	
1400/1570 Abziehbare Vorsteuer	418,00	
an 3310/1610 Verbindlichkeiten LuL		2.618,00
3310/1610 Verbindlichkeiten LuL	2.618,00	
an 1800/1200 Bank		2.565,64
an 0520/0320 Fuhrpark		44,00
an 1400/1570 Abziehbare Vorsteuer		8,36

b)

Kaufpreis netto	29.000,00 €
- 3 % Skonto	870,00 €
+ Navigationsgerät netto	2.200,00 €
- 2 % Skonto auf Navi	44,00 €
Anschaffungskosten	30.286,00 €

<u>Seiten 313 - 315</u>

1. a)

1)	1300/1500 Sonst. Vermögensgegenstände	600,00	
	an 4860/2750 Grundstückserträge		600,00
	(4100/8100 Stfr. Umsätze § 4 Nr. 8 ff. UStG)		
2)	1800/1200 Bank	600,00	
	an 1300/1500 Sonst. Vermögensgegenstände		600,00

b)

1)	7300/2100 Zinsen u. ä. Aufwendungen	1.000,00	
	an 3500/1700 Sonst. Verb.		1.000,00
2)	7300/2100 Zinsen u. ä. Aufwendungen	1.400,00	
	3500/1700 Sonst. Verb.	1.000,00	
	an 1800/1200 Bank		2.400,00

c)

1)	1300/1500 Sonst. Vermögensgegenstände	18.000,00	
	an 4830/2700 Sonst. betr. Erträge		18.000,00
2)	1800/1200 Bank	18.000,00	
	an 1300/1500 Sonst. Vermögensgegenstände		18.000,00

d) 1) 7610/4320 Gewerbesteuer	1.920,00	
an 3500/1700 Sonst. Verb.		1.920,00
2) 3500/1700 Sonst. Verb.	1.920,00	
an 1800/1200 Bank		1.920,00
e) 1) 6520/4520 Kfz-Versicherungen	125,00	
an 3500/1700 Sonst. Verb.		125,00
2) 6520/4520 Kfz-Versicherungen	1.375,00	
3500/1700 Sonst. Verb.	125,00	
an 1800/1200 Bank		1.500,00
2. a) 7300/2100 Zinsen u. ä. Aufwendungen	2.700,00	
an 3500/1700 Sonst. Verb.		2.700,00
b) 7300/2100 Zinsen u. ä. Aufwendungen	2.700,00	
3500/1700 Sonst. Verb.	2.700,00	
an 1800/1200 Bank		5.400,00
3. 7300/2100 Zinsen u. ä. Aufwendungen	1.500,00	
an 3500/1700 Sonst. Verb.		1.500,00
4. a) 7300/2100 Zinsen u. ä. Aufwendungen	1.000,00	
an 3500/1700 Sonst. Verb.		1.000,00
b) 3500/1700 Sonst. Verb.	1.000,00	
an 2180/1890 Privateinlagen		1.000,00
5. 1300/1500 Sonst. Vermögensgegenstände	320,00	
an 6520/4520 Kfz-Versicherungen		320,00
6. 7300/2100 Zinsen u. ä. Aufwendungen	9.666,67	
an 3500/1700 Sonst. Verb.		9.666,67
7300/2100 Zinsen u. ä. Aufwendungen	4.833,33	
3500/1700 Sonst. Verb.	9.666,67	
3150/0650 Verbindlichkeiten KI	3.500,00	
an 1800/1200 Bank		18.000,00
7. a) 3500/1700 Sonst. Verb.	800,00	
6310/4210 Miete	800,00	
an 1800/1200 Bank		1.600,00
b) 3500/1700 Sonst. Verb.	1.200,00	
7300/2100 Zinsen u. ä. Aufwendungen	600,00	
an 1800/1200 Bank		1.800,00
c) 1800/1200 Bank	4.500,00	
an 4860/2750 Grundstückserträge		1.500,00
an 1300/1500 Sonst. Vermögensgegenstände		3.000,00
d) 3500/1700 Sonst. Verb.	240,00	
7685/4510 Kfz-Steuer	480,00	
an 1800/1200 Bank		720,00

Seiten 320 - 323

1. a)	1900/0980 Aktive RAP	320,00	
	an 6520/4520 Kfz-Versicherungen		320,00
b)	7100/2650 Zinsen u. ä. Erträge	250,00	
	an 3900/0990 Passive RAP		250,00
c)	1900/0980 Aktive RAP	1.800,00	
	an 6310/4210 Miete		1.800,00
d)	7300/2100 Zinsen u. ä. Aufwendungen	900,00	
	an 1940/0986 Disagio		900,00
	1900/0980 Aktive RAP	2.000,00	
	an 7300/2100 Zinsen u. ä. Aufwendungen		2.000,00
2.	1900/0980 Aktive RAP	3.000,00	
	an 7300/2100 Zinsen u. ä. Aufwendungen		3.000,00
3.	1900/0980 Aktive RAP	18.000,00	
	an 1800/1200 Bank		18.000,00
	6310/4210 Miete	3.000,00	
	an 1900/0980 Aktive RAP		500,00
	an 1800/1200 Bank		2.500,00
4.	1800/1200 Bank	70.800,00	
	1940/0986 Disagio	4.800,00	
	7300/2100 Zinsen u. ä. Aufwendungen	4.400,00	
	an 3150/0650 Verbindlichkeiten KI		80.000,00
	7300/2100 Zinsen u. ä. Aufwendungen	80,00	
	an 1940/0986 Disagio		80,00
	1900/0980 Aktive RAP	2.933,33	
	an 7300/2100 Zinsen u. ä. Aufwendungen		2.933,33
5.	6400/4360 Versicherungen	660,00	
	an 1900/0980 Aktive RAP		660,00
6.	Verbindlichkeiten KI	3.600,00	
	an 7300/2100 Zinsen u. ä. Aufwendungen		3.600,00
	1900/0980 Aktive RAP	1.800,00	
	an 7300/2100 Zinsen u. ä. Aufwendungen		1.800,00
7.	7300/2100 Zinsen u. ä. Aufwendungen	2.000,00	
	an 1900/0980 Aktive RAP		2.000,00
	7300/2100 Zinsen u. ä. Aufwendungen	4.000,00	
	an 1800/1200 Bank		4.000,00
	3150/0650 Verbindlichkeiten KI	20.000,00	
	an 1800/1200 Bank		20.000,00
	7300/2100 Zinsen u. ä. Aufwendungen	1.600,00	
	1900/0980 Aktive RAP	1.600,00	

	an 1800/1200 Bank		3.200,00
	7300/2100 Zinsen u. ä. Aufwendungen	2.000,00	
	an 1940/0986 Disagio		2.000,00
8.	a) 1) 6310/4210 Miete	1.000,00	
	1900/0980 Aktive RAP	2.000,00	
	an 1800/1200 Bank		3.000,00
	2) 6310/4210 Miete	2.000,00	
	an 1900/0980 Aktive RAP		2.000,00
	b) 1) 1300/1500 Sonstige VG	25.000,00	
	an 7100/2650 Zinsen u. ä. Erträge		500,00
	an 3900/0990 Passive RAP		250,00
	an 1800/1200 Bank		24.250,00
	2) 3900/0990 Passive RAP	250,00	
	an 7100/2650 Zinsen u. ä. Erträge		250,00
	c) 1) 6400/4360 Versicherungen	480,00	
	1900/0980 Aktive RAP	1.440,00	
	an 1800/1200 Bank		1.920,00
	2) 6400/4360 Versicherungen	1.440,00	
	an 1900/0980 Aktive RAP		1.440,00
	d) 1) 1800/1200 Bank	84,50	
	an 7100/2650 Zinsen u. ä. Erträge		56,33
	an 3900/0990 Passive RAP		28,17
	2) 3900/0990 Passive RAP	28,17	
	an 7100/2650 Zinsen u. ä. Erträge		28,17

9.

Grundstückserträge	- 2.000,00 €	Ertragsminderung
Provisionserlöse	+ 8.800,00 €	Ertragserhöhung
Zinsen u. ä. Erträge	- 920,00 €	Ertragsminderung
Leasingaufwendungen	- 1.600,00 €	Aufwandserhöhung
Versicherungen	+ 5.400,00 €	Aufwandsminderung
Zinsen u. ä. Aufwendungen	- 1.650,00 €	Aufwandserhöhung
Gewerbesteuer	- 1.600,00 €	Aufwandserhöhung
Erfolgsänderung	+ 6.430,00 €	
vorläufiger JÜ	287.560,00 €	
endgültiger JÜ	293.990,00 €	

10.	a) 1900/0980 Aktive RAP	1.200,00	
	an 1800/1200 Bank		1.200,00
	b) 7300/2100 Zinsen u. ä. Aufwendungen	2.100,00	
	an 3500/1700 Sonst. Verb.		2.100,00
	c) 1800/1200 Bank	600,00	
	an 3900/0990 Passive RAP		600,00
	d) 1900/0980 Aktive RAP	320,00	
	an 1800/1200 Bank		320,00
	e) -		

f) 2100/1800 Privatentnahmen	800,00	
an 1800/1200 Bank		800,00
11. 1) a) 1900/0980 Aktive RAP	880,00	
an 6520/4520 Kfz-Versicherungen		880,00
b) 7100/2650 Zinsen u. ä. Erträge	200,00	
an 3900/0990 Passive RAP		200,00
c) 1900/0980 Aktive RAP	5.400,00	
6310/4210 Miete (unbew. WG)		5.400,00
d) 1900/0980 Aktive RAP	3.000,00	
an 7300/2100 Zinsen u. ä. Aufw.		3.000,00
e) 4860/2750 Grundstückserträge	40.000,00	
(4100/8100 Stfr. Umsätze § 4 Nr. 8 ff. UStG)		
an 3900/0990 Passive RAP		40.000,00
f) 4560/8510 Provisionserlöse	175.000,00	
an 3900/0990 Passive RAP		175.000,00
g) 1900/0980 Aktive RAP	520,00	
an 6650/4660 Reisekosten Arbeitnehmer		520,00
h) 4560/8510 Provisionserlöse	142.500,00	
an 3900/0990 Passive RAP		142.500,00

2) In allen Fällen ist eine Jahresabgrenzung vorzunehmen, weil die Ausgaben oder Einnahmen ganz oder zum Teil Aufwand oder Ertrag für eine bestimmte Zeit nach dem Abschlussstichtag darstellen.

Seiten 325 - 327

1. 6335/4260 Instandhaltung betrieblicher Räume	405,00	
1900/0980 Aktive RAP	675,00	
1400/1570 Abziehbare Vorsteuer	205,20	
an 1800/1200 Bank		1.285,20
2. 31. Dezember 01		
6700/4700 Kosten der Warenabgabe	3.500,00	
an 3500/1700 Sonst. Verb.		3.500,00
6. Januar 02		
3500/1700 Sonst. Verb.	3.500,00	
1400/1570 Abziehbare Vorsteuer	665,00	
an 1800/1200 Bank		4.165,00
3. 1900/0980 Aktive RAP	600,00	
1400/1570 Abziehbare Vorsteuer	114,00	
an 1800/1200 Bank		714,00
4. 1434/1548 Vorsteuer im Folgejahr abziehbar/ in Folgeperiode abziehbar	2.280,00	
1900/0980 Aktive RAP	6.000,00	
an 6310/4210 Miete		6.000,00

an 1400/1570 Abziehbare Vorsteuer		2.280,00
5. a) 6490/4809 Reparaturen/Instandhaltung	2.400,00	
1400/1570 Abziehbare Vorsteuer	456,00	
an 1800/1200 Bank		2.856,00
1900/0980 Aktive RAP	1.600,00	
an 6490/4809 Reparaturen/Instandhaltung		1.600,00
b) 6490/4809 Reparaturen/Instandhaltung	200,00	
an 3500/1700 Sonst. Verb.		200,00
6. 1900/0980 Aktive RAP	2.400,00	
1434/1548 Vorsteuer im Folgejahr abziehbar/ in Folgeperiode abziehbar	684,00	
an 6350/4290 Grundstücksaufwendungen		2.400,00
an 1400/1570 Abziehbare Vorsteuer		684,00
7. a) 1900/0980 Aktive RAP	11.500,00	
1400/1570 Abziehbare Vorsteuer	2.185,00	
an 1800/1200 Bank		13.685,00
b) keine Buchung		
8. a) 6840/4965 Mietleasing	6.600,00	
an 3500/1700 Sonst. Verb.		6.600,00
b) 3500/1700 Sonst. Verb.	6.600,00	
1400/1570 Abziehbare Vorsteuer	1.254,00	
an 1800/1200 Bank		7.854,00
9. 1900/0980 Aktive RAP	2.400,00	
1400/1570 Abziehbare Vorsteuer	456,00	
an 1800/1200 Bank		2.856,00
10. 6490/4809 Reparaturen/Instandhaltung	300,00	
1434/1548 Vorsteuer im Folgejahr abziehbar/ in Folgeperiode abziehbar	57,00	
an 3500/1700 Sonst. Verb.		357,00
3500/1700 Sonst. Verb.	357,00	
6490/4809 Reparaturen/Instandhaltung	600,00	
1400/1570 Abziehbare Vorsteuer	171,00	
an 1800/1200 Bank		1.071,00
an 1434/1548 Vorsteuer im Folgejahr abziehbar/ in Folgeperiode abziehbar		57,00
11. 31. Dez. 01		
5800/3800 Bezugskosten	3.100,00	
1434/1548 Vorsteuer im Folgejahr/in Folgeperiode abziehbar	589,00	
an 3500/1700 Sonst. Verb.		3.689,00
9. Jan. 02		
3500/1700 Sonst. Verb.	3.689,00	
an 3310/1610 Verbindlichkeiten LuL		3.689,00
1400/1570 Abziehbare Vorsteuer	589,00	

an 1434/1548 Vorsteuer im Folgejahr/in Folgeperiode abziehbar		589,00
12. 6560/4570 Mietleasing Kfz	43.800,00	
1400/1570 Abziehbare Vorsteuer	8.322,00	
an 1800/1200 Bank		52.122,00
6560/4570 Mietleasing Kfz	2.000,00	
1400/1570 Abziehbare Vorsteuer	380,00	
an 1800/1200 Bank		2.380,00
6560/4570 Mietleasing Kfz	2.000,00	
1400/1570 Abziehbare Vorsteuer	380,00	
an 1800/1200 Bank		2.380,00
1900/0980 Aktive RAP	41.975,00	
an 6560/4570 Mietleasing Kfz		41.975,00

<u>Seiten 329/330</u>

Lösungen bei Sollbesteuerung

1. 4860/2750 Grundstückserträge	1.500,00	
an 3900/0990 Passive RAP		1.500,00
2. 1300/1500 Sonst. Vermögensgegenstände	2.142,00	
an 4860/2750 Grundstückserträge		1.800,00
an 3800/1770 USt		342,00
3. a) 1600/1000 Kasse	15.000,00	
an 3250/1710 Erhaltene Anzahlungen		12.605,04
an 3800/1770 USt		2.394,96
b) 180071200 Bank	56.400,00	
3250/1710 Erhaltene Anzahlungen	12.605,04	
3800/1770 USt	2.394,96	
an 4000/8000 Umsatzerlöse		60.000,00
an 3800/1770 Umsatzsteuer		11.400,00
4. 1900/0980 Aktive RAP	952,00	
an 4000/8000 Umsatzerlöse		800,00
an 3800/1770 USt		152,00
5. 1800/1200 Bank	7.497,00	
an 4860/2750 Grundstückserträge		2.100,00
an 3900/0990 Passive RAP		4.200,00
an 3800/1770 USt		1.197,00
6. 1210/1410 Forderungen LuL	17.850,00	
an 4000/8000 Umsatzerlöse		15.000,00
an 3800/1770 USt		2.850,00
7. 4560/8510 Provisionserlöse	8.000,00	
an 3900/0990 Pass. RAP		8.000,00
8. 1800/1200 Bank	95.200,00	
an 3900/0990 Passive RAP		80.000,00

	an 3810/1760 USt nicht fällig		15.200,00
9.	10. Dez.01		
	1800/1200 Bank	44.030,00	
	an 3250/1710 Erhaltene Anzahlungen		37.000,00
	an 3800/1770 USt		7.030,00
	25. Jan. 02		
	1210/1410 Ford. LuL	83.895,00	
	an 4000/8000 Umsatzerlöse		70.500,00
	an 3800/1770 USt		13.395,00
	3250/1710 Erhaltene Anzahlungen	37.000,00	
	3800/1770 USt	7.030,00	
	an 1210/1410 Ford. LuL		44.030,00
	2. Febr. 02		
	1800/1200 Bank	37.348,15	
	4700/8700 Erlösschm./Sk/B.	2.115,00	
	3800/1770 USt	401,85	
	an 1210/1410 Ford. LuL		39.865,00
10.	a) 7300/2100 Zinsen u. ä. Aufwendungen	4.500,00	
	3500/1700 Sonstige Verbindlichkeiten	6.300,00	
	an 1800/1200 Bank		10.800,00
	b) 1800/1200 Bank	5.355,00	
	1300/1500 Sonstige Vermögensgegenstände		3.570,00
	an 4860/2750 Grundstückserträge		1.500,00
	an 3800/1770 Umsatzsteuer		285,00
	c) 7685/4510 Kfz-Steuer	2.000,00	
	3500/1700 Sonstige Verbindlichkeiten	1.000,00	
	an 1800/1200 Bank		3.000,00
	7300/2100 Zinsen u. ä. Aufwendungen	30,00	
	3500/1700 Sonstige Verbindlichkeiten	60,00	
	an 1800/1200 Bank		90,00
	d) 6490/4809 S. Reparaturen und Instandhaltung	1.400,00	
	3500/1700 Sonstige Verbindlichkeiten	700,00	
	1400/1570 Abziehbare Vorsteuer	399,00	
	an 1800/1200 Bank		2.499,00
	e) 3500/1700 Sonstige Verbindlichkeiten	3.800,00	
	an 1800/1200 Bank		3.800,00
11.	15. Juli 01		
	1800/1200 Bank	120.000,00	
	an 3250/1710 Erhaltene Anzahlungen		100.840,33
	an 3800/1770 Umsatzsteuer		19.159,66
	15. November 01		
	1800/1200 Bank	160.000,00	
	an 3250/1710 Erhaltene Anzahlungen		134.453,78
	an 3800/1770 Umsatzsteuer		25.546,22

15. April 02		
1800/1200 Bank	160.300,00	
an 3250/1710 Erhaltene Anzahlungen		134.705,88
an 3800/1770 Umsatzsteuer		25.594,12
3250/1710 Erhaltene Anzahlungen	370.000,00	
3800/1770 Umsatzsteuer	70.300,00	
an 4000/8000 Umsatzerlöse		370.000,00
an 3800/1770 Umsatzsteuer		70.300,00

Zu Abweichungen von vorstehenden Buchungssätzen, d. h. bei Istbesteuerung, kommt es bei den Fällen 2 und 6.

2. 1300/1500 Sonst. Vermögensgegenstände	2.142,00	
an 4860/2750 Grundstückserträge		1.800,00
an 3810/1760 Umsatzsteuer nicht fällig		342,00
6. 1210/1410 Forderungen LuL	17.850,00	
an 4000/8000 Umsatzerlöse		15.000,00
an 3810/1760 Umsatzsteuer nicht fällig		2.850,00

<u>Seiten 334 - 336</u>

1. 0215/0065 Unbebaute Grundstücke	13.600,00	
an 4910/2710 Erträge aus Zuschreibungen des SAV		13.600,00

HB und StB: 25.600,00 €

2. a) HB und StB: 88.000,00 €

b) 6230/4840 Außerplanmäßige Abschreibungen auf SA	30.000,00	
an 0215/0065 Unbebaute Grundstücke		30.000,00
0215/0065 Unbebaute Grundstücke	30.000,00	
an 4910/2710 Erträge aus Zuschreibungen des SAV		30.000,00

3. a) HB und StB: 200.000,00 €

b) 6230/4840 Außerplanmäßige Abschreibungen auf SA	100.000,00	
an 0215/0065 Unbebaute Grundstücke		100.000,00

HB: 100.000,00 €; StB: 200.000,00 € oder 100.000,00 € oder Zwischenwert

c) 0215/0065 Unbebaute Grundstücke	100.000,00	
an 4910/2710 Erträge aus Zuschreibungen des SAV		100.000,00

HB und StB: 200.000,00 €

4. keine Buchung, höchstens Anschaffungskosten

HB und StB: 72.000,00 €

5. keine Buchung, höchstens Anschaffungskosten

HB und StB: 24.000,00 €

6. Grundstück A: keine Buchung, höchstens Anschaffungskosten

HB und StB: 32.000,00 €

Grundstück B:		
6230/4840 Außerplanmäßige Abschreibungen auf SA	21.000,00	
an 0215/0065 Unbebaute Grundstücke		21.000,00

HB: 6.000,00 €; StB: 27.000,00 € oder 6.000,00 € oder Zwischenwert

7. 0215/0065 Unbebaute Grundstücke	60.000,00	
an 4910/2710 Erträge aus Zuschreibungen des SAV		60.000,00

HB und StB: 120.000,00 €

8. 0215/0065 Unbebaute Grundstücke	90.000,00	
an 4910/2710 Erträge aus Zuschreibungen des SAV		90.000,00

HB und StB: 150.000,00 €

9. 0215/0065 Unbebaute Grundstücke	15.000,00	
an 4910/2710 Erträge aus Zuschreibungen des SAV		15.000,00

HB und StB: 50.000,00 €

<u>Seiten 338 - 340</u>

1. 0235/0085 Grundstückswerte e. b. G.	250.000,00	
an 0240/0090 Gebäude		250.000,00
6220/4830 Abschreibungen auf SA	16.666,67	
an 0240/0090 Gebäude		16.666,67
2. 6220/4830 Abschreibungen auf SA	47.218,75	
an 0240/0090 Gebäude		47.218,75
3. a) 0240/0090 Gebäude	192.000,00	
0235/0085 Grundstückswerte e. b. G.	48.000,00	
an 3310/1610 Verbindlichkeiten LuL		240.000,00
0240/0090 Gebäude	13.360,00	
0235/0085 Grundstückswerte e. b. G.	3.340,00	
1400/1570 Abziehbare Vorsteuer	190,00	
an 1800/1200 Bank		16.890,00
b) 6220/4830 Abschreibungen auf SA	3.593,80	
an 0240/0090 Gebäude		3.593,80
4. a) 0240/0090 Gebäude	400.000,00	
1400/1570 Abziehbare Vorsteuer	76.000,00	
an 3310/1610 Verbindlichkeiten LuL		476.000,00
b) 6220/4830 Abschreibungen auf SA	4.000,00	
an 0240/0090 Gebäude		4.000,00

5. 6220/4830 Abschreibungen auf SA	11.458,33	
an 0240/0090 Gebäude		11.458,33
6. a) 0240/0090 Gebäude	181.022,60	
an 4820/8990 Andere aktivierte Eigenleistungen		181.022,60
b) 6220/4830 Abschreibungen auf SA	2.262,78	
an 0240/0090 Gebäude		2.262,78
7. a) 0235/0085 Grundstückswerte e. b. G.	132.600,00	
0240/0090 Gebäude	1.060.800,00	
1400/1570 Abziehbare Vorsteuer	8.208,00	
an 1800/1200 Bank		1.201.608,00
b) 6220/4830 Abschreibungen auf SA	15.912,00	
an 0240/0090 Gebäude		15.912,00
8. 0235/0085 Grundstückswerte e. b. G.	220.000,00	
0240/0090 Gebäude	580.000,00	
an 3310/1610 Verb. LuL		800.000,00
6220/4830 Abschreibungen auf SA	9.666,67	
an 0240/0090 Gebäude		9.666,67

<u>Seiten 341 - 343</u>

1. 0440/0240 Maschinen	174.000,00	
1400/1570 Abziehbare Vorsteuer	33.060,00	
an 3310/1610 Verbindlichkeiten LuL		207.060,00
6220/4830 Abschreibungen auf SA	5.437,50	
an 0440/0240 Maschinen		5.437,50
Buchwert: 168.562,50 €		
6220/4830 Abschreibungen auf SA	10.875,00	
an 0440/0240 Maschinen		10.875,00
Buchwert: 157.687,50 €		
2. 30.000,00 €		
3. 1800/1200 Bank	41.983,20	
an 3310/1610 Verbindlichkeiten LuL		41.983,20
0440/0240 Maschinen	36.000,00	
1400/1570 Abziehbare Vorsteuer	6.840,00	
an 3310/1610 Verbindlichkeiten LuL		42.840,00
3310/1610 Verbindlichkeiten LuL	42.840,00	
an 1800/1200 Bank		41.983,20
an 0440/0240 Maschinen		720,00
an 1400/1570 Abziehbare Vorsteuer		136,80
0440/0240 Maschinen	460,00	
an 5800/3800 Bezugskosten		460,00

an 0440/0240 Maschinen		35.000,00

4. Erfolgsauswirkungen
   HB: - 28.000,00 €, StB: - 12.000,00 €

   handelsrechtlich

6220/4830 Abschreibungen auf SA	12.000,00	
6230/4840 Außerplanmäßige Abschreibungen auf SA	16.000,00	
an 0440/0240 Maschinen		28.000,00

   (Buchwert nach halber Rest-ND: 18.000,00 €, Teilwert 20.000,00 € -> steuerrechtlich keine dauernde Wertminderung)

5. Erfolgsauswirkungen
   HB: + 42.500,00 €, StB: + 42.500,00 €

   handels- und steuerrechtlich

6220/4830 Abschreibungen auf SA	7.500,00	
an 0440/0240 Maschinen		7.500,00
0440/0240 Maschinen	50.000,00	
an 4910/2710 Erträge aus Zuschreibungen des SAV		50.000,00

   (Der Buchwert nach halber Rest-ND betrug 80.000,00 €, der Teilwert 60.000,00 € -> auch steuerrechtlich lag eine voraussichtlich dauernde Wertminderung vor)

6. Erfolgsauswirkungen
   HB: - 47.500,00 €, StB: - 22.500,00 €

   handelsrechtlich

6220/4830 Abschreibungen auf SA	22.500,00	
6230/4840 Außerplanmäßige Abschreibungen auf SA	25.000,00	
an 0440/0240 Maschinen		47.500,00

   (Buchwert nach halber Rest-ND: 45.000,00 €, Teilwert 65.000,00 € -> steuerrechtlich keine dauernde Wertminderung)

   steuerrechtlich

6220/4830 Abschreibungen auf SA	22.500,00	
an 0440/0240 Maschinen		22.500,00

7. a)

0440/0240 Maschinen	64.000,00	
1400/1570 Abziehbare Vorsteuer	12.160,00	
an 3310/1610 Verbindlichkeiten LuL		76.160,00
3310/1610 Verbindlichkeiten LuL	76.160,00	
an 0440/0240 Maschinen		1.280,00
an 1400/1570 Abziehbare Vorsteuer		243,20
an 1800/1200 Bank		74.636,80

   keine Auswirkung

   b) Erfolgsauswirkungen
   HB: - 22.840,00 €, StB: - 7.840,00 €

   handelsrechtlich

6220/4830 Abschreibungen auf SA	7.840,00	
6230/4840 Außerplanmäßige Abschreibungen auf SA	15.000,00	

an 0440/0240 Maschinen		22.840,00

(Buchwert nach halber Rest-ND: 19.600,00 €, Teilwert 24.200,00 € -> steuerrechtlich keine dauernde Wertminderung)

6220/4830 Abschreibungen auf SA	7.840,00	
an 0440/0240 Maschinen		7.840,00

Erfolgsauswirkungen
HB: - 4.840,00 €, StB: - 7.840,00 €

handelsrechtlich

6220/4830 Abschreibungen auf SA	4.840,00	
an 0440/0240 Maschinen		4.840,00

steuerrechtlich

6220/4830 Abschreibungen auf SA	7.840,00	
an 0440/0240 Maschinen		7.840,00

8. Erfolgsauswirkung handels- und steuerrechtlich + 29.000,00 €

Der Buchwert nach halber Nutzungsdauer hat 37.500,00 € betragen, der Teilwert 20.000,00 €. Damit hat auch steuerrechtlich eine dauernde Wertminderung vorgelegen.

handels- und steuerrechtlich

6220/4830 Abschreibungen auf SA	4.000,00	
an 0440/0240 Maschinen		4.000,00
0440/0240 Maschinen	33.000,00	
an 4910/2710 Erträge aus Zuschreibungen des SAV		33.000,00

Erfolgsauswirkungen
HB + 29.000,00 €, StB: + 29.000,00 €

<u>Seiten 348 - 350</u>

1. 0670/0480 GWG	232,80	
1400/1570 Abziehbare Vorsteuer	44,23	
an 1800/1200 Bank		277,03
6260/4855 Sofortabschreibung GWG	232,80	
an 0670/0480 GWG		232,80

bzw.

6260/4855 Sofortabschreibung GWG	232,80	
1400/1570 Abziehbare Vorsteuer	44,23	
an 1800/1200 Bank		277,03
2. 0670/0480 GWG	520,00	
an Verb. LuL		520,00
6260/4855 Sofortabschreibung GWG	520,00	
an 0670/0480 GWG		520,00

3. 0670/0480 GWG	3.300,00	
0650/0410 BGA	950,00	
an 0650/0410 BGA		4.250,00
6260/4855 Sofortabschreibung GWG	3.300,00	
an 0670/0480 GWG		3.300,00
6220/4830 Abschreibungen auf Sachanlagen	95,00	
an 0650/0410 BGA		95,00
4. 5700/3700 Nachl./Sk./B.	204,69	
an 0650/0410 BGA		204,69
0670/0480 GWG	5.031,39	
an 0650/0410 BGA		5.031,39
6260/4855 Sofortabschreibung GWG	5.031,39	
an 0670/0480 GWG		5.031,39
6220/4830 Abschreibungen auf SA	119,02	
an 0650/0410 BGA		119,02
5. a) 0670/0480 GWG	1.450,00	
0650/0410 BGA	850,00	
1400/1570 Abziehbare Vorsteuer	437,00	
an 3310/1610 Verb. LuL		2.737,00
b) 6260/4855 Sofortabschreibung GWG	1.450,00	
an 0670/0480 GWG		1.450,00
steuerrechtlich: z. B.		
6220/4830 Abschreibungen auf SA	850,00	
an 0650/0410 BGA		850,00
handelsrechtlich: zeitanteilig		
6220/4830 Abschreibungen auf SA	165,28	
an 0650/0410 BGA		165,28
6. a) 0650/0410 BGA	5.510,00	
0670/0480 GWG	5.620,00	
1400/1570 Abziehbare Vorsteuer	2.114,70	
an Verb. LuL		13.244,70
b) 6220/4830 Abschreibungen auf SA (250,00, 180,00, 158,33)	588,33	
an 0650/0410 BGA		588,33
6260/4855 Sofortabschreibung GWG	5.620,00	
an 0670/0480 GWG		5.620,00
7. a) 0670/0480 GWG	502,00	
0440/0240 Maschinen	1.030,00	
0670/0480 GWG	780,00	
0440/0240 Maschinen	10.250,00	
1400/1570 Abziehbare Vorsteuer	2.386,78	
an 3310/1610 Verb. LuL		14.948,78

	b) 3310/1610 Verb. LuL	14.948,78	
	an 0670/0480 GWG		15,06
	an 0440/0240 Maschinen		30,90
	an 0670/0480 GWG		23,40
	an 0440/0240 Maschinen		307,50
	an 1400/1570 Abziehbare Vorsteuer		71,60
	an 1800/1200 Bank		14.500,32
	c) 6260/4855 Sofortabschreibung GWG	1.243,54	
	an 0670/0480 GWG		1.243,54
	6220/4830 Abschreibungen auf SA (62,44 €, 248,56 €)	311,00	
	an 0440/0240 Maschinen		311,00
8.	a) 0670/0480 GWG	940,10	
	an 1600/1000 Kasse		940,10
	b) 6260/4855 Sofortabschreibung GWG	940,10	
	an 0670/0480 GWG		940,10

Seiten 355 - 358

```
1. 15.600 kg · 5,70 € =  88.920,00 €
    9.300 kg · 6,10 € =  56.730,00 €
    5.400 kg · 5,90 € =  31.860,00 €
   30.300 kg            177.510,00 €
        1 kg                 5,8584 €

   HB: 10.700 · 5,80 € = 62.060,00 €
   StB: 10.700 · 5,8584 € = 62.685,05 €, keine dauernde
                                         Wertminderung

2. HB: 180.000,00 € · 20 % = 36.000,00 €
   StB: 180.000,00 € oder 36.000,00 € oder Zwischenwert
```

Weil kein Konto Bestandsveränderungen vorhanden ist, Buchung:

5200/3200 Wareneingang	144.000,00	
an 1140/3980 Bestand an Waren		144.000,00

```
3.   360 kg · 6,80 € =  2.448,00 €
     610 kg · 5,90 € =  3.599,00 €
     420 kg · 6,30 € =  2.646,00 €
     530 kg · 6,40 € =  3.392,00 €
   1.920 kg            12.085,00 €
       1 kg                6,2943 €

   a) 570 · 6,29427 € = 3.587,73 € HB und StB

   b) 360 · 6,80 €    = 2.448,00 €
      210 · 5,90 €    = 1.239,00 €
                        3.687,00 € HB und StB

   c) 530 · 6,40 €    = 3.392,00 €
       40 · 6,30 €    =   252,00 €
                        3.644,00 € HB
```

4. HB und StB: 20.400,00 €

5.

3.000 kg	· 4,20 € =	12.600,00 €
5.000 kg	· 5,10 € =	25.500,00 €
2.000 kg	· 4,70 € =	9.400,00 €
1.000 kg	· 4,90 € =	4.900,00 €
11.000 kg		52.400,00 €
1 kg		4,7636 €

a) 1) 13.100,00 €
   2) 11.550,00 €
   3) 13.125,00 €

b) 1) 2.750 · 4,50 € = 12.375,00 € HB, 13.100,00 € StB
   2) 2.750 · 4,20 € = 11.550,00 € HB und StB (Lifo)
   3) 2.750 · 4,50 € = 12.375,00 € HB (Fifo)

6. HB und StB: 512,00 €

7. a) Mögliche Bewertungsmaßstäbe nach § 253 HGB sind die Anschaffungskosten und der niedrigere beizulegende Wert, nach § 6 Abs. 1 Nr. 2 EStG die Anschaffungskosten oder - bei voraussichtlich dauernder Wertminderung - der niedrigere Teilwert.

b)

2.700 kg	· 3,50 € =	9.450,00 €
3.500 kg	· 3,30 € =	11.500,00 €
900 kg	· 3,60 € =	3.240,00 €
1.400 kg	· 3,72 € =	5.208,00 €
8.500 kg		29.448,99 €
1 kg		3,46447 €

1) 2.900 kg · 3,46447 € = 10.046,96 €

2) 2.700 kg	· 3,50 € =	9.450,00 €	
200 kg	· 3,30 € =	660,00 €	
			10.110,00 €

3) 1.400 kg	· 3,72 € =	5.208,00 €	
900 kg	· 3,60 € =	3.240,00 €	
600 kg	· 3,30 € =	1.980,00 €	
			10.428,00 €

c) Der Bestand am 31. Dez. 02 beläuft sich auf 2.900 Stück. Das ergibt bei Wiederbeschaffungskosten in Höhe von 3,48 € einen Teilwert/Marktpreis für den Endbestand in Höhe von 10.092,00 €.

handelsrechtliche Wertansätze
1) Durchschnittswertmethode: 10.046,96 €, höchstens Anschaffungskosten
2) Lifo-Methode: 10.092,00 €, niedrigerer beizulegender Wert
3) Fifo-Methode: 10.092,00 €, niedrigerer beizulegender Wert

steuerrechtliche Wertansätze
1) Durchschnittswertmethode: 10.046,96 €, höchstens Anschaffungskosten
2) Lifo-Methode: 10.110,00 €, 10.092,00 € oder Zwischenwert
3) Fifo-Methode: nicht zulässig

d) Die Bewertung mit 10.046,96 € führt zum steuerlich geringstmöglichen Gewinnausweis.

e) Endbestand 10.046,96 €
- Anfangsbestand (2.700 Stück · 3,50 €) 9.450,00 €
Bestandserhöhung 596,96 €

Weil kein Konto Bestandsveränderungen vorhanden ist, Buchung:
1140//3980 Bestand an Waren 596,96
an 5200/3200 Wareneingang 596,96

f) Der Gewinn erhöht sich um 596,96 €.

8. HB und StB: 188.340,00 € (höchstens Anschaffungskosten)

9. 2.500 · 23,00 € = 57.500,00 €
400 · 21,00 € = 8.400,00 €
65.900,00 €

10. HB: 6.000,00 €, StB 6.500,00 € oder 6.000,00 € oder Zwischenwert

11. a) HB und StB: 4.200,00 €
b) HB: 3.900,00 €; StB: 4.200,00 € oder 3.900,00 € oder Zwischenwert

12. a) 1) strenges Niederstwertprinzip, Bilanzansatz 95.000,00 €
2) keine voraussichtlich dauernde Wertminderung, Bilanzansatz 110.000,00 €

b) Weil kein Konto Bestandsveränderungen vorhanden ist, Buchungssatz:
1) 5200/3200 Wareneingang 15.000,00
an 1140/3980 Bestand an Waren 15.000,00

2) keine Buchung

13. Durchschnittswert: 33.120,00 € HB und StB

200 · 138,00 € = 27.600,00 €
40 · 142,00 € = 5.680,00 €
33.280,00 € HB und StB (Lifo)

150 · 133,00 € = 19.950,00 €
90 · 134,00 € = 12.060,00 €
32.010,00 € HB (Fifo)

14. a) HB und StB: 6.000,00 €

b) keine Buchung erforderlich (höchstens Anschaffungskosten)

15. 1.800 · 2,50 € = 4.500,00 € HB und StB

16. HB: 3.800,00 €
StB: 6.300,00 € oder 3.800,00 € oder Zwischenwert

17. 4 · 10 · 15 · 20,00 € = 12.000,00 € HB
4 · 10 · 15 · 25,00 € = 15.000,00 € StB

Seiten 367 - 372

1.	6930/2400 Forderungsverluste	4.000,00	
	3800/1770 USt	760,00	
	an 1210/1410 Forderungen LuL		4.760,00
	HB: 0,00 €; StB: 4.000,00 € oder 0,00 € oder Zwischenwert		
2.	6930/2400 Forderungsverluste	5.000,00	
	3800/1770 USt	950,00	
	an 1210/1410 Forderungen LuL		5.950,00
	HB und StB: 17.850,00 €		
3.	1800/1200 Bank	1.740,00	
	an 4925/2732 Erträge aus abgeschriebenen Forderungen		1.500,00
	an 3800/1770 USt		240,00
4.	1240/1460 Zweifelhafte Forderungen	892,50	
	an 1210/1410 Forderungen LuL		892,50
	6930/2400 Forderungsverluste	450,00	
	an 1240/1460 Zweifelhafte Forderungen (Einzel-WB zu Ford.)		450,00
	HB: 442,50 €; StB: 892,50 € oder 442,50 € oder Zwischenwert		
5.	a) 1240/1460 Zweifelhafte Forderungen	4.760,00	
	an 1210/1410 Forderungen LuL		4.760,00
	b) 6930/2400 Forderungsverluste	1.600,00	
	an 1246/0998 EWB zu Forderungen		1.600,00
	HB: 3.160,00 €; StB: 4.760,00 € oder 3.160,00 € oder Zwischenwert		
	c) 1800/1200 Bank	1.904,00	
	1246/0998 EWB zu Forderungen	1.600,00	
	3800/1770 USt	456,00	
	6930/2400 Forderungsverluste	800,00	
	an 1240/1460 Zweifelhafte Forderungen		4.760,00
	HB und StB: 0,00 €		
6.	1800/1200 Bank	38.080,00	
	1246/0998 EWB auf Forderungen	40.000,00	
	6930/2400 Forderungsverluste	8.000,00	
	3800/1770 USt	9.120,00	
	an 1240/1460 Zweifelhafte Forderungen		95.200,00
	HB und StB: 0,00 €		
7.	1800/1200 Bank	1.428,00	
	1246/0998 EWB zu Forderungen	2.500,00	
	3800/1770 USt	342,00	
	an 1240/1460 Zweifelhafte Forderungen		3.570,00
	an 4923/2731 Erträge a. d. Auflösung von EWB		700,00
	HB: 0,00 €; StB: 1.800,00 € oder 0,00 € oder Zwischenwert		

8.	1246/0998 EWB zu Forderungen	14.400,00	
	6930/2400 Forderungsverluste	2.880,00	
	3800/1770 USt	3.283,20	
	1800/1200 Bank	13.708,80	
	an 1240/1460 Zweifelhafte Forderungen		34.272,00
	HB und StB: 0,00 €		
9. a)	1246/0998 EWB zu Forderungen	4.500,00	
	6930/2400 Forderungsverluste	900,00	
	1800/1200 Bank	4.284,00	
	3800/1770 USt	1.026,00	
	an 1240/1460 Zweifelhafte Forderungen		10.710,00
	HB und StB: 0,00 €		
b)	1246/0998 EWB zu Forderungen	4.500,00	
	1800/1200 Bank	5.355,00	
	3800/1770 USt	855,00	
	an 1240/1460 Zweifelhafte Forderungen		10.710,00
	HB und StB: 0,00 €		
c)	1246/0998 EWB zu Forderungen	4.500,00	
	1800/1200 Bank	6.426,00	
	3800/1770 USt	684,00	
	an 1240/1460 Zweifelhafte Forderungen		10.710,00
	an 4923/2731 Erträge a. d. Herabsetzung/ Auflösung von EWB		900,00
	HB und StB: 0,00 €		
10. a)	1246/0998 EWB zu Forderungen	1.020,00	
	1800/1200 Bank	2.225,30	
	3800/1770 USt	290,70	
	6930/2400 Forderungsverluste	510,00	
	an 1240/1460 Zweifelhafte Forderungen		4.046,00
	HB und StB: 0,00 €		
b)	6930/2400 Forderungsverluste	8.100,00	
	3800/1770 USt	1.539,00	
	an 1210/1410 Forderungen LuL		9.639,00
	HB: 0,00 €, StB: 8.100,00 € oder 0,00 € oder Zwischenwert		
c)	1240/1460 Zweifelhafte Forderungen	2.023,00	
	an 1210/1410 Forderungen LuL		2.023,00
	6930/2400 Forderungsverluste	850,00	
	an 1240/1460 Zw. Ford./EWB zu Ford.		850,00
	HB 1.173,00 €; StB: 2.023,00 € oder 1.173,00 € oder Zwischenwert		
11.	1240/1460 Zweifelhafte Forderungen	71.400,00	
	an 1210/1410 Forderungen LuL		71.400,00

	6930/2400 Forderungsverluste	48.000,00	
	3800/1770 USt	11.400,00	
	an 1240/1460 Zweifelhafte Forderungen		59.400,00

HB: 12.000,00 €; StB: 60.000,00 € oder 12.000,00 € oder Zwischenwert

12.	1800/1200 Bank	595,00	
	1246/0998 EWB zu Forderungen	1.085,00	
	6930/2400 Forderungsverluste	200,00	
	an 1240/1460 Zweifelhafte Forderungen		1.785,00
	an 3800/1770 USt		95,00

HB: 0,00 €; StB: 1.000,00 € oder 0,00 € oder Zwischenwert

13.	1240/1460 Zweifelhafte Forderungen	4.760,00	
	an 1210/1410 Forderungen LuL		4.760,00
	3800/1770 USt	760,00	
	an 1240/1460 Zweifelhafte Forderungen		760,00

HB und StB: 4.000,00 €

14.	6920/2450 Einstellung in PWB	2.100,00	
	an 1248/0996 PWB zu Forderungen		2.100,00

HB: 356.850,00 €; StB: 362.950,00 € oder 356.850,00 € oder Zwischenwert

15.	6920/2450 Einstellung in PWB	4.000,00	
	an 1248/0996 PWB zu Forderungen		4.000,00

HB: 321.750,00 €; StB: 327.250,00 € oder 321.750,00 € oder Zwischenwert

16.	1248/0996 PWB zu Forderungen	287,50	
	an 4920/2730 Erträge a. d. Herabsetzung/Auflösung von PWB		287,50

HB: 50.750,00 €; StB: 52.062,50 € oder 50.750,00 € oder Zwischenwert

17.	6920/2450 Einstellung in PWB	7.500,00	
	an 1248/0996 PWB zu Forderungen		7.500,00

HB: 325.700,00 €; StB: 333.200,00 € oder 325.700,00 € oder Zwischenwert

18. a)	6930/2400 Forderungsverluste	4.000,00	
	3800/1770 USt	760,00	
	an 1210/1410 Forderungen LuL		4.760,00

HB: 0,00 €; StB: 4.000,00 oder 0,00 € oder Zwischenwert

b)	1800/1200 Bank	952,00	
	3800/1770 USt	513,00	
	1246/0098 EWB zu Forderungen	1.400,00	
	6930/2400 Forderungsverluste	1.300,00	
	an 1240/1460 Zweifelhafte Forderungen		4.165,00

HB und StB: 0,00 €

c)	6920/2450 Einstellung in PWB	430,00	

	an 1248/0996 PWB zu Forderungen		430,00
	HB: 180.960,00 €; StB: 185.640,00 € oder 180.960,00 € oder Zwischenwert		
19. a)	3800/1770 USt	2.850,00	
	an 6930/2400 Forderungsverluste		2.850,00
	HB: 0,00 €; StB: 15.000,00 € oder 0,00 € oder Zwischenwert		
b)	1240/1460 Zweifelhafte Forderungen	22.610,00	
	an 1210/1410 Forderungen LuL		22.610,00
	1210/1410 Forderungen LuL	22.610,00	
	an 6930/2400 Forderungsverluste		19.000,00
	an 3800/1770 USt		3.610,00
	6930/2400 Forderungsverluste	11.400,00	
	an 1240/1460 Zweifelh. Forderungen (bzw. EWB)		11.400,00
	HB: 11.210,00 €; StB: 22.610,00 € oder 11.210,00 € oder Zwischenwert		
c)	1248/0996 PWB zu Forderungen	2.422,50	
	an 3800/1770 USt		2.422,50
	HB: 493.000,00 €; StB: 505.750,00 € oder 493.000,00 € oder Zwischenwert		
20. a)	6930/2400 Forderungsverluste	92.500,00	
	3800/1770 USt	17.575,00	
	an 1210/1410 Forderungen LuL		110.075,00
	HB: 0,00 €; StB: 15.000,00 € oder 0,00 € oder Zwischenwert		
b)	1240/1460 Zweifelhafte Forderungen	14.875,00	
	an 1210/1410 Forderungen LuL		14.875,00
	6930/2400 Forderungsverluste	5.625,00	
	an 1246/0998 EWB zu Ford. (Zw. Ford.)		5.625,00
	HB: 9.250,00 €; StB: 14.875,00 € oder 9.250,00 € oder Zwischenwert		
c)	6920/2450 Einstellung in PWB	5.889,90	
	an 1248/0996 PWB zu Ford.		5.889,90
	HB: 227.742,80 €; StB: 233.632,70 € oder 227.742,80 € oder Zwischenwert		
21. a)	6930/2400 Forderungsverluste	14.400,00	
	an 1240/1460 Zweifelh. Forderungen (bzw. EWB)		14.400,00
	HB: 14.160,00 €; StB: 28.560,00 € oder 14.160,00 € oder Zwischenwert		
b)	1248/0996 PWB zu Forderungen	135,00	
	an 4920/2730 Erträge a. d. Auflösung/Herabsetzung von PWB		135,00

HB: 853.335,00 €; StB: 881.200,00 € oder 853.335,00 € oder Zwischenwert

22. a) 6930/2400 Forderungsverluste 45.000,00
3800/1770 USt 8.550,00
an 1240/1460 Zweifelhafte Forderungen 53.550,00

HB: 0,00 €; StB: 45.000,00 € oder 0,00 € oder Zwischenwert

b) 1240/1460 Zweifelhafte Forderungen 35.700,00
an 1210/1410 Forderungen LuL 35.700,00

6930/2400 Forderungsverluste 18.000,00
an 1240/1460 Zweifelhafte Forderungen 18.000,00

HB: 17.700,00 €; StB: 35.700,00 € oder 17.700,00 € oder Zwischenwert

c) 6920/2450 Einstellung in PWB 9.900,00
an 1248/0996 PWB zu Forderungen 9.900,00

HB: 951.200,00 €; StB: 975.800,00 € oder 951.200,00 € oder Zwischenwert

23. a) 1800/1200 Bank 2.677,50
1246/0998 EWB zu Forderungen 1.900,00
3800/1770 USt 475,00
6930/2400 Forderungsverluste 600,00
an 1240/1460 Zweifelhafte Forderungen 5.652,50

HB: 0,00 €; StB: 9.500,00 € oder 0,00 € oder Zwischenwert

b) keine Buchung. Die Forderung ist nicht verjährt und die Verjährungsfrist beginnt neu zu laufen.

HB und StB: 7.140,00 €

c) 6920/2450 Einstellung in PWB 1.450,00
an 1248/0996 PWB zu Forderungen 1.450,00

HB: 237.800,00 €; StB: 243.950,00 € oder 237.800,00 € oder Zwischenwert

24. a) 6930/2400 Forderungsverluste 9.500,00
3800/1770 USt 1.805,00
an 1210/1410 Forderungen LuL 11.305,00

HB: 0,00 €; StB: 9.500,00 € oder 0,00 € oder Zwischenwert

b) -

HB und StB: 8.330,00 €

c) 6920/2450 Einstellung in PWB 14.880,00
an 1248/0996 PWB zu Forderungen 14.880,00

HB: 870.480,00 €; StB: 885.360,00 € oder 870.480,00 € oder Zwischenwert

25. a)

6930/2400 Forderungsverluste	45.000,00	
1246/0998 Einzel-WB zu Ford.	30.000,00	
3800/1770 USt	14.250,00	
an 1240/1460 Zweifelhafte Forderungen		89.250,00

HB: 0,00 €; StB: 75.000,00 € oder 0,00 € oder Zwischenwert

b)

1210/1410 Forderungen LuL	17.850,00	
an 1240/1460 Zweifelhafte Forderungen		17.850,00
1246/0998 EWB zu Forderungen	10.500,00	
an 4923/2731 Erträge a. d. Auflösung von EWB		10.500,00

HB und StB: 17.850,00 €

c)

6920/2450 Einstellung in PWB	3.800,00	
an 1248/0996 PWB zu Ford.		3.800,00

HB: 535.900,00 €; StB: 547.400,00 € oder 535.900,00 € oder Zwischenwert

<u>Seiten 376 - 378</u>

1.

7300/2100 Zinsen u. ä. Aufwendungen	400,00	
an 1940/0986 Damnum/Disagio		400,00

HB und StB: - 400,00 €

2. a)

Schuld in €	Zinsen in €	Tilgung in €	Annuität in €	Restbetrag in €
450.000,00	36.000,00	18.000,00	54.000,00	432.000,00
432.000,00	34.560,00	19.440,00	54.000,00	412.560,00
412.560,00	33.004,80	20.995,20	54.000,00	391.564,80

b)

3150/0650 Verb. KI	20.995,20	
7300/2100 Zinsen u. ä. Aufwendungen	33.004,80	
an 1800/1200 Bank		54.000,00

3. a)

1800/1200 Bank	140.000,00	
1940/0986 Damnum/Disagio	10.000,00	
an 3150/0650 Verb. KI		150.000,00

keine Auswirkung

7300/2100 Zinsen u. ä. Aufwendungen	1.000,00	
an 1800/1200 Bank		1.000,00

HB und StB: - 1.000,00 €

7300/2100 Zinsen u. ä. Aufwendungen	166,67	
an 1940/0986 Damnum/Disagio		166,67

HB und StB: - 166,67 €

b)

1800/1200 Bank	140.000,00	
7300/2100 Zinsen u. ä. Aufwendungen	10.000,00	

an 3150/0650 Verb. KI		150.000,00

HB: - 10.000,00 €; StB: - 166,67 €

7300/2100 Zinsen u. ä. Aufwendungen	1.000,00	
an 1800/1200 Bank		1.000,00

HB und StB: - 1.000,00 €

4.

Schuld in €	Zinsen in €	Tilgung in €	Annuität in €	Restbetrag in €
250.000,00	20.000,00	30.000,00	50.000,00	220.000,00
220.000,00	17.600,00	32.400,00	50.000,00	187.600,00
187.600,00	15.008,00	34.992,00	50.000,00	152.608,00
		97.392,00		

3150/0650 Verb. KI	34.992,00	
7300/2100 Zinsen u. ä. Aufwendungen	15.008,00	
an 1800/1200 Bank		50.000,00

5\. a)

1800/1200 Bank	384.000,00	
1940/0986 Damnum/Disagio	16.000,00	
an 3150/0650 Verb. KI		400.000,00

keine Auswirkung

b)

3150/0650 Verb. KI	8.000,00	
7300/2100 Zinsen u. ä. Aufwendungen	12.000,00	
an 1800/1200 Bank		20.000,00

HB und StB: - 12.000,00 €

c)

7300/2100 Zinsen u. ä. Aufwendungen	1.333,33	
an 1940/0986 Damnum/Disagio		1.333,33
7300/2100 Zinsen u. ä. Aufwendungen	7.840,00	
an 3500/1700 Sonst. Verbindlichkeiten		7.840,00

HB und StB: - 9.173,33 €

6.

1800/1200 Bank	285.000,00	
1940/0986 Damnum/Disagio	15.000,00	
an 3150/0650 Verb. KI		300.000,00

keine Auswirkung

3150/0650 Verb. KI	6.000,00	
an 1800/1200 Bank		6.000,00

keine Auswirkung

7300/2100 Zinsen u. ä. Aufwendungen	5.625,00	
an 1800/1200 Bank		5.625,00

HB und StB: - 5.625,00 €

7300/2100 Zinsen u. ä. Aufwendungen	731,71	

	an 1940/0986 Damnum/Disagio		731,71
	HB und StB: - 375,00 €		
7. a)	1940/0986 Damnum/Disagio	9.600,00	
	an 1800/1200 Bank		9.600,00
	7300/2100 Zinsen u. ä. Aufwendungen	13.200,00	
	an 1800/1200 Bank		13.200,00
	7300/2100 Zinsen u. ä. Aufwendungen	1.066,67	
	an 1940/0986 Damnum/Disagio		1.066,67
b)	7300/2100 Zinsen u. ä. Aufwendungen	9.600,00	
	an 1800/1200 Bank		9.600,00
	7300/2100 Zinsen u. ä. Aufwendungen	13.200,00	
	an 1800/1200 Bank		13.200,00
8. a)	1800/1200 Bank	112.800,00	
	1940/0986 Damnum/Disagio	7.200,00	
	an 3150/0650 Verb. KI		120.000,00
	keine Auswirkung		
b)	7300/2100 Zinsen u. ä. Aufwendungen	900,00	
	3150/0650 Verb. KI	2.000,00	
	an 1800/1200 Bank		2.900,00
	HB und StB: - 900,00 €		
c)	7300/2100 Zinsen u. ä. Aufwendungen	1.982,95	
	an 1940/0986 Damnum/Disagio		1.982,95

Summe der Tilgungsraten (1 + 2 + 3 ..... + 60) — 1.830 Nenner
Auf das Jahr 01 entfallen 9 Raten (60 ..... + 52) — 504 Zähler

HB und StB: - 1.982,95 €

<u>Seite 382</u>

1. a) HB: 13.094,72 €; StB: 13.177,55 € oder 13.094,72 € oder Zwischenwert

b)	3310/1610 Verb. LuL	82,83	
	an 4900/2720 Sonstige betriebliche Erträge		82,83

2. HB: 83.402,84 €; StB: 81.677,10 € oder 82.684,49 € oder Zwischenwert

3. Kurs 1,1724
Verbindlichkeiten: HB 12.794,27 €; StB: 12.873,33 €

3310/1610 Verbindlichkeiten LuL	79,06	
an 4900/2720 Sonstige betriebliche Erträge		79,06

Kurs 1,1388
Verbindlichkeiten : HB: 13.171,76 €; StB: 12.873,33 € oder 13.171,76 € oder Zwischenwert

6300/4900 Sonstige betriebliche Aufwendungen	298,43	
an 3310/1610 Verbindlichkeiten LuL		298,43

4\.

6300/4900 Sonstige betriebliche Aufwendungen	220,10	
an 3150/0650 Verbindlichkeiten KI		220,10

HB: 37.672,35 €; StB: 37.452,25 €

3150/0650 Verbindlichkeiten KI	220,10	
an 4900/2720 Sonstige betriebliche Erträge		220,10

HB: 37.452,25 €; StB: 37.452,25 €

5\. HB: 83.402,84 €; StB: 81677,10 € oder 82.684,49 € oder Zwischenwert

6\. 1)

	NOK	EUR
Warenwert	293.662,50	25.000,00
Verpackungs-/Beförderungskosten	14.683,13	1.250,00
Zollwert	308.345,63	26.250,00
10 % Zoll		2.625,00
Beförderungskosten bis Husum		251,80
Bemessungsgrundlsge für die EUSt		29.126,80
19 % EUSt		5.534,09

2)

5559/3559 Einfuhren	25.000,00	
5800/3800 Bezugskosten	1.250,00	
an 3310/1610 Verbindlichkeiten LuL		26.250,00
5800/3800 Bezugskosten	251,80	
an 3310/1610 Verbindlichkeiten LuL		251,80
5840/3850 Zölle und Einfuhrabgaben	2.625,00	
1433/1588 Entstandene EUSt	5.534,09	
an 1800/1200 Bank		8.159,09

Seiten 385/386

1. a) gewillkürtes Betriebs- bzw. Privatvermögen
   b) notwendiges Betriebsvermögen
   c) notwendiges Privatvermögen
   d) notwendiges Privatvermögen
   e) notwendiges Privatvermögen
   f) 70 % notwendiges Betriebsvermögen, 30 % gewillkürtes BV/PV

2. a) 40 % notwendiges Betriebsvermögen (muss), Rest gewillkürtes Betriebs- bzw. Privatvermögen (darf)
   b) notwendiges Betriebsvermögen (muss)
   c) notwendiges Betriebsvermögen (muss)
   d) notwendiges Privatvermögen (darf nicht)
   e) notwendiges Betriebsvermögen (muss)
   f) gewillkürtes Betriebs- bzw. Privatvermögen (darf)

3\.

0235/0085 Grundstückswerte e. b. G.	60.000,00	
an 0215/0065 Unbebaute Grundstücke		60.000,00
0240/0090 Gebäude	612.700,00	

1400/1570 Abziehbare Vorsteuer	41.800,00	
an 3310/1610 Verb. LuL		654.500,00
6220/4830 Abschreibungen auf SA	6.127,00	
an 0240/0090 Gebäude		6.127,00

4. a) gewillkürtes Betriebsvermögen (muss so bleiben, weil eine solche Nutzungsänderung keine Entnahme darstellt.
   b) notwendiges Betriebsvermögen (muss)
   c) eigengewerblich gen. Teil notwendiges Betriebsvermögen (muss), fremdgewerblich gen. Teil (darf)
   d) notwendiges Betriebsvermögen (muss)

Seiten 389/390

1. handels- und steuerrechtlich

0520/0320 Fuhrpark	30.000,00	
an 2180/1890 Privateinlagen		30.000,00
(Restbuchwert 39.336,11 €)		

2. handelsrechtlich

0520/0320 Fuhrpark	32.750,00	
an 2180/1890 Privateinlage		32.750,00

steuerrechtlich

0520/0320 Fuhrpark	23.800,00	
an 2180/1890 Privateinlagen		23.800,00

3. handelsrechtlich

0215/0065 Unbebaute Grundstücke	32.850,00	
an 2180/1890 Privateinlagen		32.850,00

steuerrechtlich

0215/0065 Unbebaute Grundstücke	7.850,00	
an 2180/1890 Privateinlagen		7.850,00

4. handelsrechtlich ist die Einlage korrekt gebucht worden.

6220/4830 Abschr. auf SA	224,91	
an 0520/0320 Fuhrpark		224,91

steuerrechtlich

2180/1890 Privateinlagen	2.125,70	
an 0520/0320 Fuhrpark		2.125,70
6220/4830 Abschr. auf SA	175,47	
an 0520/0320 Fuhrpark		175,47

5. handels- und steuerrechtlich

052070320 Fuhrpark	17.000,00	
an 2180/1890 Privateinlagen		17.000,00

6. handelsrechtlich

0215/0065 Unbebaute Grundstücke	50.000,00	
an 2180/1890 Privateinlagen		50.000,00

steuerrechtlich

0215/0065 Unbebaute Grundstücke	8.285,00	

an 2180/1890 Privateinlagen		8.285,00
7. handels- und steuerrechtlich		
0650/0410 BGA	2.700,00	
an 2180/1890 Privateinlagen		2.700,00
6220/4830 Abschreibungen auf SA	337,50	
an 0650/0410 BGA		337,50
8. handels- und steuerrechtlich		
6220/4830 Abschreibungen auf SA	2.142,86	
an 0520/0320 Fuhrpark		2.142,86
9. handels- und steuerrechtlich		
0235/0085 Grundstückswerte e. b. G.	96.000,00	
0240/0090 Gebäude	384.000,00	
an 2180/1890 Privateinlagen		230.000,00
an 3150/0650 Verb. KI		250.000,00

Seiten 393/394

1. 2100/1800 Privatentnahmen	6.545,00	
an 4900/2720 Erträge aus dem Abgang von Gegenständen des AV		5.500,00
an 3800/1770 USt		1.045,00
4855/2315 Anlagenabgänge (Restbuchwert) bei Buchgewinn	5.200,00	
an 0520/0320 Fuhrpark		5.200,00
2. 0520/0320 Fuhrpark	2.600,00	
an 2100/1800 Privatentnahmen		2.600,00
2100/1800 Privatentnahmen	3.927,00	
an 4900/2720 Erträge aus dem Abgang von Gegenständen des AV		3.300,00
an 3800/1770 USt		627,00
4855/2315 Anlagenabgänge (Restbuchwert) bei Buchgewinn	2.600,00	
an 0520/0320 Fuhrpark		2.600,00
3. 2100/1800 Privatentnahmen	300.000,00	
an 0235/0085 Grundstückswerte e. b. G.		20.000,00
an 0240/0090 Gebäude		140.000,00
an 4900/2720 Erträge aus dem Abgang von Gegenständen des AV		140.000,00
4. 2100/1800 Privatentnahmen	35.000,00	
an 0215/0065 Unbebaute Grundstücke		12.000,00
an 4900/2720 Erträge aus Abgang von Gegenständen des AV		23.000,00
5. 4686/8935 Unentgeltliche Zuwendungen von Gegenständen mit USt	10.000,00	
an 2100/1800 Privatentnahmen		10.000,00

2100/1800 Privatentnahmen	8.330,00	
an 4900/2720 Erträge aus Abgang von Gegenständen des AV		7.000,00
an 3800/1770 USt		1.330,00
6220/4830 Abschreibungen auf SA	4.166,67	
an 0520/0320 Fuhrpark		4.166,67
4855/2315 Anlagenabgänge (Restbuchwert) bei Buchgewinn	5.833,33	
an 0520/0320 Fuhrpark		5.833,33
6. 6220/4830 Abschreibungen auf SA	1.666,67	
an 0520/0320 Fuhrpark		1.666,67
2100/1800 Privatentnahmen	40.460,00	
an 4900/2720 Erträge aus Abgang von Gegenständen des AV		34.000,00
an 3800/1770 USt		6.460,00
6895/2310 Anlagenabgänge Restbuchwert bei Buchverlust	38.333,33	
an 0520/0320 Fuhrpark		38.333,33
7. 0520/0320 Fuhrpark	22.000,00	
an 2100/1800 Privatentnahmen		22.000,00
2100/1800 Privatentnahmen	26.180,00	
an 4900/2720 Erträge aus Abgang von Gegenständen des AV		22.000,00
an 3800/1770 USt		4.180,00
4855/2315 Anlagenabgänge (Restbuchwert) bei Buchgewinn	17.083,33	
an 0520/0320 Fuhrpark		17.083,33
6220/4830 Abschreibungen auf SA	3.750,00	
an 0520/0320 Fuhrpark		3.750,00

<u>Seiten 394/395</u>

1. 2100/1800 Privatentnahmen	606,90	
an 4620/8910 Entnahmen des Unternehmers für Zwecke außerhalb des U. (Waren) mit USt		510,00
an 3800/1770 USt		96,90
2. 2100/1800 Privatentnahmen	4.760,00	
an 4620/8910 Entnahmen des Unternehmers für Zwecke außerhalb des U. (Waren) mit USt		4,000,00
an 3800/1770 USt		760,00

<u>Seiten 400/401</u>

1. lfd. Kfz-K.	6.280,00 €	lfd. Kosten mit Vorst.	4.810,00 €
½ AfA	2.500,00 €	anteilige AK (AK : 5)	6.000,00 €
Kfz-K. § 6 Abs. 1	8.780,00 €		10.810,00 €

davon 35 %	3.073,00 €	davon 35 %		3.783,50 €
		19 % USt	718,87 €	
		-		3.073,00 €
		Erfolgskorrektur		710,50 €

anteilige Kfz-Kosten	3.073,00 €
USt	718,87 €
Privatentnahme insg.	3.791,87 €

2100/1800	Privatentnahmen	3.791,87	
4639/8924	Verwendung von Gegenständen für Zwecke außerhalb des Unternehmens ohne USt (Kfz-Nutzung)	710,50	
an 4645/8921	Verwendung von Gegenständen für Zwecke außerhalb des Unternehmens mit USt (Kfz-Nutzung)		3.783,50
an 3800/1770	USt		718,87

2.

lfd. Kfz-K.	7.000,00 €	lfd. Kosten mit Vorst.		3.980,00 €
AfA	6.666,66 €	+ Reparaturen		1.810,00 €
	13.666,66 €			5.790,00 €
davon 29,1 %	3.977,00 €	davon 29,1 %		1.684,89 €
		19 % USt	320,13 €	
		-		3.977,00 €
		Erfolgskorrektur		2.292,11 €

anteilige Kfz-Kosten	3.977,00 €
USt	320,13 €
Privatentnahme insg.	4.297,13 €

2100/1800	Privatentnahmen	4.297,13	
an 4639/8924	Verwendung von Gegenständen für Zwecke außerhalb des Unternehmens ohne USt (Kfz-Nutzung)		2.292,11
an 4645/8921	Verwendung von Gegenständen für Zwecke außerhalb des Unternehmens mit USt (Kfz-Nutzung)		1.684,89
an 3800/1770	USt		320,13

3.

für Umsatzsteuer		für Ertragsteuern	
47.600,00 € · 1 % · 12	5.712,00 €	47.600,00 € · 0,25 =	11.900,00 €
- Abschlag 20 % nicht stb.	1.142,40 €	· 1 % · 12	1.428,00 €
Bemessungsgrundlage	4.569,60 €		
19 % USt	868,22 €		
Umsatz brutto	5.437,82 €		

Erfolgskorrektur (4.569,60 € - 1.428,00 €) 3.141,60 €

Betrag lt. § 6 Abs. 1 Nr. 4 EStG	1.428,00 €
+ USt	868,22 €
Privatentnahme	2.296,22 €

2100/1800	Privatentnahmen	2.296,22	
4639/8924	Verwendung von Gegenständen für Zwecke außerhalb des Unternehmens ohne USt (Kfz-Nutzung)	3.141,60	
an 4645/8921	Verwendung von Gegenständen für Zwecke		

außerhalb des Unternehmens mit USt
(Kfz-Nutzung) 4.569,60
an 3800/1770 USt 868,22

4. 05

lfd. Kfz-Kosten	14.000,00 €	lfd. Kfz-Kosten mit VorSt	12.950,00 €
AfA	7.000,00 €	anteilige AK (AK : 5)	8.400,00 €
	21.000,00 €		21.350,00 €

Kfz-Kosten insgesamt	21.000,00 €	
$\cdot \frac{10.000}{35.000} =$		6.000,00 €
Bemessungsgrundlage	21.350,00 €	
$\cdot \frac{10.000}{35.000} =$		6.100,00 €
19 % USt	1.159,00 €	
Erfolgskorrektur		100,00 €

anteilige Kfz-Kosten	6.000,00 €
+ USt	1.159,00 €
Privatentnahmen insgesamt	7.159,00 €

2100/1800 Privatentnahmen 7.159,00
4639/8924 Verwendung von Gegenständen für Zwecke
außerhalb des Unternehmens ohne USt
(Kfz-Nutzung) 100,00
an 4645/8921 Verwendung von Gegenständen für Zwecke
außerhalb des Unternehmens mit USt
(Kfz-Nutzung) 6.100,00
an 3800/1770 USt 1.159,00

06

lfd. Kfz-Kosten	14.000,00 €	lfd. Kfz-Kosten m. Vorst.	12.950,00 €
AfA	7.000,00 €	anteilige AK	- .
	21.000,00 €		12.950,00 €

Kfz-Kosten insgesamt	21.000,00 €	
$\cdot \frac{10.000}{35.000} =$		6.000,00 €
Bemessungsgrundlage	12.950,00 €	
$\cdot \frac{10.000}{35.000} =$		3.700,00 €
USt 19 %	703,00 €	
Erfolgskorrektur		2.300,00 €

anteilige Kfz-Kosten	6.000,00 €
+ USt	703,00 €
Privatentnahmen insgesamt	6.703,00 €

2100/1800 Privatentnahmen	6.703,00	
an 4645/8921 Verwendung von Gegenständen für Zwecke außerhalb des Unternehmens mit USt (Kfz-Nutzung)		3.700,00
an 3800/1770 USt		703,00
an 4639/8924 Verwendung von Gegenständen für Zwecke außerhalb des Unternehmens ohne USt (Kfz-Nutzung)		2.300,00

07

lfd. Kfz-Kosten	14.000,00 €	lfd. Kfz-Kosten m. Vorst.	12.950,00 €
AfA	-	anteilige AK	- .
	14.000,00 €		12.950,00 €

Kfz-Kosten insgesamt 14.000,00 €

$\cdot \frac{10.000}{35.000} =$ 4.000,00 €

Bemessungsgrundlage 12.950,00 €

$\cdot \frac{10.000}{35.000} =$ 3.700,00 €

19 % USt	703,00 €	.
Erfolgskorrektur		300,00 €

anteilige Kfz-Kosten	4.000,00 €
+ USt	703,00 €
Privatentnahmen insgesamt	4.703,00 €

2100/1800 Privatentnahmen	4.703,00	
an 4645/8921 Verwendung von Gegenständen für Zwecke außerhalb des Unternehmens mit USt (Kfz-Nutzung)		3.700,00
an 3800/1770 USt		703,00
an 4639/8924 Verwendung von Gegenständen für Zwecke außerhalb des Unternehmens ohne USt (Kfz-Nutzung)		300,00

5. für die Umsatzsteuer

98.600,00 € · 1 %	986,00 €
- Abschlag 20 %	197,20 €
	788,80 €
+ 19 % USt	149,87 €
	938,67 €

für Ertragsteuern

98.688,00 € · 0,25 = 24.672,00 €,
abgerundet 24.600,00 € · 1 % = 246,00 €

Erfolgskorrektur (788,80 € - 246,00 €) 542,80 €

Betrag gem. § 6 Abs. 1 Nr. 4 EStG	246,00 €		
+ USt	149,87 €		
Privatentnahme	395,87 €		

2100/1800 Privatentnahmen	395,87	
4639/8924 Verwendung von Gegenständen für Zwecke außerhalb des Unternehmens ohne USt (Kfz-Nutzung)	542,80	
an 4645/8921 Verwendung von Gegenständen für Zwecke außerhalb des Unternehmens mit USt (Kfz-Nutzung)		788,80
an 3800/1770 USt		149,87

98.600,00 € · 0,0075 % · 18	133,11 €
0,38 € · 16 · 18	109,44 €
nicht abzugsfähige BA	23,67 €

6\.

lfd. Kfz-Kosten	5.530,00 €	lfd. Kfz-K. mit Vorst.	4.250,00 €
AfA	9.166,00 €	anteilige AK (AK : 5)	10.999,20 €
	14.696,00 €		15.249,20 €
davon 4.500/35.280	1.874,49 €	davon 4.500/35.280	1.945.05 €
		19 % USt 369,56 €	
		-	1.874,49 €
		Erfolgskorrektur	70,56 €

anteilige Kfz-Kosten	1.874,49 €
+ USt	369,56 €
Privatentnahme insg.	2.244,05 €

2100/1800 Privatentnahmen	2.244,05	
4639/8924 Verwendung von Gegenständen für Zwecke außerhalb des Unternehmens ohne USt (Kfz-Nutzung)	70,56	
an 4645/8921 Verwendung von Gegenständen für Zwecke außerhalb des Unternehmens mit USt (Kfz-Nutzung)		1.945,05
an 3800/1770 USt		369,56

	14.696,00 € (siehe oben)
davon 4.320/35.280	1.799,51 €
- 0,38 € x 240 Tage x 9 km	820,80 €
nicht abzugsfähige Betriebsausg.	978,71 €

6688/4678 Fahrten zwischen Wohnung und Betriebsstätte (abziehbarer Anteil)	820,80	
6689/4679 Fahrten zwischen Wohnung und Betriebsstätte (nicht abziehbarer Anteil)	978,71	
an 6690/4680 Fahrten zwischen Wohnung und Betrieb (Haben)		1.799,51

7\. für die Umsatzsteuer

83.400,00 € · 1 % · 12	10.000,80 €
- Abschlag 20 %	2.001,60 €
Bemessungsgrundlage	8.006,40 €
+ 19 % USt	1.521,22 €

für Ertragsteuern

83.483,00 € · 0,25 = 20.870,75 €,
abger. 20.800,00 € · 1 % · 12 2.496,00 €

Bruttoumsatz 9.527,62 €			
Erfolgskorrektur (8.006,40 € - 2.496,00 €) 5.510,40 €			

Betrag gem. § 6 Abs. 1 Nr. 4 EStG	2.496,00 €
+ USt	1.521,22 €
Privatentnahme	4.017,22 €

2100/1800 Privatentnahmen	4.017,22	
4639/8924 Verwendung von Gegenständen für Zwecke außerhalb des Unternehmens ohne USt (Kfz-Nutzung)	5.510,40	
an 4645/8921 Verwendung von Gegenständen für Zwecke außerhalb des Unternehmens mit USt (Kfz-Nutzung)		8.006,40
an 3800/1770 USt		1.521,22

83.483,00 € : 4 = 20.870,75 €, abgerundet

20.800,00 € · 0,0075 %· 200	312,00 €
0,38 € · 200 · 9	684,00 €
nicht abzugsfähige BA	-

6688/4678 Fahrten zwischen Wohnung und Betriebsstätte (abziehbarer Anteil)	312,00	
an 6680/4680 Fahrten zwischen Wohnung und Betriebsstätte (Haben)		312,00

Seiten 405 - 409

1. 6790/4790 Aufwendungen für Gewährleistungen	5.400,00	
an 3070/0970 Sonstige Rückstellungen		5.400,00

HB und StB: - 5.400,00 €

2. 3035/0956 Gewerbesteuerrückstellungen	2.150,00	
7641/2281 Gewerbesteuernachzahlungen	450,00	
an 3700/1736 Verb. aus Steuern und Abgaben		2.600,00

HB und StB: - 450,00 €; steuerlicher Erfolg: 0,00 €

3. 6825/4950 Rechts- u. Beratungskosten	2.500,00	
an 3770/0970 Sonstige Rückstellungen		2.500,00

HB und StB: - 2.500,00 €

3770/0970 Sonstige Rückstellungen	2.500,00	
an 4930/2735 Erträge a. d. A. v. Rückstellungen		2.500,00

HB und StB: + 2.500,00 €

4. 7641/2281 Gewerbesteuernachzahlungen	3.600,00	
an 3035/0956 Gewerbesteuerrückstellungen		3.600,00
7610/4320 Gewerbesteuer	2.000,00	
an 3035/0956 Gewerbesteuerrückstellungen		2.000,00

HB: - 5.600,00 €; StB: - 5.600,00 €; steuerlicher Erfolg: 0,00 €

5. 3070/0970 Sonstige Rückstellungen		6.500,00	
6825/4950 Rechts- u. Beratungskosten		700,00	
1400/1570 Abziehbare Vorsteuer		456,00	
an 3310/1610 Verbindlichkeiten LuL			7.656,00
HB und StB: - 700,00 €			
6. 6600/4100 L. u. Gehälter		1.861,23	
an 3070/0970 Sonst. Rückstellungen			1.861,23
HB und StB: - 1.861,23 €			
7. a) 6300/4900 Sonstige betriebliche Aufwendungen		20.000,00	
an 3075/0971 Rückstellungen für unterlassene Instandhaltung			20.000,00
HB und StB: - 20.000,00 €			
b) 3075/0971 Rückstellung für unterlassene Instandhaltung		20.000,00	
an 4930/2735 Erträge aus der Auflösung von Rückstellungen			20.000,00
HB und StB: + 20.000,00 €			
6490/4809 Sonstige Reparaturen und Instandh.		17.000,00	
1400/1570 Abziehbare Vorsteuer		3.230,00	
an 3310/1610 Verb. LuL			20.230,00
HB und StB: - 17.000,00 €			
8. a) 1.120,00 € x 420 % = 4.704,00 € vorl. Gewerbesteuer			
- Vorauszahlungen	4.500,00 €		
Rückstellung	204,00 €		
b) 7610/4320 Gewerbesteuer		204,00	
an 3035/0956 Gewerbesteuerrückstellungen			204,00
c) HB und StB - 204,00 €; steuerlicher Erfolg: 0,00 €			
9. 6300/4900 Sonstige betr. Aufwendungen		15.000,00	
an 3070/0970 Sonstige Rückstellungen			15.000,00
HB und StB: - 15.000,00 €			
10. a) Gewerbeertrag	158.000,00 €		
- Freibetrag	24.500,00 €		
stpfl. Gewerbeertrag	133.500,00 €		
x 3,5 %			
StMB R 14.1 GewStR	4.672,00 €		
x 380 %			
Gewerbesteuer	17.753,60 €		
- Vorauszahlungen	14.500,00 €		
Rückstellung	3.253,60 €		
b) 7610/4320 Gewerbesteuer		3.253,60	
an 3035/0956 GewSt-Rückstellungen			3.253,60

HB und StB: - 3.253,60 €; steuerlicher Erfolg: 0,00 €

11. a)	6000/4130 Gehälter	5.400,00	
	an 3070/0970 Sonstige Rückstellungen		5.400,00

HB und StB: - 5.400,00 €

b)	7610/4110 L. u. Gehälter	7.000,00	
	3070/0970 Sonstige Rückstellungen	5.400,00	
	an 1800/1200 Bank		7.896,05
	an 3730/1741 Verbindlichkeiten LSt/KiSt		3.288,00
	an 3740/1742 Verb. i. R. der soz. Sicherheit		1.215,95
	6110/4130 Ges. soz. Aufwendungen	1.203,85	
	an 3740/1742 Verb. i. R. der soz. Sicherheit		1.203,85

HB und StB: - 8.203,85 €

12.	3070/0970 Sonst. Rückstellungen	8.300,00	
	6790/4790 Aufwendungen für Gewährleistung	2.100,00	
	1400/1570 Abziehbare Vorsteuer	1.976,00	
	an 3310/1610 Verbindlichkeiten LuL		12.376,00

HB und StB: - 2.100,00 €

13.	6300/4900 Sonst. betr. Aufwendungen	20.000,00	
	an 3070/0970 Sonstige Rückstellungen		20.000,00

HB: - 20.000,00 €; StB: keine Auswirkung

5200/3200 Wareneingang	140.000,00	
1400/1570 Abziehbare Vorsteuer	26.600,00	
an 3310/1610 Verbindlichkeiten LuL		166.600,00

HB und StB: - 140.000,00 €

3070/0970 Sonstige Rückstellungen	20.000,00	
an 4930/2735 Erträge aus der Auflösung von Rückstellungen		20.000,00

HB: + 20.000,00 €; StB: keine Auswirkung

14. a)	6300/4900 S. betr. Aufwendungen	5.000,00	
	an 3070/0970 Sonstige Rückstellungen		5.000,00

HB: - 5.000,00 €; StB: keine Auswirkung

b)	1210/1410 Ford. LuL	32.725,00	
	an 4000/8000 Umsatzerlöse		27.500,00
	an 3800/1770 USt		5.225,00

HB und StB: + 27.500,00 €

3070/0970 Sonstige Rückstellungen	5.000,00	
an 4930/2735 Erträge aus der Auflösung von Rückstellungen		5.000,00

HB: + 5.000,00 €; StB: keine Auswirkung

15.	6300/4900 Sonstige betriebliche Aufwendungen an 3075/0972 Rückstellung für unterlassene Aufwendungen für Instandhaltung	14.000,00	14.000,00

HB und StB: - 14.000,00 €

3075/0972 Rückstellung für unterlassene Aufwendungen für Instandhaltung an 4930/2735 Erträge aus der Auflösung von Rückstellungen	14.000,00	14.000,00

HB und StB: + 14.000,00 €

6300/4900 Sonstige betriebliche Aufwendungen	14.000,00	
1400/1570 Abziehbare Vorsteuer	2.660,00	
an 3310/1610 Verbindlichkeiten LuL		16.660,00

HB und StB: - 14.000,00 €

6490/4809 Sonstige Reparaturen und Instandhaltung	8.000,00	
1400/1570 Abziehbare Vorsteuer	1.520,00	
an 3310/1610 Verbindlichkeiten LuL		9.520,00

HB und StB: - 8.000,00 €

16.	6300/4900 Sonstige betriebliche Aufwendungen	3.250,00	
	an 3070/0970 Sonstige Rückstellungen		3.250,00

HB und StB: - 3.250,00 €

17. a) Es liegen keine sonstigen Verbindlichkeiten vor. Als Aufwendungen für Instandhaltung sind lediglich 10.000,00 € zu berücksichtigen. Für diese ist eine Aufwandsrückstellung zu bilden.

b)

3500/1700 Sonst. Verbindlichkeiten	30.000,00	
an 6490/4809 S. Reparaturen und Instandhaltung		30.000,00

HB und StB: + 30.000,00 €

6300/4900 Sonstige betriebliche Aufwendungen	10.000,00	
an 3070/0970 Sonst. Rückstellungen		10.000,00

HB und StB: - 10.000,00

18.	3070/9870 Sonst. Rückstellungen	2.700,00	
	1400/1570 Abziehbare Vorsteuer	735,30	
	6825/4950 Rechts- u. Beratungskosten	1.170,00	
	an 3310/1610 Verbindlichkeiten LuL		4.605,30

HB und StB: - 1.170,00 €

19. a)

	handelsrechtlich	steuerrechtlich
Tariflohn 01	30.000,00 €	30.000,00 €
Gehaltserhöhung 02	900,00 €	-
+ AG-Anteil zur SV einschl. Beitr. Berufsg.	6.200,00 €	6.200,00 €
+ tarifliches Urlaubsgeld	2.500,00 €	2.500,00 €

+ freiw. Weihnachtsgeld	3.000,00 €	- .
	42.600,00 €	38.700,00 €
: 210 Arbeitstage, je Tag	202,86 €	184,29 €
x 18 Urlaubstage	3.651,43 €	3.317,22 €

b) Buchungssatz handelsrechtlich:

6000/4100 Gehälter	3.651,43	
an 3070/0970 Sonstige Rückstellungen		3.651,43

Buchungssatz steuerrechtlich:

6000/4100 Gehälter	3.317,22	
an 3070/0970 Sonst. Rückstellungen		3.317,22

HB: - 3.651,43; StB: - 3.317,22 €

20. 6790/4790 Aufwand für Gewährleistung	2.624,00	
an 3070/0970 Sonstige Rückstellungen		2.624,00

HB und StB: 2.624,00 €

21. 3070/0970 Sonst. Rückstellungen	1.200,00	
an 4930/2735 Erträge a. d. Aufl. von Rückst.		1.200,00
6490/4809 Sonst. Rep. und Instandhaltung	1.200,00	
1400/1570 Abziehbare Vorsteuer	228,00	
an 1800/1200 Bank		1.428,00
22. 6825/4950 Rechts- und Beratungskosten	1.500,00	
an 3070/0970 Sonstige Rückstellungen		1.500,00

<u>Seiten 410 - 415</u>

1. 1) 0670/0480 GWG	150,00	
an 2180/1890 Privateinlagen		150,00
6260/4855 Sofortabschreibung GWG	150,00	
an 0670/0480 GWG		150,00
2) 4860/2750 Grundstückserträge	1.500,00	
an 3900/0990 Passive RAP		1.500,00
3) 3310/1610 Verb. LuL	1.785,00	
an 0650/0410 BGA		1.500,00
an 1400/1570 Abziehbare Vorsteuer		285,00
6220/4830 Abschr. auf SA	4.041,67	
an 0650/0410 BGA		4.041,67
4) 7300/2100 Zinsen u. ä. Aufwendungen	600,00	
an 1947 Damnum/Disagio		600,00
5) 1900/0980 Aktive RAP	900,00	
1400/1570 Abziehbare Vorsteuer	171,00	

an 6600/4610 Werbekosten		1.071,00
6) 6220/4830 Abschreibungen auf SA	2.670,00	
6230/4840 Außerplanmäßige Abschr. auf SA	16.530,00	
an 0650/0410 BGA		19.200,00

Auswirkungen auf	Erfolg	Bilanzsumme
1)	-	+ 150,00
	- 150,00	- 150,00
2)	- 1.500,00	-
3)	-	- 1.785,00
	- 4.041,67	- 4.041,67
4)	- 600,00	- 600,00
5)	+ 1.071,00	+ 1.071,00
6)	- 19.200,00	- 19.200,00

2. 1800/1200 Bank	141.000,00	
1940/0986 Damnum/Disagio	9.000,00	
an 3310/1610 Verbindlichkeiten KI		150.000,00
7300/2100 Zinsen u. ä. Aufwendungen	6.000,00	
an 1800/1200 Bank		6.000,00
7300/2100 Zinsen u. ä. Aufwendungen	900,00	
an 1940/0986 Damnum/Disagio		900,00
3. 0240/0090 Gebäude	12.000,00	
6350/4290 Grundstücksaufwendungen	6.000,00	
1400/1570 Abziehbare Vorsteuer	3.420,00	
an 3310/1610 Verb. LuL		21.420,00
4. 0520/0320 Fuhrpark	20.540,00	
1400/1570 Abziehbare Vorsteuer	3.902,60	
an 3310/1610 Verbindlichkeiten LuL		24.442,60
3310/1610 Verbindlichkeiten LuL	24.442,60	
an 4845/8820 Erlöse aus Anlagenverkäufen bei Buchgewinn		7.000,00
an 3800/1770 USt		1.330,00
an 1800/1200 Bank		16.112,60
0520/0320 Fuhrpark	80,00	
1400/1570 Abziehbare Vorsteuer	3,80	
an 1600/1000 Kasse		83,80
4855/2315 Anlagenabgänge (Restbuchwert) bei Buchgewinn	5.500,00	
an 0520/0320 Fuhrpark		5.500,00

5. a) tariflicher Arbeitslohn			4.200,00 €
private PKW-Nutzung:			
45.400,00 € · 1 %		454,00 €	
Fahrten Wohnung/erste Tätigkeitsst.			
45.400,00 € · 0,03 % · 25 km		340,50 €	
		794,50 €	794,50 €
: 1,19	667,65 €		
USt	126,85 €		

stpfl. Arbeitslohn	4.994,50 €	

b)

6000/4100 L. u. Gehälter	1.086,30	
6110/4130 ges. soz. Aufwendungen	1.056,34	
an 1800/1200 Bank		2.142,64
6000/4100 L. u. Gehälter	3.113,70	
6000/4100 L. u. Gehälter	794,50	
an 1800/1200 Bank		2.676,99
an 3730/1741 Verb. LSt/KiSt		436,71
an 4947/8595 Verrechnete Sachbezüge aus Kfz-Gestellung mit USt		667,65
an 3800/1770 USt		126,85

6.

0650/0410 BGA	4.200,00	
1400/1570 Abziehbare Vorsteuer	798,00	
an 3310/1610 Verb. LuL		4.998,00
3310/1610 Verb. LuL	4.998,00	
an 6885/8800 Erlöse a. Anlagenverkäufen bei Buchverlust		800,00
an 3800/1770 USt		152,00
an 1800/1200 Bank		4.046,00
6220/4830 Abschreibungen auf SA	1.650,00	
an 0650/0410 BGA		1.650,00
6895/2310 Anlagenabgänge (Restbuchwert) bei Buchverlust	1.950,00	
an 0650/0410 BGA		1.950,00
steuerrechtlich:		
6220/4830 Abschreibungen auf SA	4.200,00	
an 0650/0410 BGA		4.200,00
handelsrechtlich: zeitanteilig		
0620/4830 Abschreibungen auf SA	116,67	
an 0650/0410 BGA		116,67

7.

Bezeichnung des Gegenstandes	AfA Wj	Bilanzwert 31.12.07
Fabrikgebäude	21.600,00	428.400,00
Kraftfahrzeuge		
- PKW	7.500,00	23.125,00
- LKW	14.000,00	109.666,67
andere BGA		
- Trennmaschine	11.428,57	61.904,76
- Büromöbel	8.000,00	38.000,00

8. a)

Kaufpreis netto	20.000,00 €
- Skonto	600,00 €
Anschaffungskosten	19.400,00 €

b)

0440/0240 Maschinen	20.000,00	
1400/1570 Abziehbare Vorsteuer	3.800,00	

	an 3310/1610 Verb. LuL			23.800,00
	3310/1610 Verb. LuL		2.380,00	
	an 4845/8820 Erlöse a. Anlagenverkäufen bei Buchgewinn			2.000,00
	an 3800/1770 USt			380,00
	3310/1610 Verb. LuL		21.420,00	
	an 1800/1200 Bank			20.706,00
	an 0440/0240 Maschinen			600,00
	an 1400/1570 Abziehbare Vorsteuer			114,00
	6220/4830 Abschreibungen auf Sachanlagen		808,33	
	an 0440/0240 Maschinen			808,33
9. a)	Fertigungsmaterial	850,00 €		
	+ Materialgemeinkosten 15 %	127,50 €	977,50 €	
	Fertigungslöhne	630,00 €		
	+ Fertigungsgemeinkosten 90 %	567,00 €	1.197,00 €	
	+ Sondereinzelkosten $^{1}/_{180}$		125,50 €	
	HK mindestens		2.300,00 €	
	+ Verwaltungsgemeinkosten 12 %		276,00 €	
	HK höchstens		2.576,00 €	

b) handelsrechtlich höchstmöglicher Ansatz
pro Stück 2.180,00 €
insgesamt 392.400,00 €

steuerrechtlich höchstmöglicher Ansatz
pro Stück 2.576,00 €
insgesamt 463.680,00 €

10. 1) a)	5200/3200 Wareneingang	18.000,00	
	5800/3800 Bezugskosten	600,00	
	1400/1570 Abziehbare Vorsteuer	3.534,00	
	an 3310/1610 Verb. LuL		22.134,00
b)	5800/3800 Bezugskosten	360,00	
	1400/1570 Abziehbare Vorsteuer	68,40	
	an 1600/1000 Kasse		428,40
c)	3310/1610 Verb. LuL	1.428,00	
	an 5700/3700 Nachlässe/Sk./B.		1.200,00
	an 1400/1570 Abziehbare Vorsteuer		228,00
d)	3310/1610 Verb. LuL	20.706,00	
	an 5700/3700 Nachlässe/Sk./B.		348,00
	an 1400/1570 Abziehbare Vorsteuer		66,12
	an 1800/1200 Bank		20.291,88

2) a)	Listenpreis	1.800,00 €
	+ Transportversicherung	60,00 €
	+ Fracht	36,00 €
	- Skonto	34,80 €
	Anschaffungskosten	1.861,20 €

b) Die Bewertung hat handelsrechtlich mit den Wiederbeschaffungskosten in Höhe von 1.500,00 € zu erfolgen.

Steuerrechtlich kann die Bewertung mit 1.500,00 € (voraussichtlich dauernde Wertminderung) mit 1.861,20 € oder einem Zwischenwert erfolgen.

11.	a)	0440/0240 Maschinen (i. g. Erwerbe)	160.000,00	
		1402/1572 Vorsteuer aus i. g. Erwerb	30.400,00	
		an 3310/1610 Verb. LuL		160.000,00
		an 3802/1772 USt aus i. g. Erwerb		30.400,00
		6220/4830 Abschreibungen auf SA	7.500,00	
		an 0440/0240 Maschinen		7.500,00
		4855/2315 Anlagenabgänge (Restbuchwert) bei Buchgewinn	28.500,00	
		an 0440/0240 Maschinen		28.500,00
		3310/1610 Verb. LuL	52.000,00	
		an 4125/8125 Steuerfreie Umsätze nach § 4 Nr. 1 b UStG		52.000,00
		3310/1610 Verb. LuL	108.000,00	
		an 1800/1200 Bank		104.760,00
		an 0440/0240 Maschinen		3.240,00
		3802 USt aus i. g. Erwerb	912,00	
		an 1402/1572 Vorsteuer aus i. g. Erwerb		912,00
		0440/0240 Maschinen	5.000,00	
		1400/1570 Abziehbare Vorsteuer	950,00	
		an 3310/1610 Verb. LuL		5.950,00
		3310/1610 Verb. LuL	5.950,00	
		an 1800/1200 Bank		5.950,00

b)

Kaufpreis	160.000,00 €
- Skonto	3.240,00 €
+ Montage	5.000,00 €
Anschaffungskosten	161.760,00 €

c) 161.760,00 € : 12 = 13.480,00 € AfA pro Jahr

AfA für 7 Monate 7.863,33 €

	d)	6220/4830 Abschreibungen auf SA	7.863,33	
		an 0440/0240 Maschinen		7.863,33
12.		6560/4570 Mietleasing Kfz	1.040,00	
		an 1900/0980 Aktive RAP		1.040,00
13.	a)	6825/4950 Rechts- und Beratungskosten	3.000,00	
		an 3070/0970 Sonstige Rückstellungen		3.000,00
13.	b)	3070/0970 Sonstige Rückstellungen	3.000,00	
		an 4930/2735 Erträge aus der Auflösung von Rückstellungen		3.000,00
		2100/1800 Privatentnahmen	952,00	

6825/4950 Rechts- und Beratungskosten	3.210,00	
1400/1570 Abziehbare Vorsteuer	609,90	
an 1800/1200 Bank		4.771,90

<u>Seiten 419/420</u>

1. Handelsbilanzgewinn		230.000,00 €
Eine Teilwertabschreibung findet nicht statt	+	100.000,00 €
Eine Teilwertabschreibung darf nicht erfolgen	+	60.000,00 €
Das Disagio (H 6.10 EStH)	+	12.500,00 €
ist steuerrechtlich über 10 Jahre zu verteilen	-	1.250,00 €
Die Bildung der Rückstellung für drohende Verluste ist nicht zulässig	+	50.000,00 €
Steuerbilanzgewinn		451.250,00 €

2. Steuerbilanzgewinn	451.250,00 €	
Buchungssätze:		
6645/4655 Nicht abzugsfähige Betriebsausgaben	32.200,00 €	
an 7610/4320 Gewerbesteuer		32.200,00 €
6644/4654 Bewirtungskosten n. abzugsfähig	595,00 €	
6644/4654 Bewirtungskosten n. abzugsf. (30 %)	600,00 €	
an 6640/4650 Bewirtungskosten		1.195,00 €
6620/4635 Geschenke nicht abzugsfähig	952,00 €	
an 6610/4630 Geschenke abzugsfähig		952,00 €
2100/1800 Privat	3.800,00 €	
an 6300/4900 Zuwendungen an politische Parteien		3.800,00 €
6689/4679 N. abzugsf. Fahrten W.-Betriebsst.	3.000,00 €	
an 6690/4680 Fahrten W.-Betriebsst. (Haben)		3.000,00 €
6672/4672 Reisek. Unternehmer n. abz. Anteil	200,00 €	
an 6670/4670 Reisekosten Unternehmer	.	200,00 €
steuerrechtlicher Gewinn	492.597,00 €	

<u>Seiten 425/426</u>

1. Handelsbilanzgewinn		200.000,00 €
a) + Drohverlustrückstellung	10.000,00 €	
+ Teilwertabschreibung	20.000,00 €	30.000,00 €
Gewinn lt. Gesamthandsbilanz		230.000,00 €
b) Sonder-BE Gödde		
- Gehalt	72.000,00 €	
- Zinsen	3.800,00 €	
Gewinn lt. Sonderbilanz Gödde	75.800,00 €	75.800,00 €

	Sonder-BE Wirker		
	- Gehalt	72.000,00 €	
	- Miete	36.000,00 €	
		108,000,00 €	
	Sonder-BA Wirker	10.000,00 €	
	Gewinn lt. Sonderbilanz Wirker	98.000,00 €	98.000,00 €
c)	Steuerbilanzgewinn der Mitunternehmerschaft		403.800,00 €
d)	+ Geschenke über 50,00 €		7.000,00 €
	+ 30 % der angemessenen Bewirtungsaufw.		1.500,00 €
	+ unangemessene Bewirtungsaufwendungen		4.000,00 €
	+ Gewerbesteuer		55.000,00 €
	steuerlicher Gewinn der Mitunternehmerschaft		471.300,00 €
2.	Handelsbilanzgewinn		215.000,00 €
a)	+ Drohverlustrückstellung		20.000,00 €
	Gewinn lt. Gesamthandsbilanz		235.000,00 €
b)	Sonder-BE Becker		
	- Gehalt	66.000,00 €	
	- Zinsen	4.050,00 €	
	Sonderbilanzgewinn Becker	70.050,00 €	70.050,00 €
	Sonder-BE Stahl		
	- Gehalt	66.000,00 €	
	- Vergütung Pkw-Nutzung	12.000,00 €	
		78.000,00 €	
	Sonder-BA Stahl	6.000,00 €	
	Sonderbilanzgewinn Stahl	72.000,00 €	72.000,00 €
c)	Steuerbilanzgewinn der Mitunternehmerschaft		377.050,00 €
d)	+ Gewerbesteuer		55.100,00 €
	steuerlicher Gewinn der Mitunternehmerschaft		432.150,00 €
3.	Handelsbilanzverlust		149.000,00 €
a)	+ Teilwertabschreibung		30.000,00 €
	Gesamthandsverlust		119.000,00 €
b)	Sonder-BE Habbel		
	- Gehalt	73.200,00 €	
	- Zinsen	5.600,00 €	
	Sonderbilanzgewinn Habbel	78.800,00 €	78.800,00 €
	Sonder-BE Förster		
	- Gehalt	73.200,00 €	
	- Pacht	20.000,00 €	
		93.200,00 €	
	Sonder-BA Förster		
	- AfA	3.000,00 €	
	- Grundstücksaufwendungen	4.000,00 €	
	Sonderbilanzgewinn Förster	86.200,00 €	86.200,00 €

c)	Steuerbilanzgewinn der Mitunternehmerschaft	46.000,00 €
d)	+ Gewerbesteuer	5.500,00 €
	steuerlicher Gewinn der Mitunternehmerschaft	51.500,00 €

Seiten 441 - 443

Aufgabe 1

große Kapitalgesellschaft

Bilanz

Aktiva	€
A. Anlagevermögen	
I. Sachanlagen	
1. Grundstücke, Bauten	1.580.000,00
2. Maschinen	220.000,00
3. andere Anlagen, B.- u. G.Ausst.	316.750,00
4. geleistete Anzahlungen/Anlagen im Bau	152.250,00
II. Finanzanlagen	
Wertpapiere des Anlagevermögens	36.750,00
B. Umlaufvermögen	
I. Vorräte	
1. Roh-, Hilfs- und Betriebsstoffe	215.000,00
2. unfertige Erzeugnisse	30.000,00
3. fertige Erzeugnisse	60.000,00
II. Forderungen und sonst. Vermögensgegenstände	
1. Forderungen aus Lieferungen und Leistungen	171.450,00
2. sonstige Vermögensgegenstände	20.800,00
III. Kassenbestand, Guthaben bei Kreditinstituten	2.025.000,00
C. Rechnungsabgrenzungsposten	2.400,00
Summe	4.830.400,00

Passiva	€
A. Eigenkapital	
I. gezeichnetes Kapital	1.000.000,00
II. Gewinnrücklagen	
satzungsgemäße Rücklagen	180.000,00
III. Gewinnvortrag	10.000,00
IV. Jahresüberschuss	1.027.900,00
B. Rückstellungen	
1. Rückstellungen für Pensionen	50.000,00
2. Steuerrückstellungen	281.850,00
3. sonstige Rückstellungen	18.000,00
C. Verbindlichkeiten	
1. Verbindlichkeiten gegenüber Kreditinstituten	510.300,00
2. erhaltene Anzahlungen	18.600,00
3. Verbindlichkeiten a. Lieferungen und Leistungen	1.550.000,00

4.	Verbindlichkeiten aus Wechseln		57.000,00
5.	sonstige Verbindlichkeiten		126.750,00
Summe			4.830.400,00

Gewinn- und Verlustrechnung

1.	Umsatzerlöse		5.133.800,00
2.	+ Bestandsveränderungen		11.500,00
	= Gesamtleistung		5.145.300,00
3.	+ sonstige betriebliche Erträge		173.050,00
4.	- Materialaufwand		1.536.747,00
	= Rohergebnis		3.781.603,00
5.	- Personalaufwand		
	a) Löhne und Gehälter	1.700.000,00 €	
	b) soziale Abgaben	250.000,00 €	1.950.000,00
6.	- Abschreibungen		182.000,00
7.	- sonstige betriebliche Aufwendungen		202.600,00
	= Ergebnis der eigentl. Betriebstätigkeit		1.447.003,00
8.	+ Zinserträge	18.000,00 €	
9.	- Zinsaufwendungen	21.000,00 €	
	= Finanzergebnis		- 3.000,00
			1.444.003,00
10.	- Steuern von Einkommen und vom Ertrag		400.603,00
11.	Ergebnis nach Steuern		1.043.400,00
12.	- sonstige Steuern		15.500,00
13.	Jahresüberschuss		1.027.900,00

mittelgroße Kapitalgesellschaft, z. B.

Bilanz

Aktiva

	€
A. Anlagevermögen	
I. Sachanlagen	
1. Grundstücke, Bauten	1.580.000,00
2. Maschinen	220.000,00
3. andere Anlagen, B.- u. G.Ausst.	316.750,00
4. geleistete Anzahlungen/Anlagen im Bau	152.250,00
II. Finanzanlagen	36.750,00
B. Umlaufvermögen	
I. Vorräte	305.000,00
II. Forderungen und sonstige Vermögensgegenst.	192.250,00
III. Kassenbestand, Guthaben bei Kreditinstituten	2.025.000,00
C. Rechnungsabgrenzungsposten	2.400,00
Summe	4.830.400,00

Passiva

	€
A. Eigenkapital	
I. gezeichnetes Kapital	1.000.000,00
II. Gewinnrücklagen	180.000,00

III. Gewinnvortrag	10.000,00
IV. Jahresüberschuss	1.027.900,00
B. Rückstellungen	349.850,00
C. Verbindlichkeiten	2.262.650,00

Summe	4.830.400,00

Gewinn- und Verlustrechnung

1.	Rohergebnis		3.781.603,00
2.	- Personalaufwand		
	a) Löhne und Gehälter	1.700.000,00 €	
	b) soziale Abgaben	250.000,00 €	1.950.000,00
3.	- Abschreibungen		182.000,00
4.	- sonstige betriebliche Aufwendungen		202.600,00
	= Ergebnis der eigentl. Betriebstätigkeit		1.447.003,00
5.	+ Zinserträge	18.000,00 €	
6.	- Zinsaufwendungen	21.000,00 €	
	= Finanzergebnis		- 3.000,00

			1.444.003,00
7.	- Steuern von Einkommen und vom Ertrag		400.603,00
8.	Ergebnis nach Steuern		1.043.400,00
9.	- sonstige Steuern		15.500,00

13.	Jahresüberschuss		1.027.900,00

Bilanz kleine Kapitalgesellschaft

Aktiva

	€
A. Anlagevermögen	
I. Sachanlagen	2.269.000,00
II. Finanzanlagen	36.750,00
B. Umlaufvermögen	
I. Vorräte	305.000,00
II. Forderungen und sonstige Vermögensgegenst.	192.250,00
III. Kassenbestand, Guthaben bei Kreditinstituten	2.025.000,00
C. Rechnungsabgrenzungsposten	2.400,00

Summe	4.830.400,00

Passiva

	€
A. Eigenkapital	
I. gezeichnetes Kapital	1.000.000,00
II. Gewinnrücklagen	180.000,00
III. Gewinnvortrag	10.000,00
IV. Jahresüberschuss	1.027.900,00
B. Rückstellungen	349.850,00

C. Verbindlichkeiten	2.262.650,00
Summe	4.830.400,00

Gewinn- und Verlustrechnung

1.	Rohergebnis		3.781.603,00
2.	- Personalaufwand		
	a) Löhne und Gehälter	1.700.000,00 €	
	b) soziale Abgaben	250.000,00 €	1.950.000,00
3.	- Abschreibungen		182.000,00
4.	- sonstige betriebliche Aufwendungen		202.600,00
	= Ergebnis der eigentl. Betriebstätigkeit		1.447.003,00
5.	+ Zinserträge	18.000,00 €	
6.	- Zinsaufwendungen	21.000,00 €	
	= Finanzergebnis		- 3.000,00
			1.444.003,00
7.	- Steuern von Einkommen und vom Ertrag		400.603,00
8.	Ergebnis nach Steuern		1.043.400,00
9.	- sonstige Steuern		15.500,00
10.	Jahresüberschuss		1.027.900,00

Aufgabe 2

Jahr	Bilanzposten	AK/HK 01.01. des Gj	Zugänge im Gj	Abgänge im Gj	Umbuchungen im Gj	AK/HK 31.12. des Gj	kumulierte Abschr. 01.01. des Gj	Zuschr. im Gj
01	Maschinen	0	150.000	0	0	150.000	0	0
02	Maschinen	150.000	0	0	0	150.000	30.000	0
03	Maschinen	150.000	0	150.000	0	0	60.000	0

Fortsetzung:

Abschr. des Gj	Abschr. auf Zugänge des Gj	Abschr. auf Umbuchungen des Gj	kumulierte Abschr. auf Abgänge des Gj	Buchwert 01.01. des Gj	Buchwert 31.12. des Gj
30.000	30.000	0	0	0	120.000
30.000	0	0	0	120.000	90.000
20.000	0	0	80.000	90.000	0

Aufgabe 3

Jahr	Bilanzposten	AK/HK 01.01. des Gj	Zugänge im Gj	Abgänge im Gj	Umbuchungen	AK/HK 31.12. des Gj	kumulierte Ab-	Zuschr. im

					im Gj		schr. 01.01. des Gj	Gj
01	Maschinen	0	70.000	0	0	70.000	0	0
02	Maschinen	70.000	0	0	0	70.000	7.000	0
03	Maschinen	70.000	0	0	0	70.000	14.000	0
04	Maschinen	70.000	0	0	0	70.000	21.000	0
05	Maschinen	70.000	0	0	0	70.000	28.000	0
06	Maschinen	70.000	0	0	0	70.000	35.000	0
07	Maschinen	70.000	0	0	0	70.000	70.000	0
08	Maschinen	70.000	0	0	0	70.000	70.000	14.000
09	Maschinen	70.000	0	0	0	70.000	56.000	0
10	Maschinen	70.000	0	0	0	70.000	63.000	0

Fortsetzung:

Abschr. des Gj	Abschr. auf Zugänge des Gj	Abschr. auf Umbuchungen des Gj	kumulierte Abschr. auf Abgänge des Gj	Buchwert 01.01. des Gj	Buchwert 31.12. des Gj
7.000	7.000	0	0	0	63.000
7.000	0	0	0	63.000	56.000
7.000	0	0	0	56.000	49.000
7.000	0	0	0	49.000	42.000
7.000	0	0	0	42.000	35.000
35.000	0	0	0	35.000	0
0	0	0	0	0	0
0	0	0	0	0	14.000
7.000	0	0	0	14.000	7.000
7.000	0	0	0	7.000	0

<u>Seiten 452 - 454</u>

1. a) Anlagenintensität

$$\frac{15.500}{25.900} \times 100 = 59,85\ \%$$

b) Umlaufintensität

$$\frac{10.400}{25.900} \times 100 = 40,15\ \%$$

c) Anlagenkoeffizient

$$\frac{15.500}{10.400} \times 100 = 149,04\ \%$$

d) Eigenkapitalquote

$$\frac{11.200}{25.900} \times 100 = 43,24\ \%$$

e) Fremdkapitalquote

$$\frac{14.700}{25.900} \times 100 = 56,76\ \%$$

f) Verschuldungsgrad

$$\frac{14.700}{11.200} \times 100 = 131,25\ \%$$

g) Anlagendeckung 1

Anlagendeckung 2

$\frac{11.200}{15.500} \times 100 = 72,26\ \%$

$\frac{17.700}{15.500} \times 100 = 114,19\ \%$

h) Liquidität 1. Grades

$\frac{2.100}{3.900} \times 100 = 53,85\ \%$

Liquidität 2. Grades

$\frac{6.700}{3.900} \times 100 = 171,79\ \%$

Liquidität 3. Grades

$\frac{10.400}{3.900} \times 100 = 266,67\ \%$

i) Anteil des Betriebsergebn.

$\frac{7.420}{6.000} \times 100 = 123,67\ \%$

j) Anteil des Finanzergebnisses

$\frac{730}{6.000} \times 100 = 12,17\ \%$

k) Working Capital

25.900 - 3.900 = 22.000

l) Materialintensität

$\frac{8.520}{35.920} \times 100 = 23,72\ \%$

m) Personalintensität

$\frac{12.900}{35.920} \times 100 = 35,91\ \%$

n) Abschreibungsintensität

$\frac{3.100}{35.920} \times 100 = 8,63\ \%$

o) Intensität der s. b. Aufw.

$\frac{4.880}{35.920} \times 100 = 13,59\ \%$

2. a) Anlagenintensität

$\frac{12.530}{18.740} \times 100 = 66,86\ \%$

b) Umlaufintensität

$\frac{6.210}{18.740} \times 100 = 33,14\ \%$

c) Anlagenkoeffizient

$\frac{12.530}{6.210} \times 100 = 201,77\ \%$

d) Eigenkapitalquote

$\frac{10.180}{18.740} \times 100 = 54,32\ \%$

e) Fremdkapitalquote

$\frac{8.560}{18.740} \times 100 = 45,68\ \%$

f) Verschuldungsgrad

$\frac{8.560}{10.180} \times 100 = 84,09\ \%$

g) Anlagendeckung 1

$\frac{10.180}{12.530} \times 100 = 81,25\ \%$

Anlagendeckung 2

$\frac{12.930}{12.530} \times 100 = 103,19\ \%$

h) Liquidität 1. Grades

$$\frac{1.410}{4.790} \times 100 = 29{,}44\ \%$$

Liquidität 2. Grades

$$\frac{4.460}{4.790} \times 100 = 93{,}11\ \%$$

Liquidität 3. Grades

$$\frac{6.210}{4.790} \times 100 = 129{,}65\ \%$$

i) Anteil des Betriebsergebn.

$$\frac{4.150}{1.920} \times 100 = 216{,}15\ \%$$

j) Anteil des Finanzergebnisses

$$\frac{115}{1.920} \times 100 = 5{,}99\ \%$$

k) Working Capital

18.740 - 4.790 = 13.950

l) Materialintensität

$$\frac{7.260}{21.750} \times 100 = 33{,}38\ \%$$

m) Personalintensität

$$\frac{7.820}{21.750} \times 100 = 35{,}95\ \%$$

n) Abschreibungsintensität

$$\frac{2.280}{21.750} \times 100 = 10{,}48\ \%$$

o) Intensität der s. b. Aufw.

$$\frac{630}{21.750} \times 100 = 2{,}90\ \%$$

Seiten 455/456

1. a) Eigenkapitalrentabilität

$$\frac{212.500}{1.500.000} \times 100 = 14{,}17\ \%$$

b) Gesamtkapitalrentabilität

$$\frac{257.500}{4.500.000} \times 100 = 5{,}72\ \%$$

c) Umsatzrentabilität

$$\frac{212.500}{20.000.000} \times 100 = 1{,}06\ \%$$

2. a) Eigenkapitalrentabilität

$$\frac{700.000}{800.000} \times 100 = 87{,}5\ \%$$

c) Umsatzrentabilität

$$\frac{700.000}{8.370.000} \times 100 = 8{,}36\ \%$$

b) Gesamtkapitalrentabilität

$$\frac{(700.000 + 120.000) \times 100}{3.000.000} = 27{,}3\ \%$$

3. 01 a) 480.000,00 € - 100 %
78.000,00 € - x %

$$\frac{100 \times 78.000}{480.000} = 16,25\ \%$$

b) 810.000,00 € - 100 %
92.700,00 € - x %

$$\frac{100 \times 92.700}{810.000} = 11,44\ \%$$

c) 1.770.000,00 € - 100 %
78.000,00 € - x %

$$\frac{100 \times 78.000}{1.770.000} = 4,41\ \%$$

02 a) 555.000,00 € - 100 %
108.000,00 € - x %

$$\frac{100 \times 108.000}{555.000} = 19,46\ \%$$

b) 960.000,00 € - 100 %
130.800,00 € - x %

$$\frac{100 \times 130.800}{960.000} = 13,63\ \%$$

c) 2.280.000,00 € - 100 %
108.000,00 € - x %

$$\frac{100 \times 108.000}{2.280.000} = 4,74\ \%$$

4. 1.250.000,00 € x 2 % = 25.000,00 € Gewinn

a) 200.000,00 € - 100 %
25.000,00 € - x %

$$\frac{100 \times 25.000}{200.000} = 12,5\ \%$$

b) 9 % - 22.500,00 €
100 % - x €

$$\frac{22.500 \times 100}{9} = 250.000,00\ €\ \text{FK}$$

450.000,00 € - 100 %
47.500,00 € - x %

$$\frac{100 \times 47.500}{450.000} = 10,56\ \%$$

<u>Seiten 457/458</u>

1.

Gewinn	261.000,00 €
+ Abschreibungen	144.000,00 €
- Rückstellungen	11.000,00 €
+ s. n. auszahlungsw. Aufw.	65.000,00 €
cash flow	459.000,00 €

2.

Gewinn	242.000,00 €
+ Abschreibungen	90.000,00 €
- Zuschreibungen	10.000,00 €
+ Rückstellungen	12.000,00 €
- s. n. einzahlungsw. Ertr.	13.000,00 €
cash flow	321.000,00 €

3. a)

Gewinn	46.000,00 €
+ Abschreibungen	205.000,00 €
+ Rückstellungen	4.000,00 €
- s. n. einzahlungsw. Ertr.	26.000,00 €
cash flow	229.000,00 €

b) 550.000,00 € - 100 %
46.000,00 € - x %

$$\frac{100 \times 46.000}{550.000} = 8{,}36\ \%$$

c) 1.520.000,00 € - 100 %
46.000,00 € - x %

$$\frac{100 \times 46.000}{1.520.000} = 3{,}03\ \%$$

4. a)

Gewinn	2.800,00 T€
+ Abschreibung	8.200,00 T€
+ Rückstellungen	900,00 T€
+ s. n. auszahlungsw. Aufw.	1.100,00 T€
- Zuschreibung	400,00 T€
cash flow	12.600,00 T€

b)

Eigenkapital 31. Dez. 02	21.500,00 T€
- Gewinn	2.800,00 T€
Eigenkapital 1. Jan. 01	18.700,00 T€

$$\frac{2.800 \times 100}{18.700} = 14{,}97\ \%$$

c)

Eigenkapital	18.700,00 T€
+ Fremdkapital	42.500,00 T€
Gesamtkapital	61.200,00 T€

$$\frac{(2.800 + 4.200) \times 100}{61.200} = 11{,}44\ \%$$

Seiten 462/463

1.

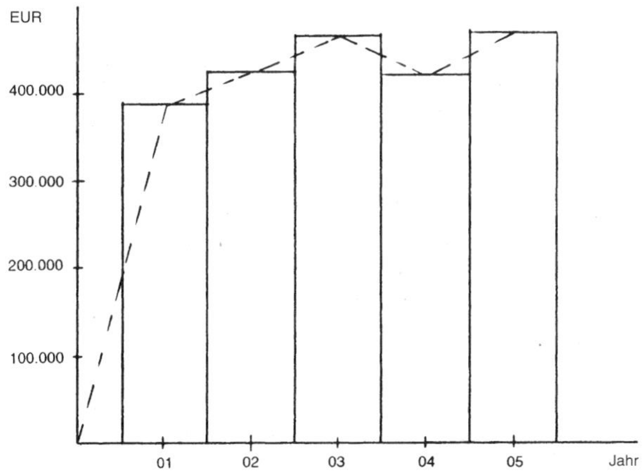

2. a)

Mio. €	%
322.000,00	40,25
172.400,00	21,55
66.300,00	8,29
92.500,00	11,56
146.800,00	18,35
800.000,00	100,00

b)

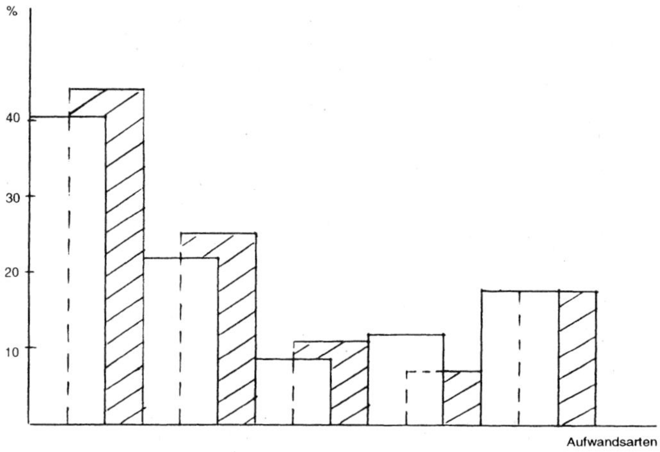

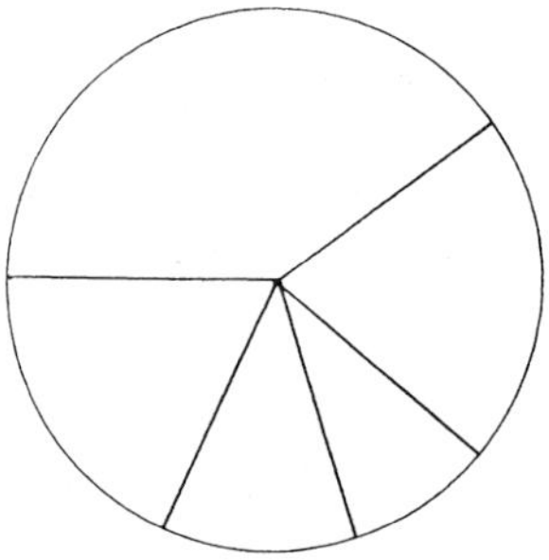

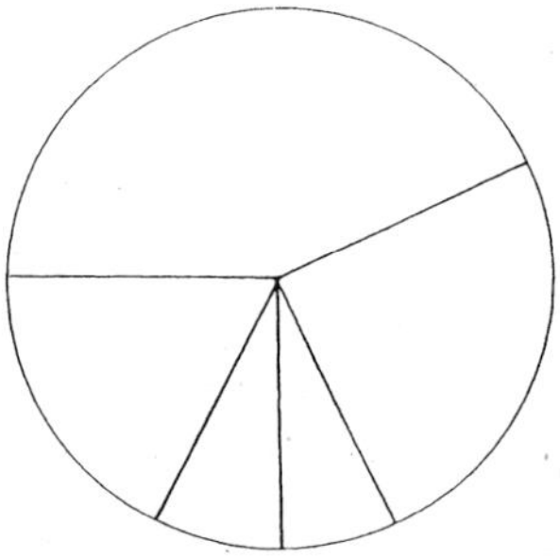

3.

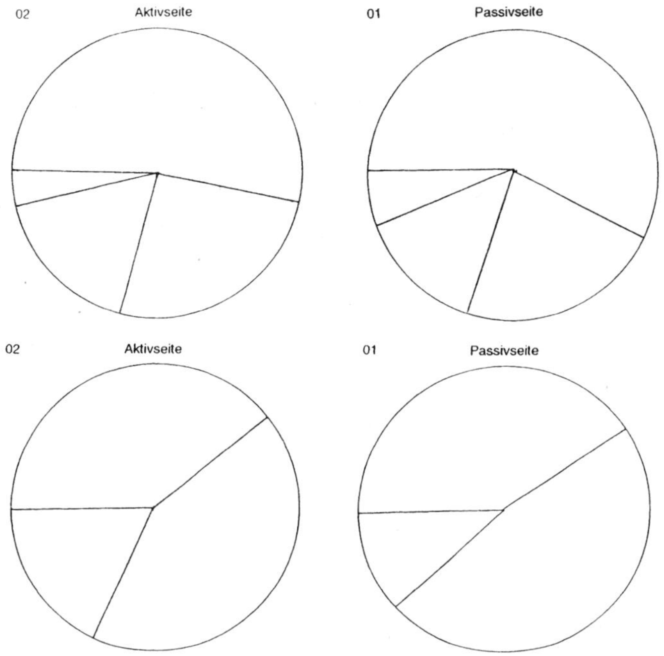
02
Aktivseite
01
Passivseite
02
Aktivseite
01
Passivseite

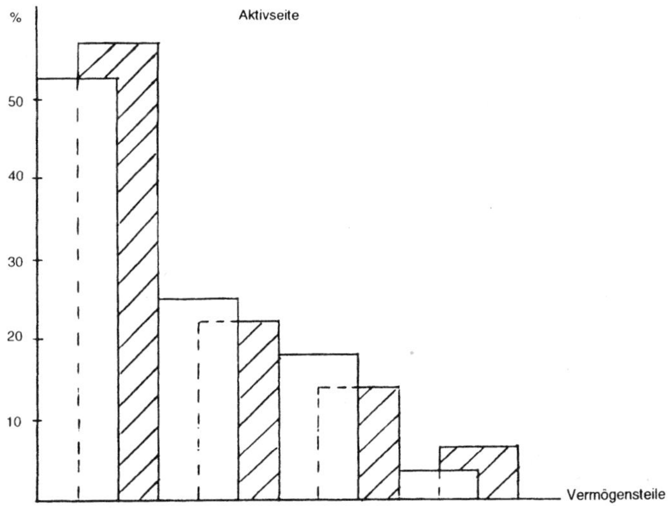
%
Aktivseite
50
40
30
20
10
Vermögensteile

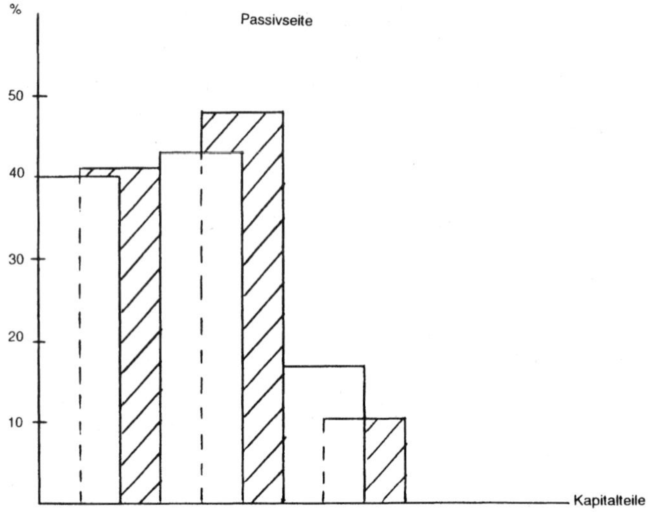
%
Passivseite
50
40
30
20
10
Kapitalteile

4.

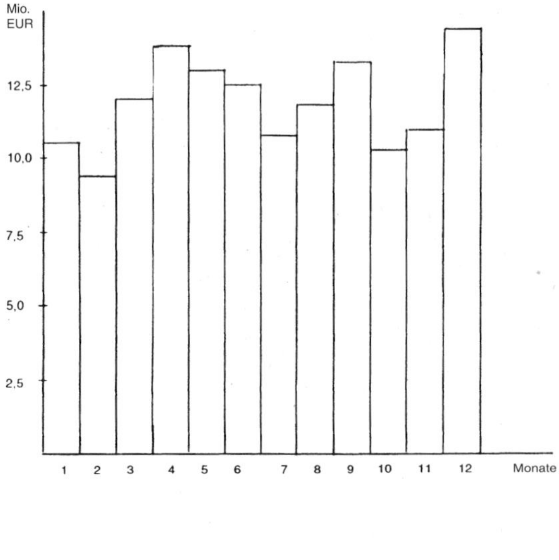
Mio.
EUR
12,5
10,0
7,5
5,0
2,5
1 2 3 4 5 6 7 8 9 10 11 12
Monate

5.

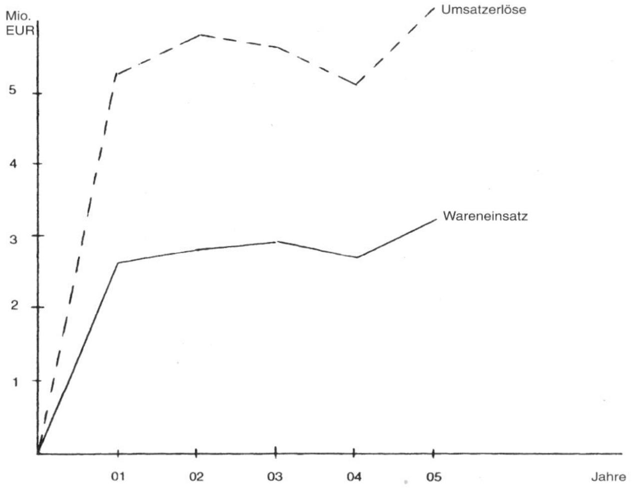

Seiten 469 - 478

1.

Geschäftsvorfall	Betriebseinnahmen/€	Betriebsausgaben/€
a)	121.380,00	-
b)	-	-
c)	3.000,00	-
d)	-	35.105,00
e)	-	29.100,00
f)	595,00	-
g)	-	21.000,00
h)	-	-
i)	1.071,00	-
j)	-	-
k)	-	800,00
l)	-	-
	126.046,00	86.005,00
Gewinn § 4 Abs. 3	40.041,00	

2. 1)

Geschäftsvorfall	Betriebseinnahmen/€	Betriebsausgaben/€
	102.168,00	58.776,00
a)	-	760,00
b)	-	9.310,00
	-	453,70
c)	1.428,00	-
d)	-	-

e)	-	17.850,00
f)	6.500,00	-2
g)	-	1.000,00
	-	200,00
h)	-	-
i)	-	72,95
j)	40.000,00	18.000,00
k)	-	-
	150.096,00	106.422,65
Gewinn nach § 4 Abs. 3	43.673,35	

2) a) Die Anzahlung netto ist keine BA, weil sie für WG des AV ist. Vorsteuer ist BA, weil sie gezahlt worden ist, Abfluss in 02.

b) Die Anschaffung des Lkw (WG des AV) wirkt sich nicht auf den Erfolg aus, wohl aber die AfA. Sie ist BA für einen Monat. Vorsteuer ist BA, weil sie gezahlt worden ist, Abfluss in 02.

c) Warenentnahme ist BE in 02 in Höhe des Teilwerts der Waren. USt auf Umsatz § 3 Abs. 1 b Nr. 1 UStG ist BE 02.

d) Es kommt nicht zu einem Abfluss, sondern nur zu keinem Zufluss.

e) Der Abfluss (bzw. die Zahlung) führt in 02 zu BA.

f) Der Zufluss (bzw. der Zahlungseingang) führt in 02 zu BE. Der weitere Wertverlust führt nicht zu einem Abfluss, also zu keiner BA.

g) Der Restbuchwert führt zu einer BA in 02, ebenfalls (bei Nachweis) das gestohlene Bargeld.

h) Es kommt nicht zu einem Abfluss, sondern nur zu keinem Zufluss.

i)

Rechnungsbetrag	95,00 € (netto	85,18 €)
	+ Trinkgeld	5,00 €
		90,18 €
	- 30 % nicht abzugsf.	27,05 €
	abzugsfähig	63,13 €
	+ Vorsteuer	9,82 €

abzugsfähige BA in 02 (§ 4 Abs. 5 Nr. 2 EStG) insgesamt 72,95 €

j)

BE aus Veräußerung von nicht abnutzbarem AV	40.000,00 €
- BA aus Veräußerung von nicht abnutzbarem AV	18.000,00 €
BE 02 gem. § 4 Abs. 3 S. 4 EStG	22.000,00 €

k) Bestandsveränderungen führen weder zu BE noch zu BA (§ 11 EStG).

3. a)

Geschäftsvorfall	Betriebseinnahmen/€	Betriebsausgaben/€
	95.650,00	62.730,00
a)	-	- 2.300,00
b)	1.000,00	-
c)	- 6.650,00	350,00
d)	-	- 1.666,00
	-	1.330,00

	Betriebseinnahmen/€	Betriebsausgaben/€
	-	816,67
e)	-	2.400,00
f)	-	- 40.800,00
g)	-	- 238,00
h)	-	1.000,00
	90.000,00	23.622,67
Gewinn nach § 4 Abs. 3	66.377,33	

b) a) Die Teilwertabschreibung führt zu keinem Abfluss, stellt also keine BA dar.

b) Die Anzahlung von Kunden für WG des Vorratsvermögens führt zu einem Zufluss, d. h. einer BE

c) Durch die Darlehensaufnahme kommt es nicht zu einer Erfolgsverbesserung, d. h. nicht zu einer BE. Das einbehaltene (gezahlte) Disagio ist BA in 02.

d) Storno: AfA 1.666,00

Die Anschaffungskosten der Maschine wirken sich nicht auf den Erfolg aus (WG des AV), wohl aber die AfA als BA 02 für 7 Monate.

Die Vorsteuer ist BA, weil sie gezahlt worden ist.

e) Es handelt sich um regelmäßig wiederkehrende Aufwendungen, die außerhalb der 10-Tage-Frist (H 11 EStH) anfallen. Es kommt in 02 zu zusätzlichen BA in Höhe von 2.400,00 €.

f) GewSt-Vorauszahlungen sind nach § 4 Abs. 5 b EStG keine BA. ESt-Vorauszahlungen sind private Ausgaben, d. h. keine BA.

g) Geschenke (über 50,00 €) an Geschäftsfreunde sowie die darauf entfallende Vorsteuer sind nicht abzugsfähige BA.

h) Geleistete Anzahlungen für den Bezug von Waren sind BA in 02 (R 4.5 Abs. 2 S. 2 EStR).

4. a)

Geschäftsvorfall	Betriebseinnahmen/€	Betriebsausgaben/€
	280.000,00	100.000,00
a)	-	- 23.800,00
	-	3.800,00
	-	2.222,22
b)	-	-
c)	-	- 1.190,00
d)	-	1.800,00
e)	-	3,50
f)	- 10.000,00	- 125,00
	-	500,00
g)	-	-
h)	-	- 8.000,00
	-	- 300,00
i)	952,00	-
	270.952,00	74.910,72

Gewinn nach § 4 Abs. 3 196.041,28

b) a) Storno: BA - 23.800,00 €

Die gezahlte Vorsteuer ist BA in 02 (Abfluss).
Anschaffungskosten (WG des AV) sind keine BA, wohl aber die AfA für 8 Monate

b) regelmäßig wiederkehrende Zahlungen, fällig und geleistet kurze Zeit (innerhalb von 10 Tagen, H 11 EStH) vor Beginn des Jahres 03 sind BA 03.

c) Es kommt nicht zu BE, sondern nur zu keinen BA.

d) Der Restbuchwert ist BA in 02.
Der erzielte Erlös und die USt sind BE in 03. Es gilt das Zufluss-/Abflussprinzip, § 11 EStG.)

e) Noch nicht gezahlt Vorsteuer ist keine BA in 02.

Die Anschaffungskosten (WG des AV) sind keine BA in 02, wohl aber die AfA für einen Monat.

f) Darlehenszufluss ist keine BE (H 4.5 (2) EStH)
Einbehaltenes Disagio (Abfluss)ist in voller Höhe BA in 02.

g) Die Verrechnung ist zulässig. Der Differenzbetrag ist BE in 02.

h) KV-Beiträge und Spenden sind private Ausgaben, damit keine BA.

i) 1. Regelmäßig wiederkehrende Zahlungen, fällig und erhalten kurze Zeit (innerhalb von 10 Tagen) nach Ablauf des Jahres 02 sind BE in 02.
2. Keine regelmäßig wiederkehrenden Zahlungen, deshalb BE in 03.

5. a)

Geschäftsvorf.	Betriebseinnahmen/€		Betriebsausgaben/€
	124.700,00		46.470,00
1)	2.380,00		1.000,00
	-		2.850,00
	-		1.125,00
2)	-		1.500,00
3)	-		80,00
4)	-		-
5)	-		1.330,00
	-		486,11
6)	-		1.500,00
7)	-		81,80
8)	-		2.100,45
	-	2/66	335,00
	-		1.560,00
	-		296,40
	----------		---------
	127.080,00		60.714,60

Gewinn nach § 4 Abs. 3 66.365,40

b) Buchungssätze bei Gewinnermittlung nach § 5 EStG

1) 0440/0240 Maschinen 15.000,00

	1400/1570 Abziehbare Vorsteuer	2.850,00	
	an 3310/1610 Verb. LuL		17.850,00
	3310/1610 Verb. LuL	17.850,00	
	an 1800/1200 Bank		15.470,00
	an 4845/8820 Erlöse aus Anlagenverk. bei Buchgewinn		2.000,00
	an 3800/1770 USt		380,00
	4855/2315 Anlagenabgänge (Restbuchwert) bei Buchgewinn	1.000,00	
	an 0440/0240 Maschinen		1.000,00
	6220/4830 Abschreibungen auf SA	1.125,00	
	an 0440/0240 Maschinen		1.125,00
2)	0650/0410 BGA	1.500,00	
	1400/1570 Abziehbare Vorsteuer	285,00	
	an 3310/1610 Verb. LuL		1.785,00
	6220/4830 Abschreibungen auf SA	1.500,00	
	an 0650/0410 BGA		1.500,00
3)	0215/0065 Unbebaute Grundstücke	15.000,00	
	1400/1570 Abziehbare Vorsteuer	80,00	
	an 3310/1610 Verb. LuL		15.080,00
	3310/1610 Verb. LuL	5.080,00	
	an 1800/1200 Bank		5.080,00
4)	1210/1410 Forderungen LuL	535,50	
	an 4000/8000 Umsatzerlöse		450,00
	an 3810/1760 USt nicht fällig		85,50
5)	0440/0240 Maschinen	7.000,00	
	1400/1570 Abziehbare Vorsteuer	1.330,00	
	an 1600/1000 Kasse		8.330,00
	6220/4830 Abschreibungen auf SA	486,11	
	an 0440/0240 Maschinen		486,11
6)	6220/4830 Abschreibungen auf SA	375,00	
	6230/4840 Außerplanm. Abschr. auf SA	1.125,00	
	an 0650/0410 BGA		1.500,00
7)	6640/4650 Bewirtungskosten	70,00	
	1400/1570 Abziehbare Vorsteuer	11,80	
	6644/4654 Bewirtungskosten nicht abzugsfähig	30,00	
	an 1600/1000 Kasse		111,80
8)	6560/4570 Mietleasing Kfz	11.055,00	
	1400/1570 Abziehbare Vorsteuer	2.100,45	
	an 1800/1200 Bank		13.155,45
	6560/4570 Mietleasing Kfz	780,00	
	1400/1570 Abziehbare Vorsteuer	148,20	
	an 1800/1200 Bank		928,20

6560/4570 Mietleasing Kfz 780,00
1400/1570 Abziehbare Vorsteuer 148,20
an 1800/1200 Bank 928,20

1900/0980 Akt. RAP 10.720,00
an 6560/4570 Mietleasing Kfz 10.720,00

c)

	Aufwendungen/€	Erträge/€
bisher	46.470,00	124.700,00
1)	1.000,00	2.000,00
	1.125,00	-
2)	1.500,00	-
3)	-	-
4)	-	450,00
5)	486,11	-
6)	1.500,00	-
7)	100,00	-
8)	11.055,00	-
	780,00	-
	780,00	-
	- 10.720,00	-
	---------	----------
	54.076,11	127.150,00

	73.073,89 €
außerhalb der Bilanz vorzunehmende Korrektur	
7) nicht abzugsf. Betriebsausgaben	30,00 €
Gewinn nach § 5 EStG	73.103,89 €

6. 1.

Geschäftsvorfall	Betriebseinnahmen/€	Betriebsausgaben/€
	189.500,00	156.000,00
a)	-	- 20.000,00
	-	- 700,00
	-	- 300,00
	-	- 500,00
b)	- 190,40	- 9.520,00
		- 476,00
		1.520,00
		- 30,40
		76,00
	-	343,33
c)	-	2.000,00
d)	-	- 1.800,00
e)	-	-
f)	800,00	- 568,50
g)	-	- 178,50
h)	-	- 1.500,00
i)	324,85	- 49.980,00
	-	3.991,60 Vorst. gez.
	-	500,00
	-	7.200,00
j)	-	1.870,00
	-	300,00
	----------	---------
	190.434,45	88.247,53

Gewinn nach § 4 Abs. 3 102.186,92

2. a) Nur die gezahlte Vorsteuer ist BA 02.

Die Anschaffungskosten (WG des AV) sind keine BA.

b) Storno:
BA - 9.996,00 € (9.520,00 € + 476,00 €
BE - 160,00 € Skonto + 30,40 € USt

Kaufpreis netto	8.000,00 €	Vorsteuer	1.520,00 €	
Skonto	160,00 €		30,40 €	
	7.840,00 €		1.489,60 €	BA 02
Fracht	400,00 €		76,00 €	BA 02
	8.240,00 €			

Die AfA für 4 Monate BA in 02.

c) Die zusätzliche außergewöhnliche AfA (§ 7 Abs. 1 S. 7 EStG) ist BA in 02.

d) Gewährte Darlehen führen zu keinem endgültigen Abfluss und deshalb zu keiner BA.

e) Der Vorgang wurde korrekt erfasst.

f) Die Teilzahlung führt zu einer BE in 02.
Der Forderungsausfall ist keine BA, sondern nur verhinderte BE.

g) Das Geschenk über 50,00 € sowie die Vorsteuer sind nicht abzugsfähige BA (4 Abs. 5 Nr. 1 EStG).

h) Es gilt die 10-Tage-Frist für die Dezembermiete 02, nicht aber für die Januarmiete für 03 (Abflussprinzip)

i) für die Umsatzsteuer / für Ertragsteuern

für die Umsatzsteuer		für Ertragsteuern
49.900,00 € · 1 %	499,00 €	49.980,00 € · 0,5 = 24.990,00 €,
- 20 %	99,80 €	abger. 24.900,00 € · 1 % 249,00 €
Bemessungsgrundlage	399,30 €	
+ 19 % USt	75,85 €	
Bruttoumsatz	475,05 €	

Betrag gem. § 6 Abs. 1 Nr. 4 EStG	249,00 €
+ USt	75,85 €
Betriebseinnahmen	324,85 €

j) Die Zahlung für den i. g. Erwerb führt (Abfluss) in 02 zu BA. Vorsteuer und USt aus dem i. g. Erwerb führen zu keinem Zahlungsvorgang.
Das Gleiche trifft bei Umkehr der Steuerschuldnerschaft zu.

7. 1)

Geschäftsvorfall	Betriebseinnahmen/€	Betriebsausgaben/€
	180.000,00	145.000,00
a)	17.850,00	12.000,00
	-	15.200,00
	-	2.962,96
b)	-	540,00
	-	1.400,00

	-	2.856,00
	-	833,00
c)	-	120,00
d)	-	400,00
e)	-	500,00
	-	200,00
f)	-	247,00
		3,80
	-	1.320,00
g)	-	400,00
	-	400,00
h)	481,50	-
i)	-	4.560,00
	-	2.000,00
j)	1.545,50	-
	----------	----------
	199.877,00	190.942,76
Gewinn nach § 4 Abs. 3	8.934,24	

2) a) Die Anschaffungskosten (WG des AV) sind keine BA. Die AfA für 4 Monate, die Vorsteuer und der Restbuchwert sind BA in 02
Restbuchwert BA
Die Inzahlunggabe des Lkw führt zu einer BE in 02

b) Kfz-Steuer, Kfz-Versicherung, Kraftstoff und Reparaturen führen zu BA in 02.

c) Der Restbuchwert führt zu einer BA in 02.

d) Die Telefonanlage ist ein GWG und führt in 02 zu BA.
Weil die Vorsteuer erst in 03 bezahlt wird kommt es auch erst in 03 zu BA.

e) Das Darlehen muss zurückgezahlt werden. Deshalb kommt es nicht zu einer BE.
Das Disagio und die Zinsen für 3 Monate sind BA für 02.
Zinsen für 1. Quartal 03 sind regelmäßig wiederkehrende Zahlungen, die kurze Zeit (10 Tage) vor Beginn des Jahres 03 geleistet werden (H 11 EStH). Deshalb sind sie BA in 03.

f) Die Vorsteuer 247,00 € + 3,80 € = 250,80 € ist BA in 02.
Die Anschaffungskosten sind lt. Erlass vom 22.02.2022 BA 02

g) Das Darlehen führt zu keiner BE (kein endgültiger Zufluss). Das Disagio in Höhe von 400,00 € und die Zinsen für 4 Monate sind BA in 02

h) Die private Entnahme führt zu BE in 02 in Höhe von 481,50 € (Teilwert zum Zeitpunkt der Entnahme + 7 % USt).

i) Die gezahlte Vorsteuer ist BA in 02.
Die geleistete Leasing-Sonderzahlung ist bei einer Fahrzeugnutzung von mehr als 5 Jahren zu verteilen. Bei einer Verteilung auf 6 Jahre, fallen in 02 BA für 6 Monate in Höhe von 2.000,00 € an.

j) für die Umsatzsteuer — für Ertragsteuern

32.100,00 € · 1 % · 12 3.852,00 € 32.130,00 € · 0,25 = 8.032,50 €,

- 20 %	770,40 €	abger. 8.000,00 € · 12 %		960,00 €
	3.081,60 €			
+ 19 % USt	585,50 €			
Bruttoumsatz	3.667,10 €			

Betrag gem. § 6 Abs. 1 Nr. 4 EStG	960,00 €
+ USt	585,50 €
Betriebseinnahmen	1.545,50 €

8\. 1)

Geschäftsvorfall	Betriebseinnahmen/€	Betriebsausgaben/€
a)	260.000,00	-
	38.000,00	-
b)	595,00	23.800,00
c)	3.000,00	12.000,00
d)	12.000,00	-
e)	-	1.770,83
f)	-	7.140,00
g)	2.000,00	8.000,00
h)	-	12.000,00
	315.595,00	64.710,83
Gewinn nach § 4 Abs. 3	250.884,17	

2) a) Die Abschlagszahlung gilt als regelmäßig wiederkehrende Einnahme innerhalb der 10-Tage-Frist (H 11 EStH) und damit als BE in 03.

b) Private Warenentnahmen sind BE in 03.
Ausgaben für die Beschaffung der Waren sind BA in 03.

c) Die anteiligen Ausgaben für die private Pkw-Nutzung sind BE in 03.
Die Pkw-Kosten selbst sind BA in 03.

d) Der Vorschuss ist BE in 03.
Die Erstattung ist BA in 04.

e) Die Anschaffungskosten (WG des AV) sind keine BA. Die Abschreibung für 5 Monate ist aber BA in 03.

f) Die Zahlung am 20. Dez. 03 (Abfluss) ist BA in 03.

g) Die Einnahmen (Zufluss) aus dem Verkauf EDV-Anlage sind BE in 03.
Der Buchwert führt zu BA in 03.

h) Die Miete (Vertragslaufzeit mehr als 5 Jahre) ist gleichmäßig auf die Mietdauer zu verteilen. Es fallen deshalb in 03 BA für 6 Monate an.

9\. vorläufiger Gewinn	83.500,00 €
1) Der Gebührenvorschuss ist im Zeitpunkt des Zuflusses zu erfassen,	+ 1.000,00 €
ebenso die USt.	+ 190,00 €
Bei den verauslagten Gerichtskosten handelt es sich um einen durchlaufenden Posten. Sie sind damit nicht zu erfassen.	-

2) Da die 10-Tage-Frist überschritten ist, muss die Dezembermiete dem Jahr 03 zugerechnet werden. - 1.800,00 €

3) Ermittlung der Abschreibung

Kaufpreis lt. Vertrag	180.000,00 €	
- Grund- und Bodenanteil 20 %	36.000,00 €	144.000,00 €

Anschaffungsnebenkosten

Grunderwerbsteuer	9.000,00 €	
Gerichtskosten	500,00 €	
Gebühren des Notars	2.700,00 €	
	12.200,00 €	
- Grund- und Bodenanteil 20 %	2.440,00 €	9.760,00 €
Anschaffungskosten der Räume		153.760,00 €
+ Instandhaltungsaufwendungen (anschaffungsnahe HK, da sie 15 % der AK der Büroräume übersteigen)		40.000,00 €
AfA-Bemessungsgrundlage		193.760,00 €

Abschreibung 3 %	5.812,80 €		
für 4 Monate			- 1.937,60 €
Vorsteuer auf die Notariatsgebühren		513,00 €	
Vorsteuer auf Instandhaltungsaufw.		7.600,00 €	- 8.113,00 €
Disagio			- 7.600,00 €
Zinsaufwendungen			- 4.750,00 €
Das Darlehen selbst bleibt außer Ansatz.			-

4) Da die Miete für einen Zeitraum von mehr als 5 Jahren gezahlt worden ist, ist sie gleichmäßig auf die Laufzeit des Darlehens zu verteilen. 1/72 von 25.200,00 € - 350,00 €

5) Die Stühle werden als GWG behandelt, weil ihre AK jeweils nicht 800,00 € übersteigen. Lt. Aufgabenstellung werden sie sofort abgeschrieben. - 2.500,00 €

Vorsteuer: kein Abfluss in 03

6) Die private Nutzung des PKW führt zu einer Betriebseinnahme.

inländischer Listenpreis (brutto)	24.990,00 €	
· 1 % · 12 Monate		+ 2.988,00 €
Umsatzsteuer		
2.988,00 € · 80 % · 19 %		+ 454,18 €

7)	Aufwendungen für Aufmerksamkeiten sind Betriebsausgaben	- 30,00 €
	ebenso die darauf entfallende USt	- 5,70 €
	Der Abfluss erfolgt mit der Unterschrift auf dem Zahlungsbeleg bzw. mit der Eingabe der Geheimnummer, also am 30. Dez. 03	
8)	Zufluss am 28. Dez. 03 mit Entgegennahme des Schecks	+ 2.500,00 €
9)	kein Zufluss, keine Einnahme	-
	kein Umsatz nach § 3 Abs. 9a Nr. 2 UStG, da kein Aufwand entstanden ist	-
10)	Aufwendungen für Übernachtung sind Betriebsausgaben	- 100,00 €
	ebenso die darauf entfallende Vorsteuer	- 7,00 €
	Verpflegungsaufwendungen sind in Höhe des Pauschbetrages Betriebsausgaben	- 28,00 €
	ebenso die insgesamte gezahlte Vorsteuer	- 15,58 €
11)	kein Abfluss innerhalb der 10-Tage-Frist	0,00 €
	endgültiger Gewinn nach § 4 Abs. 3 EStG	63.395,30 €

10. 1)

Geschäftsvorfall	Betriebseinnahmen/€	Betriebsausgaben/€
	320.000,00	240.000,00
a)	+ 1.071,00	-
b)	-	- 4.760,00
c)	-	- 25.000,00
d)	-	- 5.000,00
e)	-	+ 833,33
	-	+ 2.090,00
f)	+ 90.000,00	+ 70.000,00
g)	-	+ 2.500,00
	-	+ 475,00
h)	-	-
i)	-	+ 1.800,00
j)	+ 3.414,30	-
k)	+ 10.710,00	-
	+ 30.940,00	-
	456.135,30	282.938,33
Gewinn nach § 4 Abs. 3 EStG	173.196,97	

2) a) Zufluss in 02, BE in 02

b) Forderungsverluste führen nicht zu einem Abfluss.

c) Einem Warenfehlbestand liegt kein Abfluss zugrunde.

d) Die geleistete Anzahlung ist zu stornieren, weil sie für WG des AV geleistet wurde. Die gezahlte Vorsteuer (Abfluss) ist BA in 02.

e) Die gezahlte Vorsteuer ist BA in 02. Die AfA für 5 Monate ist BA in 02.

f) BE und BA sind zu verrechnen, deshalb BE 02 20.000,00 €

g) PC-Sonderregelung Erlass vom 22.02.2022, deshalb ist der Gesamtbetrag BA in 02.

h) Es kommt in 02 zu keinem Abfluss, deshalb keine BA in 02.

i) Die sofortige Bezahlung des Wareneinkaufs führt zu BA in 02.

Vorsteuer und USt aus i. g. Erwerb lösen keinen Zahlungsvorgang aus. Das Gleiche gilt auch im Zusammenhang mit dem Übergang der Steuerschuldnerschaft.

j)

AfA in 02	6.000,00 €	kein Vorsteuerabzug		
Kfz-Steuer und Vers.	1.200,00 €	kein Vorsteuerabzug		
	7.200,00 € · 38 %			2.736,00 €
Kraftstoff	1.500,00 €	mit Vorsteuerabzug		
	· 38 %		570,00 €	
	+ 19 % USt		108,30 €	678,30 €
BE in 02				3.414,30 €

k) Die erhaltene Anzahlung (Zufluss) führt zu einer BE in 02, die Zahlung bei Lieferung zu einer BE in 02.

Seiten 479 - 488

1. a) Da der PKW zu mindestens 50 % betrieblich genutzt wird, gehört er zum notwendigen Betriebsvermögen.

b)

Kaufpreis netto	36.290,00 €
Zulassung	40,00 €
Nummernschilder	30,00 €
Anschaffungskosten	36.360,00 €

c)

0520/0320 Fuhrpark	10.887,00	
1400/1570 Abziehbare Vorsteuer	2.068,53	
an 2180/1890 Privateinlage		12.955,53
0520/0320 Fuhrpark	40,00	
0520/0320 Fuhrpark	30,00	
1400/1570 Abziehbare Vorsteuer	5,70	
an 2180/1890 Privateinlagen		75,70

d) 1) Der Mandant ist ab dem 6. August 01 zur Abschreibung des PKW berechtigt.
2) § 7 Abs. 1 S. 1 und 4 EStG

e) 1)

Anschaffungskosten	36.360,00 €
- AfA für 5 Monate	2.525,00 €
Bilanzansatz 31. Dez. 01	33.835,00 €

2)

6220/4830 Abschr. auf Sachanlagen	760,90	
an 0520/0320 Fuhrpark		760,90

lfd. Kfz-Kosten	4.675,00 €	lfd. Kfz-Kosten mit Vorsteuerabzug	4.290,00 €
AfA	2.525,00 €	anteilige AK (AK : 5)	3.030,00 €
Kfz-Kosten nach		Bemessungsgrundlage	

§ 6 Abs. 1 Nr. 4 EStG	7.200,00 €	nach § 10 Abs. 4 UStG	7.320,00 €
je km	0,60 €	je km	0,61 €

1) Ertrag: 0,60 € · 3.600 = 2.160,00 €
   Bemessungsgrundlage: 0,61 € · 3.600 = 2.196,00 €

2) 2100/1800 Privatentnahmen	2.577,24	
4639/8924 Verwendung von Gegenständen für Zw. außerhalb des Unternehmens ohne USt (Kfz-Nutzung)	36,00	
an 4645/8921 Verwendung von Gegenständen für Zw. außerhalb des Unternehmens mit USt (Kfz-Nutzung)		2.196,00
an 3800/1770 USt		417,24

2. 1) a) 1900/0980 Aktive RAP	240,00	
2100/1800 Privatentnahmen	1.200,00	
an 6520/4520 Kfz-Versicherungen		1.440,00
b) 1300/1500 S. Ford.	3.000,00	
an 4860/2750 Grundstückserträge		3.000,00
(4100/8100 Steuerfr. Umsätze § 4 Nr. 8 ff. UStG)		
c) 6220/4830 Abschreibungen auf SA	6.000,00	
an 0520/0320 Fuhrpark		6.000,00
d) 7300/2100 Zinsen u. ä. Aufwendungen	1.200,00	
an 3500/1700 Sonstige Verbindlichkeiten		1.200,00
e) 1300/1500 Sonstige Vermögensgegenstände	1.500,00	
an 7100/2650 Zinsen u. ä. Erträge		625,00
an 3900/0990 Passive RAP		125,00
an 1800/1200 Bank		750,00
f) handelsrechtlich		
0520/0320 Fuhrpark	16.500,00	
an 2180/1890 Privateinlagen		16.500,00
6220/4830 Abschreibungen auf SA	343,75	
an 0520/0320 Fuhrpark		343,75
steuerrechtlich		
0520/0320 Fuhrpark	15.866,67	
an P2180/1890 Privateinlagen		15.866,67
6220/4830 Abschreibungen auf SA	330,56	
an 0520/0320 Fuhrpark		330,56

2) a) Aufwandsminderung, Erfolg steigt um 1.440,00 €
   b) Ertragserhöhung, Erfolg steigt um 3.000,00 €
   c) Aufwandserhöhung, Erfolg sinkt um 6.000,00 €
   d) Aufwandserhöhung, Erfolg sinkt um 1.200,00 €
   e) Erfolgserhöhung, Erfolg steigt um 625,00 €
   f) Aufwandserhöhung, Erfolg sinkt handelsrechtlich um 343,75 €, steuerrechtlich um 330,56 €

3. a) 1800/1200 Bank 15.708,00
1246/0098 EWB zu Forderungen 7.200,00
3800/1770 USt 2.052,00
6930/2400 Forderungsverluste 3.600,00
an 1240/1460 Zweifelhafte Forderungen 28.560,00

b) 6930/2400 Forderungsverluste 23.000,00
3800/1770 USt 4.370,00
an 1210/1410 Forderungen LuL 27.370,00

c) 6930/2400 Forderungsverluste 26.000,00
3800/1770 USt 4.940,00
an 1210/1410 Forderungen 30.940,00

d) 1240/1460 Zweifelhafte Forderungen 36.890,00
an 1210/1410 Forderungen LuL 36.890,00

6930/2400 Forderungsverluste 12.400,00
an 1246/0098 EWB zu Forderungen 12.400,00

e) 1246/0098 EWB auf Forderungen 8.800,00
an 4923/2731 Erträge aus der Auflösung von EWB 8.800,00

1210/1410 Forderungen LuL 26.180,00
an 1240/1460 Zweifelhafte Forderungen 26.180,00

f)

Forderungen LuL	559.300,00 €
- Forderungen Kleine	27.370,00 €
- Forderungen Becker	30.940,00 €
- Forderungen Menke	36.890,00 €
+ Forderungen Althaus	26.180,00 €
Gesamtbetrag brutto	490.280,00 €
Gesamtbetrag netto	412.000,00 €
davon 3 %	12.360,00 €
- vorhandene PWB	13.150,00 €
aufzulösender Betrag	790,00 €

1248/0096 PWB zu Ford. 790,00
an 4923/0096 Erträge a. d. Aufl. von PWB 790,00

4. a) 1)

Sollbestand	2.460,00 €
Istbestand	2.680,00 €
Kassendifferenz	220,00 €

2) Istbestand 2.680,00 €

b) Kassenüberschuss

c) Ursachen können z. B. sein:
- ein Beleg wurde nicht erfasst,
- ein Einzahlungsbeleg über 110,00 € wurde als Auszahlungsbeleg berücksichtigt.

5. 1) 0520/0320 Fuhrpark (Anlagevermögen) 27.000,00
an 2180/1890 Privateinlagen 27.000,00

6220/4830 Abschreibungen auf SA 1.000,00

an 0520/0320 Fuhrpark (Anlagevermögen)		1.000,00
2) 7685/4510 Kfz-Steuer	500,00	
an 1800/1200 Bank (Umlaufvermögen)		500,00
3) 0670/0480 GWG (Anlagevermögen)	250,00	
an 2180/1890 Privateinlagen		250,00
6260/4860 Sofortabschreibung GWG	250,00	
an 0670/0480 GWG (Anlagevermögen)		250,00

	bisher		neu
Anlageverm.	124.000,00 €	+ 27.000,00 € - 1.000,00 €	= 150.000,00 €
Umlaufverm.	444.610,00 €	- 500,00 €	= 444.110,00 €
Fremdkapital	389.000,00 €		389.000,00 €
BV 05	179.610,00 €		205.110,00 €
BV 04	82.000,00 €		82.000,00 €
	97.610,00 €		123.110,00 €
+ Entnahmen	57.890,00 €		57.890,00 €
- Einlagen	2.750,00 €	+ 250,00 €	30.000,00 €
Gewinn	152.750,00 €		151.000,00 €

6. Behälter

0650/0410 BGA	4.100,00	
an 6220/4830 Abschreibungen auf SA		4.100,00
0670/0480 GWG	15.908,00	
an 0650/0410 BGA		15.908,00
6260/4855 Sofortabschreibung GWG	15.908,00	
an 0670/0480 GWG		15.908,00

Büromöbel

0670/0480 GWG	6.000,00	
0650/0480 BGA	3.300,00	
1400/1570 Abziehbare Vorsteuer	1.767,00	
an 3310/1610 Verbindlichkeiten LuL		11.067,00
3310/1610 Verbindlichkeiten LuL	11.067,00	
an 0670/0480 GWG		180,00
an 0650/0480 BGA		99,00
an 1400/1570 Abziehbare Vorsteuer		53,01
an 1800/1200 Bank		10.734,99

Berechnung der Abschreibungsbeträge

der GWG:	Kaufpreis netto	6.000,00 €
	- Skonto	180,00 €
	Anschaffungskosten	5.820,00 €
	Abschreibung	5.820,00 €
der Tische:	Kaufpreis netto	3.300,00 €
	- Skonto	99,00 €
	Anschaffungskosten	3.201,00 €

Abschreibung (für 3 Monate) 80,03 €

6220/4830 Abschreibungen auf SA	80,03	
6260/4855 Sofortabschreibung GWG	5.820,00	
an 0650/0480 BGA		80,03
an 0670/0480 GWG		5.820,00

7.

Aktiva	Eröffnungsbilanz		Passiva
PKW	15.470,00	Eigenkapital	22.670,00
Warenbestand	50.000,00	Verb. KI	60.000,00
USt-Guthaben	9.500,00	Verb. LuL	59.500,00
Bank	77.900,00	übr. S. Verb.	15.000,00
akt. RA	2.500,00		
Disagio	1.800,00		
	157.170,00		157.170,00

PKW:	
Anschaffungspreis	21.420,00 €
AfA 01 für 6 Monate	1.785,00 €
AfA 02 voll	3.750,00 €
AfA 03 für 2 Monate	595,00 €
fortgeführte AK	15.470,00 €

Der PKW ist gem. § 6 Abs. 1 Nr. 5 i. V. m. § 6 Abs. 1 Nr. 6 EStG mit den fortgeführten AK zu bewerten.

Bank:	
Einlage	6.200,00 €
Darlehensgutschrift	56.700,00 €
stiller Gesellschafter	15.000,00 €
insgesamt	77.900,00 €

akt. RA:	
Kfz-Steuer	250,00 €
Kfz-Versicherung	750,00 €
Zinsvorauszahlung	1.500,00 €
insgesamt	2.500,00 €

8. a)

Zahlbetrag	210.000,00 €
Darlehensübernahme	60.000,00 €
Grunderwerbsteuer, z. B. 5 %	13.525,00 €
Notarkosten	1.600,00 €
Gerichtskosten	850,00 €
Darlehenszinsen	500,00 €
Anschaffungskosten	286.475,00 €

b)

0215/0065 Unbebaute Grundstücke	60.000,00	
an 3310/1610 Verb. KI		60.000,00
0215/0065 Unbebaute Grundstücke	13.525,00	
an 6420/4380 Beiträge, Gebühren, s. Abgaben		13.525,00
0215/0065 Unbebaute Grundstücke	1.600,00	
an 6825/4950 Rechts- und Beratungskosten		1.600,00
0215/0065 Unbebaute Grundstücke	850,00	
an 6420/4380 Beiträge, Gebühren, s. Abgaben		850,00
0215/0065 Unbebaute Grundstücke	500,00	

an 7300/2100 Zinsen u. ä. Aufwendungen		500,00

c) Erfolgserhöhung in Höhe von 16.475,00 € durch Aufwandsminderung (13.525,00 € + 1.600,00 € + 850,00 € + 500,00 €)

9. 0440/0240 Maschinen (i.g. Erwerb)	200.000,00	
an 3310/1610 Verbindlichkeiten LuL		200.000,00
1402/1572 Vorsteuer aus i. g. Erwerb	38.000,00	
an 3802/1772 USt aus i. g. Erwerb		38.000,00
3310/1610 Verbindlichkeiten LuL	30.000,00	
an 4125/8125 Steuerfreie i. g. Lieferungen nach § 4 Nr. 1 b UStG		30.000,00
3310/1610 Verbindlichkeiten LuL	170.000,00	
an 0440/0240 Maschinen		5.100,00
an 1800/1200 Bank		164.900,00
3802/1772 USt aus i. g. Erwerb	969,00	
an 1402/1572 Vorsteuer aus i. g. Erwerb		969,00
10. 1) a) 0700/0290 Gel. Anz./Anl. im Bau	250.000,00	
1400/1570 Abziehbare Vorsteuer	47.500,00	
an 1800/1200 Bank		297.500,00
b) 0440/0240 Maschinen	650.000,00	
1400/1570 Abziehbare Vorsteuer	123.500,00	
an 0700/0290 Geleistete Anzahlungen und Anlagen im Bau		250.000,00
an 1400/1570 Abziehbare Vorsteuer		47.500,00
an 4845/8820 Erlöse aus Anlagenverkäufen bei Buchgewinn		80.000,00
an 3800/1770 USt		15.200,00
an 3310/1610 Verbindlichkeiten LuL		380.800,00
c) 3310/1610 Verbindlichkeiten LuL	380.800,00	
an 1800/1200 Bank		360.451,00
an 0440/0240 Maschinen		17.100,00
an 1400/1570 Abziehbare Vorsteuer		3.249,00
d) 6220/4830 Abschreibungen auf SA	15.000,00	
an 0440/0240 Maschinen		15.000,00

e)

Buchwert 1. Januar	60.000,00 €
- Abschreibung für 3 Monate	15.000,00 €
Buchwert zum Zeitpunkt des Verkaufs	45.000,00 €

4855/2315 Anlagenabgänge (Restbuchwert) bei Buchgewinn	45.000,00	
an 0440/0240 Maschinen		45.000,00

f)

Kaufpreis netto	650.000,00 €
- Skonto	17.100,00 €
Anschaffungskosten	632.900,00 €

6220/4830 Abschreibungen auf SA	59.334,37	
an 0440/0240 Maschinen		59.334,37

2)

Auswirkungen	auf den Erfolg	auf die Bilanzsumme
a)	-	-
b)	+ 80.000,00 €	+ 476.000,00 €
c)	-	- 380.800,00 €
d)	- 15.000,00 €	- 15.000,00 €
e)	- 45.000,00 €	- 45.000,00 €
f)	- 59.334,37 €	- 59.334,37 €

11. 1210/1410 Forderungen LuL	3.360,00	
an 4339/8339 Erlöse aus im anderen EU-Land steuerbaren Leistungen		2.800,00
an 3818/1768 USt aus im anderen EU-land stpfl. sonstigen Leistungen/Werkleistungen		560,00
1800/1200 Bank	3.292,80	
4339/8339 Erlöse aus im anderen EU-Land steuerbaren Leistungen	56,00	
3818/1768 USt aus im anderen EU-land stpfl. sonstigen Leistungen/Werkleistungen	11,20	
an 1210/1410 Forderungen LuL		3.360,00
12. 1) 6650/4660 Reisekosten AN	84,00	
an 1600/1000 Kasse		84,00
2) 6650/4660 Reisekosten AN	289,00	
1400/1570 Abziehbare Vorsteuer 7 %	12,60	
1400/1570 Abziehbare Vorsteuer 7 %	7,63	
an 1800/1200 Bank		309,23
6650/4660 Reisekosten AN (Rest-PB)	22,40	
an 1600/1000 Kasse		22,40
3) 6650/4660 Reisekosten AN (nicht abzugsfähig)	45,00	
1400/1570 Abziehbare Vorsteuer	3,15	
an 1800/1200 Bank		48,15
6000/4100 Löhne und Gehälter	2,37	
an 4948/8613 Verrechnete s. Sachbezüge mit USt		2,21
an 3800/1770 USt		0,16

13. a) Die Buchung ist handelsrechtlich möglich. Steuerrechtlich muss das Disagio auf die Laufzeit des Darlehens verteilt werden, sodass z. B. 200,00 €, als zinsähnlicher Aufwand zu berücksichtigen sind. Der Restbetrag ist als Disagio auszuweisen.

b) 1940/0986 Disagio	2.800,00	
an 7300/2100 Zinsen u. ä. Aufwendungen		2.800,00

	c) 7300/2100 Zinsen u. ä. Aufwendungen	3.000,00	
	an 3500/1700 Sonstige Vermögensgegenstände		3.000,00
14.	5559/3559 Einfuhren	40.243,25	
	5800/3800 Bezugskosten (Einfuhren)	1.073,15	
	an 3310/1610 Verb. LuL		41.316,40
	5840/3850 Zölle und Einfuhrabgaben	2.269,50	
	an 1800/1200 Bank		2.269,50
	1433/1588 Entstandene EUSt	8.281,32	
	an 1800/1200 Bank		8.281,32
	3310/1610 Verbindlichkeiten LuL	41.316,40	
	6300/4900 Sonstige betriebliche Aufwendungen	898,71	
	an 1800/1200 Bank		42.214,91
15.	6859/4969 Aufwendungen für Abraum- und Abfallbeseitigung	850,00	
	1400/1570 Vorsteuer	161,50	
	an 3310/1610 Verbindlichkeiten LuL		1.011,50
16.	1900/0980 Aktive RAP	9.472,26	
	an 7300/2100 Zinsen u. ä. Aufwendungen		9.472,26
	HB und StB: + 9.472,26 €		
	7300/2100 Zinsen u. ä. Aufwendungen, z. B.	14.884,36	
	an 1940/0986 Disagio		14.884,36
	HB und StB: - 14.884,36 €		
	6300/4900 Sonstige betriebliche Aufwendungen	9.711,64	
	an 3150/0650 Verbindlichkeiten KI		9.711,64
	HB: - 9.711,64 StB: keine Auswirkung		
	7300/2100 Zinsen u. ä. Aufwendungen, z. B.	14.884,36	
	an 1940/0986 Disagio		14.884,36
17.	7041/2281 Gewerbesteuer-Nachzahlung	700,00	
	7300/2100 Zinsen u. ä. Aufwendungen	127,50	
	3035/0956 Gewerbesteuerrückstellung	14.600,00	
	an 3500/1700 Sonstige Verb.		15.427,50
	Erfolgsminderung handelsrechtlich: 827,50 € steuerrechtlich: keine		
18.	1) 0700/0290 Geleistete Anzahlungen	25.000,00	
	1400/1570 Abziehbare Vorsteuer	4.750,00	
	an 1800/1200 Bank		29.750,00

15 Merkur-Nr. 3068

0650/0410 BGA	75.000,00	
1400/1570 Abziehbare Vorsteuer	14.250,00	
an 0700/0290 Geleistete Anzahlungen		25.000,00
an 1400/1570 Abziehbare Vorsteuer		4.750,00
an 3310/1610 Verbindlichkeiten LuL		59.500,00

a) 3310/1610 Verbindlichkeiten LuL	4.462,50	
an 0650/0410 BGA		3.750,00
an 1400/1570 Abziehbare Vorsteuer		712,50

b) 3310/1610 Verb. LuL	55.037,50	
an 1800/1200 Bank		53.252,50
an 0650/0410 BGA		1.500,00
an 1400/1570 Abziehbare Vorsteuer		285,00

c) Nettopreis	75.000,00 €
- Nachlass	3.750,00 €
- Skonto	1.500,00 €
Anschaffungskosten	69.750,00 €

Abschreibung (für 9 Monate) 5.231,25 €

6220/4830 Abschreibungen auf SA	3.600,00	
an 0650/0410 BGA		3.600,00

d) 1600/1000 Kasse	7.735,00	
an 4845/8820 Erlöse aus Anlagenverkäufen bei Buchgewinn		6.500,00
an 3800/1770 USt		1.235,00

Restbuchwert zum Ende des Vorjahres	10.800,00 €
Abschreibung im Abschlussjahr	3.600,00 €
Buchwert zum Zeitpunkt des Abgangs	7.200,00 €

4855/2315 Anlagenabgänge (Restbuchwert) bei Buchgewinn	7.200,00	
an 0650/0410 BGA		7.200,00

2) Erfolgsauswirkungen ergeben sich nur bei c und d.

c) Erfolgsminderung	5.231,25 €
d) Erfolgserhöhung	6.500,00 €

Erfolgsminderungen 3.600,00 € und 7.200,00 €

19. Die AfA im Jahr 01 beträgt 2.000,00 EUR, im Jahr 02 4.000,00 EUR, im Jahr 03 4.000,00 EUR und im Jahr 04 1.000,00 EUR.

6220/4830 Abschr. auf Sachanlagen	1.000,00	
an 0520/0320 Fuhrpark		1.000,00

1210/1410 Forderungen LuL	30.500,00	
an 4845/8820 Erlöse aus Anlageverkäufen bei Buchgewinn		30.500,00

(an 4125/8125 Steuerfreie i. g. Lieferungen
§ 4 Nr. 1 b UStG)

4855/2315 Anlagenabgänge (Restbuchwert) bei Buchgewinn	25.000,00	
an 0520/0320 Fuhrpark		25.000,00

20. a)	3820/1780 USt-Vorauszahlungen	1.580,00	
	7303/2103 Steuerl. abzugsf. a. Nebenl. zu St.	31,00	
	2100/1800 Privatentnahmen	983,50	
	3730/1741 Verbindlichkeiten Lohn- und KiSt	3.270,00	
	7303/2103 Steuerl. abzugsf. a. Nebenl. zu St.	30,00	
	1800/1200 Bank	605,50	
	an 2180/1890 Privateinlagen		6.500,00

		GBP	EUR
21. 1)	Warenwert	52.008,00	60.000,00
	Verpackungs-/Beförderungskosten	1.820,28	2.100,00
	Zollwert	53.828,28	62.100,00
	10 % Zoll		6.210,00
	Bemessungsgrundlage für die EUSt		68.310,00
	19 % EUSt		12.978,90

2)	5559/3559 Einfuhren	60.000,00	
	5800/3800 Bezugskosten	2.100,00	
	an 3310/1610 Verbindlichkeiten LuL		62.100,00
	5840/3850 Zölle und Einfuhrabgaben	6.210,00	
	1433/1588 Entstandene EUSt	12.978,00	
	an 1800/1200 Bank		19.188,00

Notizen

Notizen

Notizen

Notizen

Notizen

Notizen

Notizen

Notizen

Notizen

Notizen

Notizen